墨香财经学术文库

"十二五"辽宁省重点图书出版规划项目

U0656743

Empirical Study on the Influence
Mechanism of Organizational
Learning on Strategic
Change from the Perspective of
Organizational Memory

组织记忆视角下组织学习
对战略变革的影响研究

陈丽◎著

东北财经大学出版社　　大连
Dongbei University of Finance & Economics Press

ⓒ 陈 丽 2014

图书在版编目（CIP）数据

组织记忆视角下组织学习对战略变革的影响研究／陈丽著.一大连：东北财经
大学出版社，2014.11
（墨香财经学术文库）
ISBN 978-7-5654-1713-9

Ⅰ.组… Ⅱ.陈… Ⅲ.管理学 Ⅳ.C93

中国版本图书馆 CIP 数据核字（2014）第 249880 号

东北财经大学出版社出版发行

　　大连市黑石礁尖山街 217 号　邮政编码　116025
　　教学支持：(0411) 84710309
　　营 销 部：(0411) 84710711
　　总 编 室：(0411) 84710523
　　网　　址：http：//www.dufep.cn
　　读者信箱：dufep @ dufe.edu.cn
大连图腾彩色印刷有限公司印刷

幅面尺寸：170mm×240mm　字数：240 千字　印张：17　插页：1
2014 年 11 月第 1 版　2014 年 11 月第 1 次印刷
责任编辑：高　鹏　魏　巍　　　　　责任校对：赵　楠　孙　萍
封面设计：冀贵收　　　　　　　　　版式设计：钟福建
定价：38.00 元

本书受到国家自然科学基金项目（71302139[①]、71172119[②]、71272054[③] 和70972124[④]）的资助，特此表示感谢！

[①] 项目主持人为陈丽讲师。
[②] 项目主持人为林忠教授。
[③] 项目主持人为韵江教授。
[④] 项目主持人为韵江教授。

本书由
　　大连市学术著作出版基金资助出版
The published book is sponsored by Dalian
Evaluation Committee for Publishing Academic
Works Financed

前　言

　　日趋复杂且变化急剧的环境对企业提出了新的挑战，企业唯有不断进行战略变革才能生存和发展，战略变革已然成为组织的"常态"，也成为企业实现持续成长的必要方式。从企业的发展实践来看，组织学习有助于提高战略变革的成功率，实践中涌现出了许多组织学习促进战略变革成功的案例。然而，在战略变革的学习过程中，仍然有诸多挫折和挑战不断困扰着企业家和管理者们，也影响着战略变革的实施。一方面，企业努力借由组织学习、获得新知识来推进战略变革；另一方面，又纠结于过去的艰辛积累对于如何处理原有知识而踌躇不前。因此，如何发挥旧的历史积淀——"组织记忆"在战略变革和组织学习中的作用，日益成为当代企业发展中的重要实践议题。

　　从理论研究的角度来看，组织学习和战略变革的联系研究是战略管理研究从"外部观"向"内部观"和"过程观"转变趋向的体现，是近年来战略变革乃至战略过程研究领域的一个重要方向，正在不断受到关注。但是，在组织学习和战略变革的复杂关系的讨论上仍存在较大争议。一方面是存在多样化的组织学习方式，如探索式学习和利用式学习，对于战略变革的影响有所差异，将不同组织学习方式与战略变革进行理论整合和测量的研究尚十分薄弱；另一方面，从知识的角度看，过于偏重代表"新知识的创造和增加"的组织学习，忽视了体现"旧知识的保存和减少"的变量——组织记忆的影响，而且组织记忆对于变革并不是简单的正向或负向关系，过多的记忆或过少的记忆对于企业的发展可能都是不好的，古语中"革故鼎新"（《周易·杂卦》）和"温故知新"（《论语·为政》）的矛盾就反映出了记忆对于变革和创新的复杂性影响。

在这样的背景下，本书的核心问题是，如何理解组织记忆视角下的组织学习和战略变革关系，以及如何测量三者的复杂影响？针对这一核心问题，本书在系统地文献梳理和逻辑分析的基础上，将组织记忆分为组织记忆水平和组织记忆传播过程两个操作变量，构建理论模型并提出相应假设，基于大连、上海、沈阳和北京等多个城市的 216 家企业单位样本的问卷调查，采用文献分析、因子分析、结构方程模型和多层回归分析等方法，探讨了以组织记忆水平为前因变量、以组织记忆传播过程为调节变量的组织学习对战略变革的影响路径。本书主要沿着"组织记忆—组织学习—战略变革"的理论框架及思路，围绕以下四个逻辑上紧密联系的问题展开：

研究一：如何理解组织记忆的内涵？能否从组织记忆水平和组织记忆传播过程进行测量？在第 3 章中，本书对组织记忆先进行了理论分析，然后应用内容分析、因子分析等质化和量化研究相结合的方法，对组织记忆传播过程进行演绎法的量表开发。研究发现，组织记忆可以从组织记忆水平和组织记忆传播过程进行划分，而且认为将组织记忆传播过程划分为获得、保持和提取 3 个维度进行测量更为合适。

研究二：不同组织学习方式（探索式学习与利用式学习）对战略变革的影响有何差异？通过对第 4、5、6 章的分析，本书基于文献梳理和现实观察，提出了组织学习方式与战略变革两者之间的直接关系效应假设，并通过结构方程模型和回归分析实证检验了这一假设。研究发现，探索式学习和利用式学习的影响机理存在明显差异，协调和平衡探索式学习和利用式学习更有助于促进战略变革。

研究三：不同组织记忆水平（陈述性记忆和过程性记忆）对组织学习和战略变革有何影响？通过第 4、5、6 章的分析，本书运用多层回归分析实证检验了组织记忆水平作为前因变量对组织学习和战略变革的影响。研究发现,陈述性记忆对组织学习和战略变革都具有正向影响效应。而过多或过少的过程性记忆的积累则都不利于组织学习和战略变革的推进,即过程性记忆与组织学习和战略变革的关系呈倒 U 形结构。

研究四:组织记忆的传播过程(获得、保持和提取)如何影响组织学习和战略变革之间的关系?这一子研究也体现在第 4、5、6 章中,通过提出正式概念模型和假设,实证检验了组织记忆传播过程作为调节变量对组织学习和战略变革关系的影响。研究发现,组织记忆传播的 3 种机制中,获得和提取机制对于组织学习和战略变革的影响关系不具有调节作用,而保持机制对组织学习和战略变革的关系体现了部分调节作用。也就是说,组织记忆传播的保持机制更容易调适组织学习和战略变革的关系。

最后,本书系统地总结了全文,探讨了相关的研究启示,并对局限性和未来研究展望做了阐述。

通过以上实证研究,作者得出以下结论:

第一,作者认为以往学者们对于组织学习和战略变革的讨论过于笼统,本书通过细致考察不同的学习方式(探索式学习和利用式学习)对战略变革的影响,得出两种组织学习方式对战略变革的影响存在差异,同时细致分析了两种组织学习方式的平衡协调对战略变革的影响效应,为进一步深化组织学习和战略变革的关系研究创造了有利条件。

第二,克服了组织记忆概念模糊、难以测量的问题,提升了组织记忆研究的严谨性和系统性。本书不仅在理论层面上从过程视角完善了这一构念的内涵,确定了组织记忆的构成维度为组织记忆水平和组织记忆传播过程,并提出了具体的操作性定义,拓宽了组织记忆理论发展的视野,而且开发了一份信度和效度较好的组织记忆传播过程的测量量表。新开发的量表包含获得、保持和提取 3 个维度,强调记忆过程的测量,展现了组织记忆的"演化"意义,在维度划分和题项设定上更优于以往的量表,也使记忆测量和实践管理得到了较好的匹配。这种在操作化上的努力和延伸将有助于学者们围绕组织记忆展开更为复杂的多变量研究。

第三，实现了组织记忆、组织学习和战略变革的有效联结，验证了三者之间的逻辑关系，弥补了孤立研究的不足。传统战略变革的研究忽视了组织知识变化的复杂性，而本书将组织记忆这一变量引入到战略变革中，构建了组织记忆以及战略变革与组织学习的框架模型，并进行实证检验，不仅丰富了对战略变革的认识，明晰了三者的逻辑关系，而且厘清了学术界对战略变革实践的诸多论争，也为未来开展更为广阔而全面的战略变革研究提供了有益的支持。

作　者

2014 年 8 月

目　录

第 1 章 绪论

作为本书的起点，本章在阐述研究背景的基础上提出了该研究的理论和实践意义，概括了本书的研究框架与内容，以及开展研究的技术路线与结构安排，并详细介绍了本书所采用的研究方法，指出了本书的主要创新点。

1.1 研究背景与研究意义

1.1.1 研究背景

> "革故而鼎新" ——《周易·杂卦》
>
> "温故而知新" ——《论语·为政》

（1）实践背景

对于战略变革问题的实践关注是与环境剧变紧密相连的。"动态性"和"复杂性"成为当前企业所处环境的本质特征。动态性体现的是产品生命周期缩短、技术和知识更新加快、顾客偏好变化迅速等挑战，复杂性则反映了全球化趋势加强、竞争范围和边界模糊、互联网应用的不确定性增加、破坏性创新涌现等压力。在这样一个动态复杂的环境中，唯有"变化"才是永恒"不变"的真理，战略变革成为组织的"常态"，成为企业实现持续成长的必要方式。

正如 Norman R. Augustine（1999）所言，"世界上只有两类企业：一种在不断变化，另一种被淘汰出局"。通用电气（GE）在杰克·韦尔奇上任以来，坚持"数一数二"经营理念，通过建立系统的学习机制如跨层次讨论、研究院、培训基地等，让变革思想深入到公司从上到下所有员工之中，不断总结变革经验的教训。三星集团（Samsung）在亚洲金融危机中积极创新、不断变革，成为了韩国的第一企业；而早期实力远高于三星的大宇集团则因不善变革，最终走向衰亡。尽管中国的企业成立时间较短，但联想、海尔、华为等一批优秀企业通过学习变革正在向世界级企业发展。通过实践，管理者们发现，从组织内部建立高效的学习机制往往比疲于奔命的被动适应环境更为重要。因此，很多企业尝试通过构建类似"学习型组织"等组织学习形式来进行战略变革。从现实来看，组织学习有助于提高变革的成功率，实践中涌现出了许多学习促进变革成功的案例。不过，在这一变革学习的过程中，仍然有诸多挫折和挑战在不断困扰着企业家和管理者们（Hammer & Champy，1993），也影响着战略变革的实施。

其中，如何处理变革与过去的联系就是困惑之一。一方面，企业努力凭借组织学习、获得新知来推进战略变革；另一方面，又纠结于过去的艰辛积累对于如何处理原有知识而踌躇不前。如何取舍"故/旧"和"新"，即使是国外著名的管理学家彼得·圣吉和彼得·德鲁克，见解都不甚相同。前者强调摆脱旧的去迎接新的，后者主张把握旧的去迎接新的。我国古代圣贤所言的"革故而鼎新"（《周易·杂卦》）和"温故而知新"（《论语·为政》）也是这种矛盾的体现。因此，如何发挥旧有的历史积淀——"组织记忆"在战略变革和组织学习中的作用，日益成为当代企业发展中的重要实践议题。

（2）理论背景

组织学习和战略变革的联系研究是战略管理研究从"外部观"向"内部观"和"过程观"转变趋向的体现。传统的研究多关注影响战略变革的外部因素，而忽视了对组织内部因素，尤其是缺乏从组织学习和创新角度探讨战略变革（Mintzberg et al.，1998）。

当然，学界对于战略变革、组织学习的研究，都积累了大量的研究成果。对战略变革的研究从管理者行为（Denis et al.，2001；Flier et al.，2003；Floyd & Lane，2000）、变革过程（Ginsberg，1988；Dutton & Duncan，1987）、阻力问题（Boeker，1989）以及变革影响因素等方面都展开过大量的讨论，并形成了制度视角、理性视角、演化视角等不同的研究范式（Rajagopalan & Spreitzer，1996）。同样，对组织学习的研究自从 Simon（1953）提出组织学习的概念以来，也涌现出了大量的研究文献，研究涉及学习过程、学习类型、学习工具以及学习测量等多方面的内容，并渗透到心理学、经济学、管理学等领域，形成了跨学科研究（杨智等，2004）。正如 DeGeus（1988）所言，组织学习有助于建立组织竞争优势，进而促进战略变革的顺利发展。在动态变革的情境下，战略变革的成功很大程度上取决于组织学习的速度和能力，进而促进了组织绩效的提升。同时，伴随着组织为适应复杂动荡环境而进行的战略变革，以及随之进行的组织结构变革和人事变动（裁员、员工离职或转岗），组织记忆（组织交互记忆系统）的存储和保持亦会受到影响。这些都表明，组织学习与战略变革完全具备建立有机联系的基础，这一注重过程分析的组织学习以其特有的视角弥补了以往战略研究的缺陷（Walsh & Huff，1997），更有助于为组织的战略变革提供内源性的理论指导（项国鹏，2007）。

尽管将组织学习与战略变革联系起来进行整合研究已经展开，但研究文献尚不多见（Crossan & Berdrow，2003；项国鹏，2007）。Walsh & Huff（1997）、Mintzberg et al.（1998）早已明确肯定了组织学习对于战略变革方面研究的巨大价值，其注重过程分析的思想将在战略变革研究中得到广泛应用。彼得·圣吉在 1990 年提出学习型组织，Nonoka（1995）更是开创了基于知识管理的组织学习研究，开拓了战略变革的新方向——组织学习理论领域。Kraatz & Zajac（2001）也强调组织学习是组织战略变革能力提高的前提条件。Brown & Starkey（2000）从组织个体层面阐述了组织学习对于战略变革的重要性，认为组织学习可以避免组织成员受到传统观念的禁锢，从而有利于战略变革的顺利进行。

Hedberg & Wolff（2001）从分析组织机制、组织学习和战略制定的相互作用入手，建构组织学习的概念模型，用来鉴别具体战略方法所包含的学习性质以及变革和学习的关联方式。Crossan & Berdrow（2003）实证分析了组织学习综合框架促进 CPC 公司战略变革的现象，提出了探究性学习和开拓性学习有助于战略变革的观点。

但是，当前将组织学习与战略变革整合起来进行的研究还缺少实质性的进展，还有诸多问题亟待解决。组织学习与战略变革两者的一致性关系在组织内到底是如何进行的？推动组织学习与战略变革演进的组织知识有哪些变化？如何剖析战略变革过程中的组织学习效率问题？这些理论难题成为制约组织学习与战略变革一致性研究的重要瓶颈。要更好地理解以上问题，就需要超越简单线性思维，深入剖析战略变革学习背后的组织知识变化因素和过程（Thomas et al.，2001）。因为，从本质上说，组织是知识的集合体（Grant，2006），战略变革过程涉及组织知识复杂的变化过程，其中既有"旧的好知识的保存"，也有"旧的坏知识的剔除和忘却"，还有"新知识的创造"。这些新旧知识变化的不同要素交互作用往往决定了组织学习能力的水平，进而影响了战略变革的学习有效性（effectiveness），最终会导致战略变革的绩效变化。因而，将这些知识变化驱动因素结合起来探究其交互作用，有助于回答以上组织学习与战略变革的一致性所面临的复杂问题。以往的研究成果在学习能力和过程的探讨上较为一致，而在组织学习方式和战略变革的复杂关系上却争议颇多。这主要是由于：

一方面，组织学习方式存在多样化类型，比较典型的有探索式学习和利用式学习，对于战略变革的影响有所差异，而将不同学习方式与战略变革进行理论整合和测量的研究目前来看还十分薄弱。

另一方面，从知识角度看，组织学习对于战略变革的价值更多体现的是"新知识的创造和增加"，对于代表"旧知识的保存和减少"——组织记忆，这一重要知识变化变量却往往被忽视了。而且，组织记忆对于变革并不是简单的正向或负向关系，过多的记忆或过少的记忆可能对于企业的发展都是不好的。基于此，本书将引入组织记忆作为驱动因素，系统梳理和实证研究组织记忆对组织学习与战略变革的影响机制。

1.1.2 研究意义

通过以上背景分析可以看出，本书的研究具有较大的理论意义和较高的指导实践价值。

从理论角度看，本书的理论意义体现在以下几个方面：

第一，更为深刻地认识动态环境下组织知识的复杂变化和学习效率问题，从知识和学习的视角拓展战略变革的理论和内容。以往的研究仅仅建立了组织学习和战略变革的研究模式，至于组织学习到底是如何影响战略变革的？其内在的影响机制是怎样的？组织学习的过程、方式和构成要素对战略变革的影响作用各自具有哪些不同的特征？组织学习对战略变革的影响过程中是否受到其他因素的调节作用？哪些前因变量可能影响到组织学习的效果？学术界还未进行深入的研究。本书将致力于弥补上述理论空白。因此，本书有助于从组织学习的角度解释组织为什么能够识别环境变化而进行战略变革，将组织学习与战略变革联系起来进行研究，丰富了战略学习理论的内容。

第二，有助于进一步深化组织记忆的相关研究。尽管研究者已经较为深入地探讨了组织记忆的概念特征和分类维度，在一定程度上对组织记忆的概念、记忆的动态过程及其对其他管理变量的影响进行了阐述，然而从现有的有关组织记忆测量的文献来看，组织记忆的度量指标过于单一，仅仅聚焦于组织记忆的内容维度，远不能反映组织记忆的全部内涵，多数研究还缺乏一致性，在维度划分、测量内容、测量的操作性定义及样本选择方面还存在较大的差异，对于组织记忆的具体过程与作用机理的研究仍处于起步阶段。本书对组织记忆的具体内容及其构成进行分析，完善构念，并对组织记忆进行维度划分，通过对每个维度的进一步细化，构建理论模型，并在此基础上进行量化分析，开发出组织记忆的测量量表，从而为后续的实证研究打下基础。

第三，解析了组织记忆在组织中影响组织学习和战略变革的内在机理，弥补了以往孤立研究组织记忆的不足，完善了原有的概念内涵，有助于重新审视组织记忆在组织及战略中的适用边界。本书将深入探讨组织记忆的数量和类型对组织学习和战略变革的影响，而且这种组织已有记忆在影响组织学习和战略变革的关系中，并不会顺畅地流向组织学习活动，组织内部的记忆传播过程将在一定程度上影响组织选择哪种学习方式，进而对二者关系进行调节。

从实践角度看，本书的指导实践价值表现在三个方面：

第一，对转型期中国企业从学习的角度进行战略变革实践具有重大现实意义。由于探索式学习和利用式学习各有利弊，因此二者的平衡发展有助于战略变革的推进。

第二，对提升组织学习效率具有实践意义。在管理实践中，我们可以有意识的构建组织记忆的传播过程，调整组织记忆获得、保持和提取的机制，或者针对不同的组织记忆水平采用不同的组织学习方式，来达到预期的效果。因此，本书有助于企业在探索式学习和利用式学习之间做出权衡，研究结果对处于战略变革过程中的企业组织学习具有一定的参考价值。

第三，对企业的组织记忆管理具有指导意义。从企业管理层面上，探索记忆管理的策略如何有效提高组织记忆水平，以及各类记忆管理策略对于组织学习和战略变革关系的调节作用，有助于企业更好地进行组织记忆的管理，对组织内部的记忆进行有效的清查和整理，使之更好地促进组织学习，改善战略变革实践，进而提升企业竞争力。

1.2 研究框架与研究内容

1.2.1 研究框架

通过对以上研究背景和研究意义的回答，本书期望实现以下研究目标：基于组织记忆的研究视角，从企业层面揭示组织学习对战略变革的影响机理，试图解释"组织记忆水平是如何影响组织学习的效果进而影响战略变革的，以及组织记忆传播对组织学习与战略变革关系的影响"等关键问题。具体而言，本书将立足于企业层面，细致探讨利用式学习和探索式学习两种学习方式及其平衡对战略变革的影响，同时将组织记忆水平、组织记忆传播过程两个组织记忆的关键维度纳入到组织学习与战略变革关系的考察当中，分析组织记忆水平作为前因变量对组织学习和战略变革的影响，以及组织记忆传播对组织学习和战略变革关系的调节作用，以深入了解组织已有的记忆类型和数量对组织学习的影响，组织记忆的获得、保持和提取对组织学习与战略变革关系的调节作用，从而更清晰地展示组织的记忆类型、数量以及传播机制与组织学习和战略变革的关系，为企业改善战略变革实践、提升竞争力提供理论指导和实践启示。

　　本书拟研究的变量及其相互关系如图 1－1 所示。其中，①、②、③、④、⑤分别对应着 5 个研究问题及其相关研究内容，并形成了本书的基本研究框架。

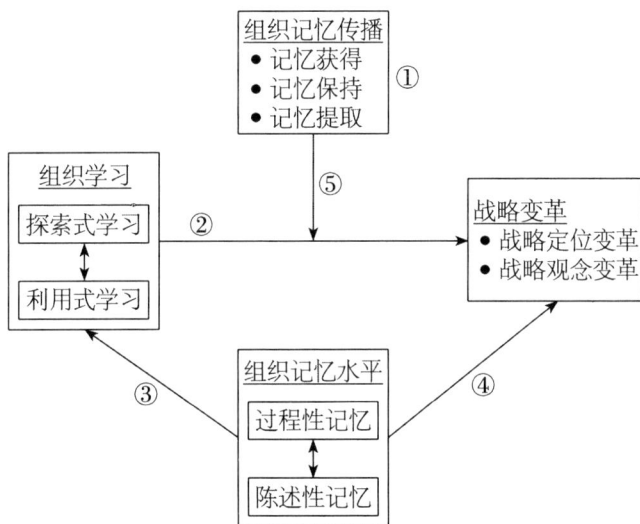

图 1-1　本书的基本研究框架

1.2.2　研究内容

　　本书在文献回顾和评述的基础上，拟引入组织记忆因素，从学习视角入手，考察其对组织学习与战略变革互动过程的影响机制，拓展战略变革与组织学习的研究内容和分析框架，通过多元化的方法发展、验证及修正理论模型，并根据研究结果，为改善企业战略变革实践提出管理对策。具体而言，本书包括以下研究内容：

第一，运用文献研究法，探索组织学习与战略变革的关系，并对影响二者关系的其他因素进行理论分析。首先，在明确研究问题的基础上对组织学习、组织记忆和战略变革及其相关关系的文献进行梳理和回顾，进一步明确变量之间的相互关系，寻找目前有关此类研究的不足之处和理论空白。其次，在理论推演的基础上，构建有关研究问题和研究内容的理论模型；最后，根据模型，从理论上推导研究变量之间的关系，提出具体的研究假设。

第二，采用实证研究方法，在自主开发组织记忆传播过程量表的基础上，检验组织学习与战略变革的相关关系，同时考察组织记忆水平与组织学习、战略变革的关系，并检验组织记忆传播对二者关系的调节影响。实证研究包括五个方面的内容：

研究一：组织记忆的构念完善及其量表开发。

这部分研究是本书的重要基础。明晰组织知识变化的驱动要素是如何影响其他内容的。由于组织记忆是一个抽象构念，而且其相关研究还处在萌芽阶段，因此，本书的第一项内容就是剖析组织记忆并进行量表开发。主要研究内容包括：一是通过对现有文献的梳理，对组织记忆的具体内容及其构成进行分析，完善构念；二是对组织记忆进行维度划分，通过对每个维度的进一步细化，构建出各自的理论模型；三是在上面两项研究的基础上对组织记忆进行量化分析，并开发出量表，从而为后续的实证研究打下基础。

研究二：探索组织学习与战略变革之间的关系机理。

这部分研究是本书的重要内容。组织学习与战略变革的复杂作用机理目前并未得到理论界的解释，有必要进一步探究其内在的影响路径，通过问卷统计的方法对该问题的深入挖掘，构成了此部分的主要研究内容：一是对战略变革与组织学习各自的具体内容与构成要素进行分析；二是深入挖掘组织学习与组织战略变革的相关性，进一步细化各自的构成要素，重点考察两种学习方式及其平衡对战略变革的影响作用，更好地解释组织学习对战略变革的作用机理，并进行实证检验。

研究三：探索组织记忆水平对组织学习的影响机制。

这部分研究体现了本书研究的主线。将组织记忆水平视为组织学习与战略变革关系的前因变量进行分析，探讨其影响机制，完善整体框架模型。主要研究内容包括：一是通过探究组织记忆水平对组织学习的影响，提出研究假设；二是根据以上假设构建组织记忆水平与组织学习的关系模型；三是通过实证分析检验研究假设及其理论模型。

研究四：探索组织记忆水平对战略变革的影响机制。

这部分研究体现了本书研究的主线。将组织记忆水平视为组织学习与战略变革关系的前因变量进行分析，探讨其影响机制，完善整体框架模型。主要研究内容包括：一是通过探究组织记忆水平对战略变革的影响，提出研究假设；二是根据以上假设来构建组织记忆水平与战略变革的关系模型；三是通过实证分析来检验研究假设及其理论模型。

研究五：探索组织记忆传播过程对组织学习与战略变革的调节机制。

本部分在组织记忆传播过程量表发展的基础上，考察组织记忆的传播对组织学习与战略变革关系的调节影响。主要研究内容包括：一是从组织记忆传播过程及其机制两方面进行考察，提出研究假设；二是根据以上假设构建组织记忆传播过程对组织学习与战略变革关系的调节影响的关系模型；三是具体检验组织记忆的获得、保持和提取对组织学习与战略变革关系的调节影响。

1.3　技术路线与结构安排

1.3.1　技术路线

根据文献研究和实践观察，提出组织记忆、组织学习与战略变革关系这个主要问题，然后根据已有文献对变量间关系的界定与测量，推理提出变量关系的研究假设。随后收集样本企业的基本情况以及组织记忆水平和传播过程、组织学习和战略变革的相关资料，进行数据的分析评估以及验证相关假设。最后，提出本书的研究结论和贡献，指出不足和未来研究展望。整体研究技术路线如图 1-2 所示。

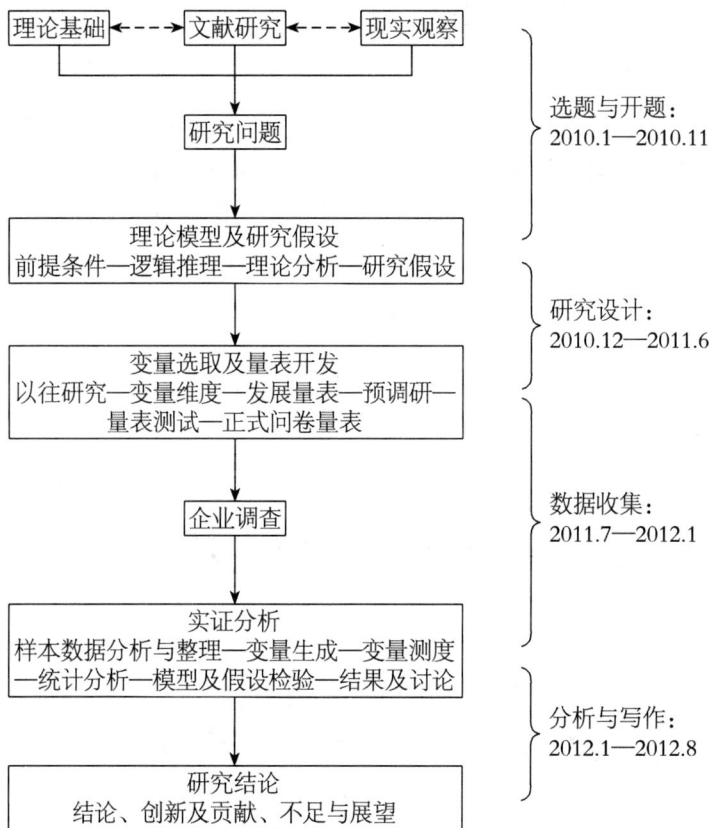

```
┌────────┐      ┌────────┐      ┌────────┐
│ 理论基础 │◄----►│ 文献研究 │◄----►│ 现实观察 │
└────────┘      └────────┘      └────────┘
                      │
                      ▼
                 ┌────────┐          选题与开题：
                 │ 研究问题 │          2010.1—2010.11
                 └────────┘
                      │
                      ▼
          ┌──────────────────────┐
          │   理论模型及研究假设      │
          │前提条件—逻辑推理—理论分析—研究假设│
          └──────────────────────┘
                      │                研究设计：
                      ▼                2010.12—2011.6
          ┌──────────────────────┐
          │    变量选取及量表开发      │
          │以往研究—变量维度—发展量表—预调研—│
          │  量表测试—正式问卷量表     │
          └──────────────────────┘
                      │
                      ▼
                 ┌────────┐           数据收集：
                 │ 企业调查 │           2011.7—2012.1
                 └────────┘
                      │
                      ▼
          ┌──────────────────────┐
          │       实证分析           │
          │样本数据分析与整理—变量生成—变量测度│
          │—统计分析—模型及假设检验—结果及讨论│
          └──────────────────────┘
                      │                分析与写作：
                      ▼                2012.1—2012.8
          ┌──────────────────────┐
          │      研究结论            │
          │  结论、创新及贡献、不足与展望 │
          └──────────────────────┘
```

图 1-2　研究技术路线

1.3.2　结构安排

在研究内容和技术路线的基础上，本书的结构安排如下：

第 1 章为绪论。主要分析本书的研究背景并提出研究问题，阐述本书的理论意义和实践意义，并对研究内容、研究框架、技术路线、结构安排、研究方法和创新点进行介绍。

第 2 章为文献综述。全面梳理了有关组织学习、组织记忆以及战略变革的研究文献，为后文的研究奠定理论基础。通过评述现有研究的不足，寻求本书的切入点，初步确定研究问题。

第 3 章为组织记忆传播过程的维度识别与测量。作为整个研究的基础，应用内容分析、因子分析等质化和量化研究相结合的方法，对组织记忆传播过程进行演绎法的量表开发。为深入探究组织记忆传播对组织学习与战略变革关系的影响作用奠定实证测量的基础。

第 4 章为概念模型与研究假设。基于前文的文献梳理，结合现实的观察，提出组织学习与战略变革两者之间的直接关系效应，并引入组织记忆的视角，进一步分析组织记忆的水平和传播 2 个维度对组织学习和战略变革的影响，并提出相关假设，构建相应的概念模型。

第 5 章为研究设计与数据收集。本章主要介绍组织记忆、组织学习与战略变革的测量方法以及问卷设计过程；同时对数据收集的过程进行描述，并对样本企业进行描述性分析，为后续实证研究奠定基础。

第 6 章为数据分析与假设检验。本章通过统计分析方法进行实证分析，以检验本书对于组织记忆视角下的组织学习对战略变革影响的相关假设。本章首先应用 AMOS17.0 软件对组织学习、战略变革和组织记忆水平进行了验证性因子分析，以检验本书应用问卷的有效性，并作为后文分析的基础。然后，应用 AMOS17.0 软件对组织学习对战略变革的直接影响进行了结构方程分析，应用 SPSS17.0 软件进行多层回归分析，以检验两种组织学习方式的平衡对战略变革的影响效应。最后，应用 SPSS17.0 软件进行多层回归分析，检验组织学习对战略变革影响中的组织记忆水平的前因作用和组织记忆传播过程的调节作用。

第 7 章为研究结论与展望。将本书提出的理论模型与实证结果进行比较，总结本书的结论与发现，并指出本书的理论意义和实践启示，同时剖析本书的研究局限及未来研究展望。

本书的结构安排如图 1-3 所示。

研究内容 　　　　　　　　　　　　　　 章节安排

分析研究背景，研究问题，介绍研究内容、技术路线、结构安排、研究方法和创新点	第1章 绪论
通过文献回顾，总结现有研究的不足和理论空白，提出本书的研究切入点	第2章 文献综述
对组织记忆传播过程进行演绎法的量表开发，为进一步实证研究奠定基础	第3章 组织记忆传播过程的维度识别与测量
研究三个变量间的关系，提出研究假设，构建理论模型	第4章 概念模型与研究假设
介绍变量的测量方法及问卷设计过程，分析探测性调研的过程和结果，形成最终的问卷调查表	第5章 研究设计与数据收集
分析样本数据来源和数据的信度和效度，运用样本数据对假设和理论模型进行结构方程检验	第6章 数据分析与假设检验
比较理论模型与实证结果，得出结论，指出实践启示，剖析本书的研究局限及未来研究展望	第7章 研究结论与展望

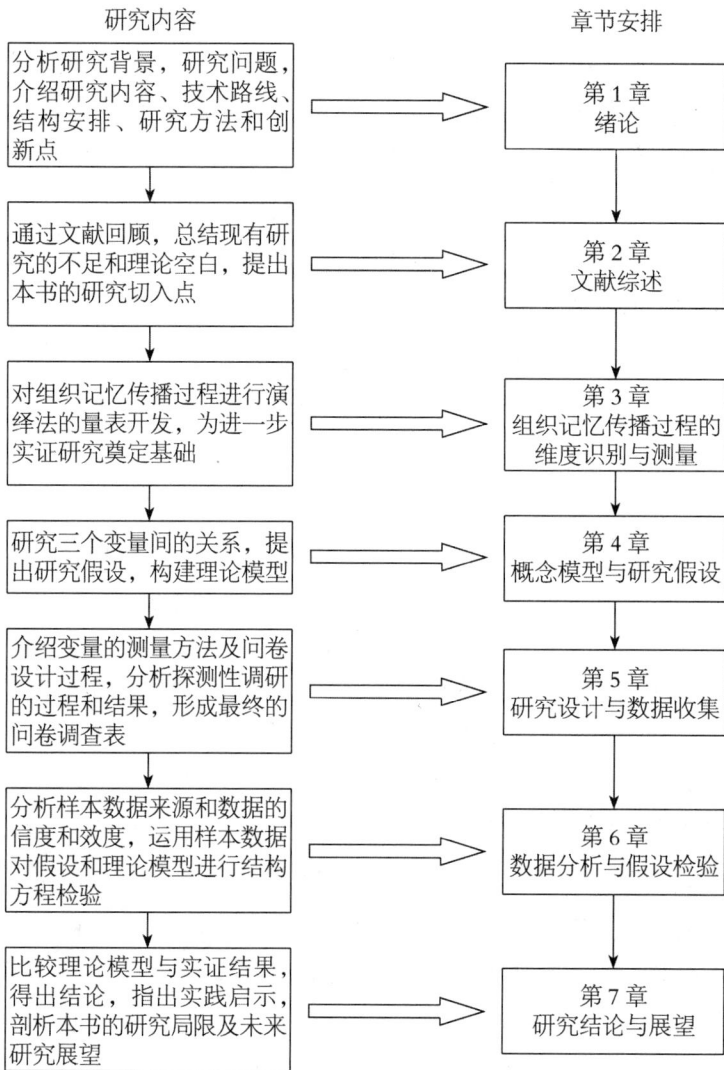

图 1-3　本书的结构安排

1.4　研究方法及创新点

1.4.1　研究方法

本书在对组织记忆的内涵以及组织学习、战略变革的关系进行深入思考的基础上，主要遵循规范分析—提出假设—实证检验的研究模式。本着研究问题与方法连接的精确性和客观性，书中主要采用以下研究方法：

（1）文献探讨与现实观察相结合

组织记忆水平、组织学习、战略变革以及组织记忆传播这些抽象构念的细化都是在文献研究和理论分析的基础上形成的。只有对国内外文献进行全面细致的梳理，才能获得理论创新的基础。同时，结合对企业发展实践的观察，有意识地把握事物的本质特性和深刻含义。从理论基础、研究问题的解决方法及实际应用方面进行归纳比较，明确各个构念、变量间的逻辑关系，结构化研究问题（Ghauri，2005），在此基础上，合理建构本书的理论模型及假设。此外，研究过程的设计也严格参照现有文献的研究方法，依据现有文献的指导进行实证分析。

（2）问卷调查法

数据收集主要采用问卷调查法。利用关键被调查人（key informant）技术进行问卷数据收集。我们已经找到多位联系人，包括MBA教师、银行人员以及其他联系人，通过这些联系人与企业的联系，由这些联系人将问卷以纸质或电子文件的形式发放给相关企业的被调查者。被调查者回答完问卷后，直接将问卷寄给作者，或交给联系人，由联系人转交给作者。数据收集完毕后，本书主要采用SPSS17.0和AMOS17.0等统计分析软件，运用因子分析、多层回归分析以及结构方程模型等方法，验证研究假设及修正理论模型。

（3）跨学科研究方法

现代学术研究正在从以学科为方向，向以问题为方向转移。这也顺应了西方社会科学发展中跨学科交叉研究以及整体化的基本潮流和基本趋势。本书在探讨组织记忆对组织学习和战略变革的互动影响的过程中，涉猎了多学科的研究成果和相关概念，在研究方法上也跨越了社会学、知识学、心理学和管理学等多学科的分析方法和研究视角。

（4）构型分析方法

构型分析方法是国际学术科学研究常用的理论发展方法。它是将许多因素加以整合成群组，再对各个群组进行分析的方法；构型可以用简约（parsimony）的方式对组织进行丰富而复杂的描述（Miller，1996）。Miller（1987）认为构型有高度的稳定性，因为它们有内部的逻辑性、整合性及演进的动力。在组织及战略管理的研究中，这样的研究取向对于分析复杂的组织整体或策略性问题有很大帮助。由于组织记忆涉及构成分析及维度划分，而且战略变革与组织学习也需要分析不同模式，因此，本书将在探讨以上问题拓展理论深度时大量使用该方法。

1.4.2　创新点

虽然本书没有穷尽组织学习及战略变革间的所有影响因素，但通过科学细致的研究，受组织知识变化的复杂性这一重要事实的启发，发现了组织记忆、组织学习以及战略变革理论之间联系的内在根源，并沿着"组织记忆—组织学习—战略变革"的逻辑主线，构建了三者整合关系的理论分析框架，层层深入，进行了严谨的实证检验。从书中结论及其产生的过程来看，笔者将从以下三个方面来归纳本书的创新之处：

其一，厘清了组织学习方式和战略变革之间的关系。

目前，学者们对于组织学习和战略变革的讨论过于笼统，缺少系统的分类研究。本书没有泛泛测量组织学习和战略变革的影响关系，而是分别考察不同的学习方式（探索式学习和利用式学习）对战略变革的影响，发现两种组织学习方式对战略变革的影响存在差异，同时还分析了两种组织学习方式的平衡协调对战略变革的影响，为进一步深化组织学习和战略变革的关系研究创造了有利条件。

其二，克服了组织记忆概念模糊、难以测量的问题，提升了组织记忆研究的严谨性和系统性。

虽然学者们已经认识到组织记忆是一个多维度的构念，但在内涵和维度的划分上仍然较为模糊，针对现有的组织记忆的研究多为描述性分析。本书首先通过全面回顾国内外组织记忆的相关研究，在理论层面上从过程视角完善了这一抽象构念的内涵，确定组织记忆的构成维度为组织记忆水平和组织记忆传播过程，并提出了具体的操作性定义，拓宽了组织记忆理论发展的视野；其次，应用质性研究方法，结合演绎法开发了组织记忆传播过程的量表，并对开发的量表进行了预测试，实证结果表明，本书对于组织记忆各维度的测量模型均具有较高的信度和效度，新开发的量表包含获得、保持和提取3个维度，强调记忆过程的测量，展现了组织记忆的"演化"意义，在维度划分和题项设定上更优于以往的量表，也使得记忆测量和实践管理得到了较好的匹配。这种在操作化方面的努力和延伸将有助于学者们围绕组织记忆展开更为复杂的多变量研究。

其三，实现了组织记忆、组织学习和战略变革的有效联结，验证了三者之间的逻辑关系，弥补了孤立研究的不足。

以往研究囿于研究领域的界限，忽视了组织知识变化的复杂性，只看到了"新知识的创造和增加"即组织学习问题，而对于"旧知识的保存和减少"即组织记忆问题往往少有涉及，这对于战略变革研究是一个较大的缺憾。

本书将组织记忆这一变量引入到战略变革中，构建了组织记忆以及战略变革与组织学习的框架模型，并进行实证检验，不仅弥补了原有孤立研究的不足，明晰了三者之间的逻辑关系，而且超越了学术界对战略变革实践的很多论争，也为未来开展更为广阔而全面的战略变革研究提供了有益的支持。

第 2 章　文献综述

2.1　组织学习相关研究回顾

自 March 和 Simon 于 1958 年率先提出"组织学习"这一概念始，西方学者便对此产生了浓厚的兴趣，并围绕这一问题展开了深入研究。组织学习研究领域的所有学者都会遭遇到 Hedberg（1981）曾经提出的这些问题："组织实体本身是否能够学习？将组织视为一个具有既定目标、学习能力和记忆的实体是否有价值？组织是否仅仅通过组织当中的个体才能学习？"

一些学者认为研究组织学习毫无意义，他们专注于研究组织当中的个体在组织中的学习，其中比较有影响力的学者包括 Senge（1990）、Dixon（1996）和 Argyris & Schon（1978）。该学派的研究学者试图回避组织能够学习这一问题，转而研究可能阻碍或者促进个体学习的组织结构和组织系统，并进一步拓展该研究视角，提出了一系列促进组织情境下个体学习的工具和技术。

Hedberg（1981）和 Walsh & Ungson（1991）对此持有不同的看法，他们从组织层面出发，提出组织系统、工作流程、组织机构和文化物品易受到变革的影响，即使组织当中的个体已经离开，组织文化等因素也可能持续存在。这些系统、结构、文化和人工制品的持续影响就类似于组织记忆而存在。Van de Ven（1995）指出"学习尽管是个体的事，但是个体存储库能够传递到组织知识库，后者是独立于个体雇员而存在的。结构和流程是组织知识储备的形式，是组织的知识。这些储备并不依靠个体，而是遵循自身的规律且影响组织学习和个体的行为"。

随后的数十年间，学者们开始探究组织学习的实证测量，有关组织学习的实证研究最早可以追溯到 Cangelosi & Dill（1965）。然而，真正从学术角度正式提出"组织学习"概念的当属 Agryris & Schon（1978），他们认为组织学习是"组织成员通过检查组织存在的问题，发现错误，重新构建组织的行为理论（theories-in-use），进而加以纠正的过程"。在此基础上，国外学术界开始了对于组织学习的系统化研究，组织学习的概念备受学术界和实业界的关注，Agryris 也由此获得了"组织学习之父"的殊荣。此后，学术界开始不断地对组织学习的概念进行探索和修正，对组织学习的类型、过程和内容等进行了大量的研究。

2.1.1 组织学习的概念

尽管组织学习的概念一直以来备受理论界的关注，但是学术界对此依然缺少一个连续性的统一的概念界定（Vera & Crossan，2004；丁岳枫，2006），究其缘由，主要在于研究者往往从不同的学科领域、不同的研究视角出发提出各自的定义。比如，哈耶克曾经从经济学的视角出发，认为组织要想提高其行为绩效，应尤为重视知识的共享和传播，并坚信组织学习是可以计量的，经济主体拥有独特的知识是使其利润最大化的基础。随后，组织管理学家 Argyris & Schon（1978）认为，组织学习是有效地处理、解释、反映组织内部的各种信息进而改进组织行为的过程，这不失为一种对于组织学习的管理学角度的理解。当然，还有学者从知识管理的角度提出，组织学习是组织推进知识获取、创新和传递的过程（Nonaka，1995）。Gherardi & Nicohni（2000）则给出了组织学习的社会学解读，他们认为组织学习是一种社会过程，是在组织制度形成的社会关系中进行学习的过程。

Fiol & Lyles（1985）认为，现有关于组织学习的文献实际上包含了两类组织学习的概念：认知学习和行为学习。Daft & Weick（1984）将组织学习划分为两个视角，一个是"系统结构"视角，另一个是"解释"视角，组织学习以这两种视角被理解。与 Fiol & Lyles 的观点不同，Huber（1991）提出了"潜在行为"的观点，认为组织学习应同时包含行为和认知 2 个维度。Weick & Roberts（1993）指出学习是一种刺激反应过程。这又激起了本能学习的反驳，对一个新刺激的反应可能并不是学习，因为这一反应是否是建立在新知识基础上的反应，这一点还不清楚。这一反应可能是基于以往记忆或者其他情境的知识而产生的。基于此，Weick & Roberts（1993）指出，学习应界定为针对同一刺激而产生不同的反应。这一定义的侧重点在于代替以往已知的知识，而不是完全创造新的知识。

这使得对组织学习的认识一直以来都存在很大的差异。事实上，早在 20 世纪 80 年代，就已经有学者提出组织学习的概念亟待统一。然而，时至今日，这一局面并没有太大的改观（施瑞龙，2009）。本书将在对国内外关于组织学习的定义进行批判性回顾的基础上，提出本书对组织学习的理解。

从现有组织学习的研究文献看来，来自管理学的"组织学习"这一术语很难脱离心理学、社会学、人类学甚至经济学等学科的影响，在上述学科的发展和倡导之下，对组织学习的理解已呈现出多元化趋势：

表 2-1 对组织学习的代表性概念做了列示，对这些概念稍加分析不难看出，国内外学者对组织学习的研究视角的确较为多样化。Cyert &March（1963）、Argyris & Schon（1978）、Fiol & Lyles（1985）、Senge（1990）、Lee et al.（1992）、Nonaka（1995）、Lundberg（1995）、Schwandt & Marquardt（2000）以及国内学者芮明杰等（2005）从过程视角解读了组织学习，着重研究学习的过程，把学习当做一种社会性的建构过程，强调组织内部的社会关系，强调个体间、群体间、组织间的交流互动极大地促进了组织学习，所有企业在面临环境改变时都能够表现出一定的学习能力。过程视角认为个体学习的集合是组织学习，Senge（1990）更是对组织学习的概念进行了系统性的思考。

表 2-1 组织学习的代表性概念

研究视角	组织学习定义	代表学者
过程视角	• 组织学习是建立在经验基础上的适应过程	Cyert & March（1963）
	• 组织成员通过检查组织存在的问题，发现错误，重新构建组织的行为理论（theories-in-use），进而加以纠正的过程	Argyris & Schon（1978）
	• 组织学习是为了提升管理行为而获得知识的过程	Fiol & Lyles（1985）
	• 管理者寻求提高组织成员理解和管理组织及环境的能力和动机水平，从而使其能够决策如何不断提高组织效率的过程	Senge（1990）
	• 组织学习中个人的学习引致了组织与环境的相互作用，环境的改变由个人进行解读，这一过程是一个循环往复的过程	Lee et al.（1992）
	• 企业促进知识获取、创新与传递的过程	Nonaka（1995）
	• 组织通过反思自身经历或观察其他公司的经历，调整组织系统、结构、流程和技术的过程	Lundberg（1995）
	• 组织学习是企业员工行为与工作流程之间的复杂互动过程	Schwandt & Marquardt（2000）
	• 组织不断努力改变或重新设计自身以适应不断变化的环境的过程，是组织的创新过程。	陈国权等（2000）
	• 组织学习是处于某一情境之下的组织员工通过与同事合作并总结经验的学习过程	Mulholl et al.（2001）
	• 组织学习是组织为适应持续变化的环境而不断调整自身的过程，包括个人学习、团队学习、组织学习和组织间学习	黄健（2003）
	• 组织学习首先是个体知识的学习和创新，在此基础上通过组织知识的内部传递，进而通过知识转化实现组织学习的过程	芮明杰等（2005）
	• 组织学习是企业持续获得竞争优势的关键，是企业视外部环境和内部能力的变化，动态吸收、内化、共享和创造知识的过程	傅慧等（2009）

续表

研究视角	组织学习定义	代表学者
能力视角	• 组织学习是有关环境与组织管理实践之间的影响的知识和能力	Daft & Weick (1984)
	• 组织学习是基于以往的知识经验，通过分享见解、知识和心智模式的方式来学习	Stata (1989)
	• 组织学习是观察组织内外部环境变更并对之加以评估和采取行动的能力	Meyers (1990)
	• 组织学习的目的是提升组织应对变革的能力，以采取有效的行动	Kim (1993)
	• 企业相对竞争优势的保持和对企业创新能力的促进，主要借助于拓展团队的技能以发展组织效率	Dodgson (1993)
	• 组织学习可被视为推进组织战略变革的重要方法	Crossan et al. (1999)
	• 组织学习是提升组织能力的方式，组织在其日常活动中，建立知识网络，补充知识技能并运用员工的技能	刘顺忠 (2009)
结果视角	• 组织学习是指组织成员以共同学习的方式一起解决问题	Morgan & Ramirez (1983)
	• 在处理信息的过程中，如果一个组织的潜在行为发生了变化，我们就说这个组织是在学习	Huber (1991)
	• 组织学习是组织成员积极主动利用有关资料与信息来规划自己的行为，以提高组织持续适应能力的过程	Edmonds & Moingeon (1998)
	• 组织在大量尝试错误的活动中使过程、程序不断优化，最终帮助组织获取竞争优势	Levinthal & March (1993)
	• 组织学习的最终目的是发展新的影响组织行为的知识和思想	Narver & Slater (1995)

续表

研究视角	组织学习定义	代表学者
结果视角	● 组织学习的目标是运用特定的程序和技巧,解释 Why、What、How 和 When 的问题	Gherardi（1998）
	● 组织学习是基于特定的社会文化环境背景的人际互动学习的结果	Gherardi & Nicolini（2000）
	● 组织学习的目的是提高组织绩效,代表了组织知识管理的能力,通过知识创造、获得和整合转移并修正组织行为	Pilar et al.（2005）
	● 组织学习是一种集体学习,以个人学习为基础,但不是个人学习的简单延伸,前者更加强调集体思维和系统观、成员协作和团队互动,其目的是借助通过组织学习获得的知识、行为规范和价值观,指导组织行为最终改进组织绩效	丁岳枫（2006）
	● 组织为应对外部环境的变化不断改善技能和流程,持续建立并完善组织的知识和制度,以提高组织效率	贾建锋等（2006）

资料来源　作者根据相关资料整理.

Daft & Weick（1984）、Stata（1989）、Meyers（1990）、Kim（1993）、Dodgson（1993）、Crossan et al.（1999）以及国内学者刘顺忠（2009）则认为,组织能力伴随组织学习而提升,组织应该重视知识管理和创新,但是学者们往往难以分清组织学习与知识创新、知识和信息管理之间的区别。此外,该学派将组织学习的水平视为企业竞争优势的源泉,组织管理者应努力营造好的学习文化氛围,试图建立科学的组织学习方法和工具。

还有一些国外学者如 Morgan & Ramirez（1983）、Huber（1991）、Edmonds & Moingcon（1998）、Levinthal & March（1993）、Narver & Slater（1995）、Gherardi（1998）、Gherardi & Nicolini（2000）、Pilar et al.（2005）以及国内学者丁岳枫（2006）是从结果视角分析组织学

习,强调了组织学习的目标和结果。学者们提出,学习型组织从某种意义上说是组织演化的阶段性目标,随着组织规模的扩大,管理经验的丰富,某些组织将形成强烈的学习动机,推动组织向学习型组织演化。企业学习能力的发展程度和结果决定了企业竞争优势的强弱。

现有的组织学习的概念尽管表述上存在差异,然而它们却从不同侧面、不同层次或多或少、或深或浅地触及了组织学习多方面的本质属性(黄健,2003;王国荣,2006)。我们通过对这些概念的内涵进行深入分析提炼后认为,现阶段组织学习的概念具有以下特点:

其一,学者们普遍对组织学习的知识本质这一点比较赞同。大量的组织学习的研究文献会不厌其烦的分析知识管理、创新与组织学习的关系。许多学者把组织学习局限于知识的获取、解释、传播、保持和应用的系统思考过程,这实质上是对组织学习理念的一种误解。在知识经济时代,只有知识创新才是组织在未来获得成功的核心能力和根本保障。组织学习与知识创新的关系密切,甚至有一些学者认为组织创新来源于某种形式的学习,并按照组织学习与新知识、旧知识的关系将组织学习模式划分为探索式学习和利用式学习(March,1991)。Daft & Weick(1984)直接指出,"组织学习是有关环境与组织管理实践之间的影响的知识和能力"。在知识经济时代,组织学习与知识管理作为共生的概念存在,在理论研究和实践探索中常常会被联系在一起。Nonaka & Takeuchi 的知识创造模型开组织学习的知识管理研究之先河,该模型反映了组织中的个人、团队和组织等层次以及组织与外界环境之间的知识转移过程。甚至有些学者认为,组织学习是"拓展和提炼组织中的知识和智慧的过程"。因此,组织知识管理者的工作应该是竭力营造和谐的学习氛围,加强组织中个人、团体和组织之间的知识互动。

其二,不论是从过程角度、能力角度还是结果角度提出的组织学习的概念,知识和信息作为组织学习概念的重要构成要素,在这些概念中或者作为前因,或者作为结果,或者作为中介变量而存在。因此,通过组织学习这一过程,组织能够借助于有效地吸收利用内部或者外部知识提升其核心能力,增强组织适应急剧动荡的环境的能力。可以这么说,组织学习这个过程的结果事实上既提升了组织的能力,也改善了组织成员的认知和行为，进而提高了组织的环境适应能力，最终的结果是企业业绩的大幅提升（Edmonds & Moingcon，1998）。从这一点来看，我们对组织学习的理解不应该侧重于过程、能力和结果中的任何一个，应该将这三种视角结合起来，才能给出关于组织学习的更为全面的理解。

其三，从现有文献看来，许多学者从过程视角出发剖析了组织学习，有助于我们形成对组织学习过程的理解，但是这种过程的视角存在先天的不足和弱点，即"只见过程，不见人"，因此需要从能力视角弥补，突出组织学习中学习主体的特点。

如前所述，组织学习理论从诞生之日起，学者们就从未停止过对其概念及内涵的争论。当然，这种分歧并非本质方面存在的差异，造成差异的原因还在于学者们的研究视角、研究对象和研究手段的不同。正如布鲁纳所言："……广泛不同的观点——行为学派、完形心理学观点、心理测量观点、日内瓦学派观点……然而在他们所遇到的问题面前，这些差异就显得不那么突出了。"毋庸讳言，理论只是一种对现实的抽象概括，然而现实生活中的问题并非一贯泾渭分明，而是涵括了多种复杂的因素，要想更好地理解现实问题，必须综合考虑多种角度的研究成果。

基于此，我们认为组织学习不仅是一个过程，更是一种能力和结果，在这个过程中，组织采用不同的方式以更好地处理组织当中新知识和已有知识的关系。按照 March（1991）对组织学习的理解，组织学习既包括对组织现有知识的整合利用，也包含对新知识的习得和吸收。March（1991）将组织学习划分为探索式学习（explorative learning 或 exploration）和利用式学习（exploitative learning 或 exploitation），以更好地探究组织的适应问题。"创新、试验、冒险、尝试"是与探索式学习相关的组织学习行为，而利用式学习则可以用"提炼、选择、执行"等词汇来概括。参考 March（1991）、芮明杰等（2005）、傅慧（2009）等学者对组织学习的研究，探索式学习更多的是对新知识的追求，利用式学习则是对已有知识的利用和提高。因为组织学习本身即为知识的积累和共享过程。基于此，本书将组织学习定义为组织为了适应环境的变化或获得竞争优势，在组织层面进行的对现有知识进行开发和利用，同时不断追求新知识的过程，以更好地推进组织战略的变革。

2.1.2　组织学习的方式与过程

（1）组织学习的方式

如前文所述，我们提到学者们对于组织学习的界定未能形成统一的认识，对于组织学习的方式也同样存在类似的问题，由于研究者关注的重点不同，所采用的划分依据各异，因此使得学界对组织学习方式的划分同样未能达成共识。当前有关组织学习方式的划分呈现多样化。国内学者梳理了学者在组织学习方式划分方面所采用的依据，一些学者按照组织学习的深度（如组织学习行为是否触及了组织既有的价值观和行为规范）对组织学习的方式进行了划分，还有一些分类标准包括组织学习所采用的具体方法、员工参与学习的情况和组织学习对原有组织知识的影响以及组织学习本身的层次等（赖明正，2005）。

从已有文献来看，国内外学者对组织学习方式的划分可谓众说纷纭。但是，对现有的组织学习方式的层次性划分究其本质，其理论依据依然是知识管理当中的有关知识的分类，Habermas 将知识划分为三类——技术知识、实践知识和认知自由王国的知识，对应于每一种知识类型，都有不同的学习方式。

表 2-2 列示了组织学习方式的划分，大致可以划分为三个层次。

第一层次是纠偏式学习。纠偏式学习表现为显性的学习，指的是企业在原有的行为规范和目标的前提下，为适应外部环境的改变而纠正其组织策略和行为中的错误。该层次的组织学习的目标是解决问题，还未达到反思学习行为的层次。学者们对于这类组织学习方式有着各自的叫法，如完整的组织学习环（March & Olsen 1976），单回路学习（Argyris & Schon，1978），低层次学习（Foil & Lyles，1985），线性学习（Meyers，1990），适应性学习（Hedberg，1981；Senge，1990），战术学习（Dodgson，1993），利用式学习（March，1991）等。

第二层次是质疑式学习。质疑式学习是当组织面临的外部环境急剧动荡时，组织就可能对已有的组织规范和目标产生质疑，对组织目标的本质、基本假设和价值进行重新评价，除了寻求策略行动上的问题，更

表 2-2   组织学习方式的划分

学者	组织学习方式		
	层次 1	层次 2	层次 3
March & Olsen（1975）	完整的组织学习环	不完整的组织学习环	
Argyris & Schon（1978）	单回路学习	双回路学习	再学习
Hedberg（1981）	适应性学习	转换性学习	改变性学习
Foil & Lyles（1985）	低层次学习	高层次学习	
Meyers（1990）	线性学习	非线性学习	
Senge（1990）	适应性学习	创造性学习	
Dodgson（1991）	战术学习	战略学习	
March（1991）	利用式学习	探索式学习	
Lyles（1988）	经验学习	模仿学习	创造学习
Fulmer（1994）	维持性学习	震撼性学习	预期性学习
Sinkula（1994）	前期学习	后期学习	
Snell et al.（1996）	单回路学习	双回路学习	三回路学习
Marguardt（2002）	适应性学习	预见性学习	行动性学习

资料来源　施瑞龙. 组织学习、战略执行力与企业绩效关系研究［D］. 杭州：浙江大学，2009.

要发掘组织规范和目标中的错误，并通过学习加以修正（Senge，1990），以适应环境的变化。这个过程实际上是识别外部环境的变化，从而对既定的组织假设产生怀疑，随后组织开始对组织规范的目标进行调整甚至彻底改变，以使得组织适应全新的环境。从以上分析来看，第二层次的学习在实施上的难度要大于第一层次的学习，因为第二层次的学习触及了组织既有的规范和目标（杨智等，2004）。有的学者将之称为不完整学习环（March & Simon，1958），双回路学习（Argyris & Schon，1978），转换性学习（Hedberg，1981），高层次学习（Foil & Lyles，1985），非线性学习（Meyers，1990），创造性学习（Senge，1990），战略学习（Dodgson，1993），探索式学习（March，1991）等。

　　第三层次的学习最早被称为再学习（Argyris & Lyles，1978）。再学习又被称为元学习（meta-learning），或者被国内学者称为"最深程度的学习"（陈国权等，2000），"通过建立新的心智模式来影响成果"，这种学习方式要求组织反思学习的信念和基本假设，通过经验总结和反思建构新的规则。具体实践包括：组织成员通过反思以往的组织学习方式、行为和学习过程，寻求组织学习的经验和教训，在此基础上总结有助于组织学习的策略，提高组织学习的效率。也有学者将这类学习方式命名为"改变性学习"（Hedberg，1981），"创造学习"（Lyles，1988），"预期性学习"（Fulmer，1994），"三回路学习"（Snell et al.，1996），"行动性学习"（Marguardt，2002）等。

综上所述，虽然学界对组织学习方式的划分有所不同，但是由上述分析不难看出，多数差异只是由于所采用的学术术语表达上的不同，并非本质上的差异（杨智等，2004）。究其本质，多数分类存在较大的一致性。本书认为，我们对于事物的理解应该采用全面系统干预（total system intervention）思维所提倡的"互补主义"的宗旨：基于不同视角和理论立场的组织学习方式的分类方法应该相互印证、相互补充，更好地促进我们对于组织学习的理解。因为其中任何一种分类方法都只突出了研究对象某一个方面的本质，由于研究理论基础不同、视角各异，各种分类难免管中窥豹，只见一斑。

在对组织学习的方式做了类型划分后，学者们开始反思这三种组织学习方式之间的关系，Snell et al.（1996）对三种组织学习方式进行了比较，认为"三种组织学习方式的目的都是获得良好的组织绩效，只是为达到这一目标而采用的方法各不相同"。如图 2-1 所示，第一层次的适应性学习或单环学习是通过思考"我们是否做对了"（戴万稳，2006），在此基础上调整组织行为的方式，以实现组织目标。第二层次的创造性学习或双环学习是通过思考"我们做的是否对"（戴万稳，2006），即质疑组织现行的规范和目标，并修正组织的心智模式来达到组织的目标。第三层次的组织学习关注的问题则是"我们如何才能做对"，"是组织在战略层次上适应知识经济时代的要求所必需的一种学习模式，这种战略层次的组织学习模式不断质疑现有的产品、程序和组织系统，从战略上考虑组织的未来，而不仅仅满足于知道什么做错了，知道如何改正，知道如何防范错误等单环和双环学习模式"（戴万稳，

2006），主要通过建立新的心智模式达到既定的组织目标（杨智等，2004）。

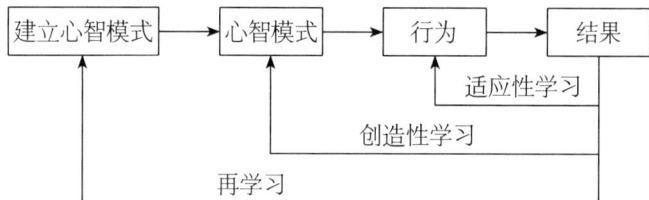

图 2-1 三类组织学习的比较

资料来源 SNELL R S, CHAK A M. The Learning Organization：Learning and Empowerment for Whom？［J］. Management Learning，1998，29（3）：337-364.

在已有的组织学习方式的研究中，March（1991）通过分析组织对环境的适应关系，提出了组织学习存在探索学习和开发学习两种方式，这种组织学习分类方式是组织学习研究中应用最广泛、最具代表性的学习理论之一（黄国群，2008）。此后，这两种学习方式不仅得到了许多学者的认同，学者们还对此进行了完善补充，许多学者甚至以此为基础致力于开发相应的组织学习测量量表，从而推动了组织学习相关实证研究的发展。因此，本书基于现有文献中对组织学习方式分类的研究，并结合本书的研究需要，以 March 分类作为组织学习方式分类的依据，将组织学习划分为利用式学习和探索式学习，探讨这两种学习方式与其他构念之间的相关关系。

（2）组织学习的过程

所谓组织学习的过程，是指组织系统地处理与组织有关的信息而设计的学习步骤与程序。有关组织学习过程的理论，在 Pawlowsky（2001）看来，包括五个研究视角：系统论视角、认知视角、文化视角、过程视角和决策适应视角。学者们从不同的角度对组织学习进行了探讨，过程研究学派的影响最为深远，并形成了不同的组织学习过程，本书仅介绍其中最具代表性的几种过程的分类。

①Argyris 和 Schon 的线性四阶段模型

Argyris & Schon 的线性四阶段模型是最早的组织学习过程模型，它突破了传统的适应性学习模型，开变革型学习之先河，大大推进了组织学习的研究。Argyris & Schon 将组织学习划分为四个阶段——发现、发明、执行和推广，如图 2-2 所示。发现阶段是通过对内外部环境进行扫描，发现企业内部的结构问题缺陷和环境中的机遇或挑战；发明阶段就是基于发现阶段的问题寻求解决之道，如当组织发现企业当前的战略与组织所处环境不相匹配时，组织就会寻求变革以解决发展问题；执行阶段是执行上一个步骤提出来的解决方案，如战略变革、流程再造的实施过程；推广阶段的主要任务是通过个人学习、团队学习扩展到组织学习甚至组织间学习，将成功的经验推广到组织的各个部门和所有其他领域。前文提到 Argyris & Schon 的线性四阶段模型是最具代表性、最为简洁的组织学习过程模型。但是简单的同时也会带来一些缺陷，有学者认为该模型的不足之处在于缺少反馈环节，未能反映出组织学习的螺旋上升过程，不能形成一个闭合的学习环（陈国权、马萌，2000）。

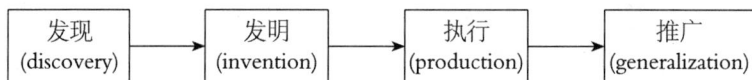

| 发现
(discovery) | → | 发明
(invention) | → | 执行
(production) | → | 推广
(generalization) |

图 2-2　Argyris & Schon 的组织学习过程模型

资料来源　ARGYRIS C，SCHON D A. Organizational Learning：A Theory of Action Perspective [M]．Reading. MA：Addision-Wesley，1978.

②Slater 和 Narver 的 "组织记忆" 学习模型

前文我们曾经指出，Argyris & Schon 的组织学习过程因其未能形成一个闭合的学习环而遭到学者诟病。此后，Sinkula（1994）基于信息处理过程将组织学习过程分解为信息获得、信息传播和共同理解。以此为基础，Slater & Narver（1995）在信息获得、信息传播和共同理解的组织学习过程中加入了组织记忆这一影响信息获得的关键过程，弥补了 Argyris & Schon 有关组织学习过程研究的不足，形成了组织学习的封闭环，如图 2-3 所示。由图 2-3 可知，组织学习过程包括四个阶段——信息获取、信息传播、共同理解和组织记忆。组织信息的获取既可来自于组织记忆，如经验、惯例等，也可来自于外部资源，如竞争者的市场信息，还可以来自于企业内部的渠道。Slater & Narver（1995）还阐述了组织学习和个体学习的关系，个体学习形成的有用信息只有通过组织内部的传播与共同理解，才会对组织产生积极的影响。

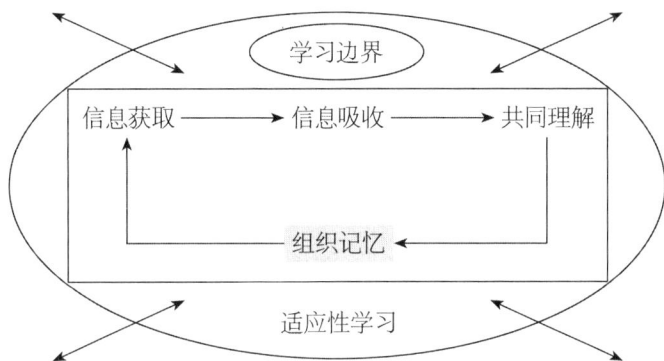

图 2-3 "组织记忆"学习模型

资料来源 SLATER S F, NARVER J C. Market Orientation and The Learning Organization［J］. Journal of Marketing, 1995, 59: 63-74.

③Edmondson 的学习过程模型

在 Argyris & Schon（1978）的四阶段学习模型的基础上，Edmondson（2003）指出组织学习是行动和反思循环发生的过程。随后，Cannon & Edmondson（2005）对此模型加以细化，提出了一个包括问题识别、问题分析以及进行试验的组织学习三要素模型，该模型相比较早期的四阶段模型而言更为完整，形成了组织学习的封闭环路，为学界深入研究组织学习的过程奠定了良好的基础。很快，Garvin et al.（2008）在前述研究的基础上进行了拓展研究，发展了组织学习的五阶段模型，这五个阶段分别是进行试验、信息收集、信息分析、教育培训和信息传递。在这一理论研究的基础上，Garvin et al.（2008）还开发了有关组织学习五阶段过程的测量量表，该量表经实证检验具有良好的信度和效度。经过系统的理论分析和严谨的实证研究，他们指出，组织学习的第一步是积极地开展实验，然后对实验的结果信息进行收集，结合其他相关信息，对信息进行分析甄别，提炼有价值的新知识。随后就是新知识的共享和传递，可以借助教育培训或者直接的信息传递完成组织知识的社会化和外部化。

④Pawlowsky 的组织学习过程模型

传统的组织学习过程模型中仅仅强调知识为组织学习的对象，重点研究了发现、发明等知识创造过程，但是这对于组织学习中的错误识别和问题纠正等方面而言,难以进行有效的指导。事实上,大多数组织学习过程模型都未能触及发现式学习,过分强调知识创造,而忽略了发现错误的知识更新过程。在这样的背景之下,Pawlowsky(2000)将组织学习分为鉴别/创新、扩散、整合/修正、行动几个阶段。该过程中的"鉴别"既包括前人研究中的新知识的获得和创新,如 Argyris & Schon(1978)的研究中提出的"发现"阶段、Slater & Narver(1995)的研究中关注的"信息获取",也包括被大家忽视的知识甄别和更新。这一模型(如图 2-4 所示)描绘了组织学习的发生过程,从某种程度上说,该模型揭示了组织学习发生的机理,几乎是每一次组织学习的必经之路,称得上是众多组织学习研究者提出的组织学习过程的模型(如Lundberg,1989;Huber,1991)的集大成者,因此得到了广泛的应用。

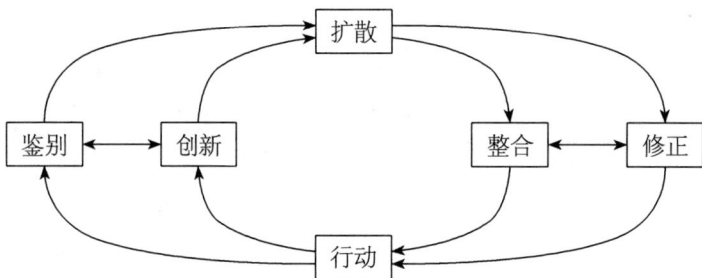

图 2-4　Pawlowsky 的组织学习过程模型

资料来源　PAWLOWSKY P. The Treatment of Organizational Learning in Management Science[M]. Oxford:Oxford University Press,2003.

⑤ Crossan et al. 提出的动态学习模型

Crossan et al.(1999)在前人研究的基础上,提出了组织学习 4I 模型(如图 2-5 所示)。所谓 4I,是指四种学习方式——直觉(intuiting)、解释(interpreting)、整合(integrating)以及制度化(institutionalizing)。该模型除了提出了组织学习的四个社会心理过程外,还将组织学习分为个体、团队和组织三个层面的学习,并分析了四种学习方式与三层次学习之间的对应关系。直觉和解释属于个体层面的学习,整合属于团体层面的学习方式,制度化则隶属于组织层面的学习。这四种学习方式之间不是孤立的,而是相互不断转换的,通过转换形成了两个重要的学习流:前馈学习和反馈学习。知识通过这两个学习流在个体、团体和组织之间流动。所谓前馈学习，是指从个体层面的学习向团队和组织层面的学习的转化，通过个体的直觉向个体间的解释、团体的整合转化，形成团队共享的知识和行为模式，最后固化为组织制度的学习过程。由此看来，前馈学习始于个体的直觉和解释，实际上突出的是探索式学习，强调组织价值观和决策框架的更新，强调新知识的吸收。反馈学习是指组织制度化的结构、规则和系统向个体和团体发展并影响其行为的过程。该学习流始于组织固有的规则和系统，强调利用这些旧知识解决问题，是一种利用式学习。可以说，Crossan et al. 的组织学习 4I 模型弥补了探索式学习和利用式学习之间的矛盾关系，揭示了组织学习的动态循环过程，拓展了 March 的组织学习理论。

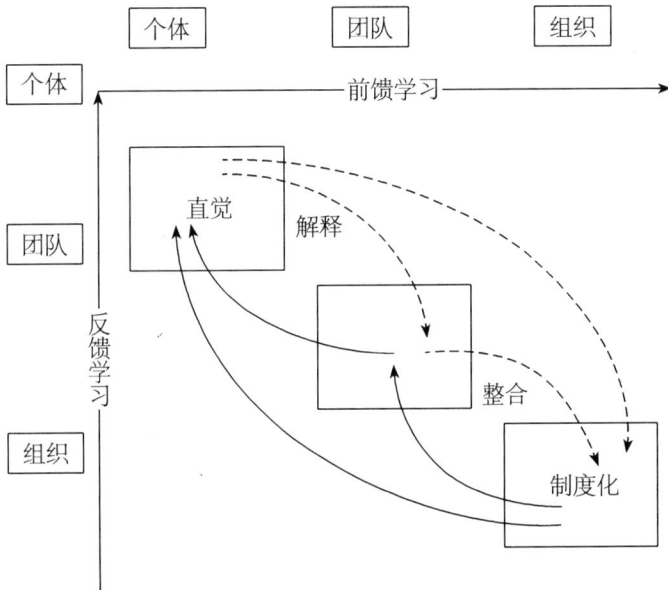

图 2-5 Crossan et al. 的组织学习 4I 模型

资料来源　CROSSAN M，LANE H，WHITE R，et al. The Improvising Organization：Where Planning Meets Opportunity［J］. Organizational Dynamics，1996，24（4）：20-35.

组织学习的层次和过程见表 2-3。

学者们一致认为组织学习 4I 模型是较为完整且极具解释力的组织学习模型。此后的研究者以这一模型为基础，开展了一系列相关研究，

表2-3 组织学习的层次和过程

层次	流程	投入/产出
个人	直觉	经验；形象；隐喻
团队	解释	语言；认知；交流/对话
	整合	共享的理解；相互调整；互动系统
组织	制度化	惯例；诊断系统；规则和程序

资料来源　CROSSAN M，LANE H W，WHITE R E. An Organizational Learning Framework：From Intuition to Institution ［J］. Academy of Management Review，1999，24（3）.

如利用4I模型分析新产品开发中的学习问题（Stevens，2004）；运用组织学习的4I模型考察战略更新过程，弥补战略与组织学习融合中的鸿沟（Crossan & Berdrow，2003）；利用4I模型分析创业研究中的机会识别问题（Dutta & Crossan，2005）。但是，后来者进一步研究发现，该模型忽视了外显知识的获得和常规学习过程，仅仅关注知识的产生过程和本能学习的作用（于海波等，2007）。

⑥于海波等提出的组织学习整合模型

于海波等（2007）指出，组织学习4I模型忽视了外显知识的获得和常规学习过程，缺少组织间学习的内容，仅仅关注知识的产生过程和本能学习的作用。基于此，他们将组织间学习引入模型中，更好地诠释了组织学习的层次性：个体、团队、组织和组织间。同时，该模型中还融入了探索式学习和利用式学习的内容，整合了各层次学习之间的相互影响及其与不同学习方式之间的对应关系。于海波等的组织学习整合模型如图2-6所示。

通过对组织学习过程模型的分析我们发现，不论是Crossan et al.的组织学习4I模型，还是Edmondson的学习过程模型，无不体现了March的探索式学习和利用式学习的思想（Crossan et al.，1999）。Crossan et al.认为，4I模型中提到的"个体的直觉理解—团体整合—组织制度化"的学习过程与探索式学习过程是一致的；而组织制度对群体和个体的认知和行为的指导则属于利用式学习。Edmondson et al.提出

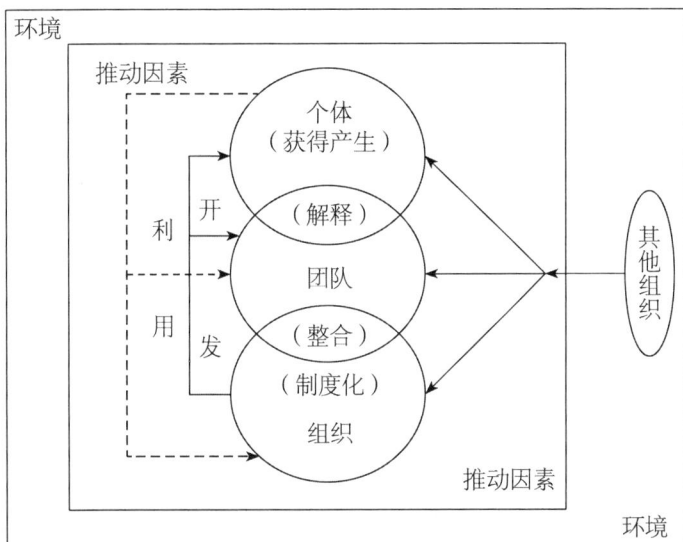

图 2-6 于海波等的组织学习整合模型

资料来源 于海波,等. 组织学习及其作用机制的实证研究 [J]. 管理科学学报,2007 (5):48-61.

的组织学习五要素则包含了探索式学习和利用式学习方式。Lee (1993) 分析了组织在面临来自竞争对手的激烈竞争时,可能会交互采用利用和开发两种学习方式来开发新技术,加强组织对环境的适应性。Stevens & Dimitriadis (2004) 论述了组织处于信息不断变化的环境中,为了掌握更多的信息和知识,对于探索式学习和利用式学习的选择,组织需要权衡利弊,以把握环境的变化,适时调整公司的战略,最终提升组织当前的绩效。基于 Edmondson 的组织学习过程模型,丁岳枫 (2006) 以创业企业为研究对象,深入分析组织学习过程,证实了探索式学习包括信息获取、互动整合、尝试体验三个要素;利用式学习由知识存储、规则应用两个组织学习要素构成,并将这两部分整合形成创业组织学习模型。杨建峰 (2008) 以家族企业为研究对象,探索并验证了在家族企业的组织学习中,探索式学习包括进行实验、信息收集、信息分析三个要素,利用式学习包括教育培训和信息传递两个要素。因此,March 的两模式学习理论为我们从组织记忆的角度理解战略变革中的组织学习,提供了非常有价值的参考。

2.1.3 组织学习理论的发展

自 March 等学者提出组织学习这一概念以来的 50 多年里，学者们从各自的研究视角、学科领域展开了大量的研究，现阶段的组织学习的研究特点可以概括为"派别林立、模型众多与多学科交叉研究"，这也是所有新兴研究领域发展过程中的必经之路。不可否认，在过去的研究历程中，组织学习在已有理论的完善和新理论的探索方面都取得了瞩目的成就。随着组织学习理论研究的进一步趋于实证化，相关理论研究对于企业组织学习的实践指导意义也越来越突出。组织学习的概念备受学术界和实业界的关注，学术界开始不断对组织学习的概念进行探索和修正，对组织学习的类型、过程和内容等进行了大量的研究。近年来，组织学习一直是管理研究领域的热点议题之一，相关研究可划分为两大部分。

（1）定性研究组织学习的概念、方式和过程

对于组织学习的概念，学者们从经济学、管理学、社会学、心理学乃至人类学等角度给出了各自的定义。由于研究者依据不同的学科领域，出自不同的研究视角，采用不同的研究方法，面对不同的研究对象，因此对组织学习的理解具有多样化的特点，至今依然未能形成一个统一的组织学习的概念。现有的组织学习的概念尽管表述上存在差异，但是它们却从不同侧面及不同层次，或多或少、或深或浅地触及了组织学习多方面的本质属性（黄健，2003；王国荣，2006）。前文我们分析了迄今为止组织学习概念表现出的三大特点：其一，学者们普遍对组织学习的知识本质这一点比较赞同。其二，不论是从过程角度、能力角度还是结果角度提出组织学习的概念，知识和信息作为组织学习概念的重要构成要素，在这些概念中或者作为前因，或者作为结果，或者作为中介变量而存在。其三，从现有文献看来，许多学者从过程视角出发剖析了组织学习，有助于我们形成对组织学习过程的理解，但是这种过程的视角却存在先天的不足和弱点，即"只见过程，不见人"，因此需要从能力视角加以弥补，突出组织学习中学习主体的特点。

由于学者们对于"什么是组织学习"未能达成一致，因此对组织学习方式的理解也就各不相同了。一些学者将组织学习的深度作为组织学习方式的划分依据，如按照组织学习行为是否触及了组织既有的价值观和行为规范，对组织学习方式进行划分，还有一些学者采用"组织学习所采用的具体方法、组织学习对原有组织知识的影响、员工参与学习的情况以及组织学习本身的层次等"作为划分组织学习方式的依据（赖明正，2005）。国内外学者对组织学习方式的划分可谓众说纷纭。通过总结发现，Habermas 将知识划分为三类——技术知识、实践类知识和认知自由王国的知识，对应于每一种知识类型，都有不同的学习方式：第一层次是纠偏式学习；第二层次是创造性学习；第三层次是元学习。

（2）组织学习的度量和工具等实际问题

研究者最初关注于组织学习的概念、类型和过程的研究，从定性的角度对此展开深入探讨。随着研究的深入，到了 20 世纪 90 年代中后期，国外学者开始全面系统地探究组织学习的测量及其实证研究，涌现出了大量的组织学习测量量表，包括单维度测量和多维度测量两类，并以多维度测量居多。对于组织学习的测量，始于组织学习维度的划分，首先需要理解组织学习的本质及其构成要素，只有了解了组织学习的构成要素，才可以进一步进行测量。各种组织学习的量表因其测量目的的不同，测量量表也各异。一些量表是为了测量组织学习的能力，一些量表是为了测量组织学习的程度，有的是从构成要素的角度编制，有的则是从过程角度编制。由此可见，组织学习的操作性定义与衡量似乎是由研究者依实际研究的具体情况来加以诠释的。

由于早期人们对于组织学习的内涵还未争论清晰，因此早期有关组织学习测量的研究较为零散，测量指标也过于单一。例如，Barkema、Bell & Pennings（1996）用国外经验反映组织学习；Virany、Tushman & Romanelli（1992）以 CEO 的变动情况作为组织学习的指标经验来反映组织学习等。

随着研究的深入，学者们开发了许多组织学习的测量量表，并且检验了这些量表的信度和效度。传统的组织学习测量多是从组织学习过程角度提出相应的量表，Sinkula et al.（1997）则从认知角度分析提炼出了组织学习的促进因素，即组织价值、市场信息和组织行动，并以此框架为基础开发了组织学习能力量表。

Baker & Sinkula（1999）进一步研究认为，组织价值影响了组织学习的导向，于是在原有量表的基础上进行修正，突出测量组织学习导向的功能，将每个维度扩展为 6 个题项，总共 18 个题项。

基于 Baker & Sinkula 设计的量表中缺少组织记忆的维度，Hult（1997）开发的量表对此进行了修正和补充。

Jerez-Gomez（2005）开发了测量组织学习能力的量表，该量表包括管理承诺、系统视角、开放性和试验以及知识转移和整合 4 个维度。

Garvin & Edmondson（2008）对于组织学习情况的测量角度是基于构建学习型组织，从组织学习和学习型组织的内涵出发，开发了包括支持性学习环境、学习实践过程和学习领导三维度的组织学习测量量表，并通过实证研究检验了量表的信度与效度。

主要组织学习测量量表系统汇总见表 2-4。

尽管迄今为止学界出现了大量的组织学习测量量表，但学者们无不将组织学习视为一个整体，并从认知角度、组织学习要素角度和组织学习过程角度展开了研究，这些研究有助于我们了解组织学习的过程，促进组织学习实证测量的发展。

2.1.4　组织学习相关研究述评

从现有组织学习的文献来看，尽管学界对组织学习的概念未能达成共识，但是不可否认的是，当前的组织学习研究已经比较深入，本书从组织学习的概念、组织学习的方式和过程以及组织学习的实证测量等方面对组织学习进行了回顾。正如戴万稳（2006）在对组织学习的研究文献进行回顾后所指出，"20 世纪 90 年代以来，组织学习理论和实践研究得到了极大的丰富和发展，研究者们从不同的视角、用不同的方法对组织学习的诱因、过程、氛围、能力、结果以及相关影响因素进行了深入的研究和探讨，取得了许多阶段性成果，也暴露出了方方面面的不足"。我们将组织学习研究领域存在的不足总结如下：

表 2-4　　　　　　　　　主要组织学习测量量表系统汇总

研究角度	维度划分	代表学者
组织学习的能力	✓ 学习的承诺、分享愿景和开放心智	Sinkula et al.（1997）
	✓ 敏锐的环境洞察力、鼓励试验、信任与开放的交流环境、领导支持并参与学习、系统地解决问题与适宜的组织学习风格	云绍辉等（2007）
	✓ 管理承诺、系统视角、开放性和试验以及知识转移和整合	Jerez-Gomez（2005）
组织学习的程度	✓ 支持性学习环境、学习实践过程和学习领导	Garvin ＆ Edmondson（2008）
组织学习的特性	✓ 个体学习、群体学习、组织学习、组织间学习、探索式学习和利用式学习	于海波（2007）
	✓ 团队导向、系统导向、学习导向和记忆导向	Hult ＆ Ferrell（1997）
特定组织类型或时期的组织学习（家族企业与新创企业）	✓ 进行试验、信息收集、信息分析、教育培训、信息传递	杨建峰（2008）
	✓ 信息获取、互动整理、尝试体验、知识储存、规则应用	丁岳枫（2006）

资料来源　作者根据相关资料整理.

首先，学界对组织学习的概念界定和理论内涵未能达成一致。学者们根据各自的研究需要给出了组织学习的定义，如信息加工观点、社会互动观点、系统行为观点（于海波等，2004）以及活动论、过程论、结果论和层次论（张琳，2008），但现有的定义往往由于其固有的缺陷而招致批判。Cohen（1991）就曾指出，某些组织学习的概念"太过空泛，囊括了所有的组织变革……相互之间在某些关键理念和问题上存在着严重的分歧"。Matlay（2000）提出，有的组织学习的定义仅仅是对其他学者的组织学习定义的补充和解释，缺乏原创，此类定义极少甚至根本不能推进组织学习理论研究的步伐，更谈不上指导管理实践，促进组织学习和构建学习型组织。还有的学者直接批判了既有研究在应用方面的局限性。当然，也有学者指出，当前组织学习的定义也存在诸多共性，从不同侧面及不同层次，或多或少地触及了组织学习的本质属性（黄健，2003；王国荣，2008）。这些定义的共性包括：组织学习的主体指向组织成员个体或整个组织（Crossan et al.，1999）；组织学习的客体指向信息和知识（Levinthal & March，1993；朱廷柏，2006）；组织学习的目的指向适应环境（陈国权等，2000），解决问题（Argyris & Schon，1978），组织绩效（刘顺忠，2009）等。由于组织学习的概念界定不清，实证研究各自为政以及各种研究之间缺乏关联性，导致组织学习理论研究难以深入，但是其中最根本的原因还是对组织学习的概念界定不清。概念界定混乱、理论内核不明确，导致维度划分不一，甚至混乱。因此，为增强实证研究的理论贡献，推动组织学习理论研究的深入，有必要重新审视并界定组织学习这一概念。

其次，组织学习的研究体系呈现多元化，并形成了多个研究派系：管理学派、行为学派、结果学派、经济学派和心理学派等。以个人学习为基础的组织学习，难以绕开人这一复杂的生物，一般的认知心理学都还未能理清人的认知和心理，这势必导致组织学习研究的百花齐放。

再次，学界对学习的层次如个体、个体间、集体和团队间学习的意义未能理顺，这也使得人们很难回答哪种学习方式对于组织而言是有效的，组织开展探索式学习的可能性是否存在，以及如何提高组织的适应性学习能力并有效介入这一过程，当然也就难以指导企业的组织学习实践，这些问题和研究缺陷早在1996年Argyris通过对此前的研究文献进行梳理的过程中提出，但时至今日，学界依然未能对此给出很好的诠释。通过文献梳理发现，个体、团队和组织层面的学习行为是相互关联的，无论是在Crossan et al. 的4I模型中，还是在March的两模式学习理论中，都体现了这一思想。组织结构、战略制定中的组织学习通过利用已有知识影响团队和个体层面的学习，这属于利用式学习的范畴；个体通过直觉理解探索新知识，进而影响团体和组织层面的学习，这属于探索式学习。于海波等（2004）详细阐述了个体、团体和组织层面学习的关系，并提出了组织间学习的重要性。在当前全球价值链的背景下，组织应对复杂动态环境的挑战离不开对组织间学习活动的重视。

最后，在已有的组织学习方式的研究中，被普遍接受且应用程度比较高的是 March 和 Cerbert（1991）的两模式学习理论，该理论指出了组织学习的一种普遍性规律，即组织学习存在探索学习和利用学习两种模式，两模式理论被很多学者认同，并予以补充和完善，不少学者也以两模式学习理论为基础开发出了相应的组织学习测量量表，推动了组织学习实证研究的发展。本书强调搜索和专注式或者生产式学习模型，以区别于传统的组织学习文献。这些模型专注于以创造和探索（March，1991）方式主动学习，而不是操作类学习（Nelson & Winter，1982），适应式学习（Senge，1990），以及从历史积累中学习（Levitt & March，1988）。利用式学习方式主要依靠惯例和过程来学习，而探索式学习则代表了从将学习视为"发现"到把学习当做"预测未来和制定战略"（Kuwada，1998）的过程。

2.2　组织记忆相关研究回顾

2.2.1　组织记忆的概念

（1）从个体记忆到组织记忆

记忆是"对过去事物保持和回忆的能力"，而且主要和个体相关。存储于记忆库中的知识经验（借助获取、保持和提取）将影响个体后续的行为（Anderson，1980），这一点得到了研究人员的广泛认同。研究者对个体决策过程采用化学、生物学实验等方法研究后，了解信息是如何获取、保持和提取的。尽管这些概念主要与个体相关，但一些学者提出，记忆也存在于超越个人的集体层面。比如，Loftus 夫妇（1976）认为记忆的功能就像一个存储历史信息的仓库，记忆不是为人类所独占，它存在于很多事物中。

但将个体记忆的概念向组织层面拓展时，学术界却产生了较大的争议。研究者对于组织记忆的具体形式以及其在组织中的存在层次等问题存在分歧。其争论的焦点在于：组织是否能够记忆？如果组织具有记忆的能力，那么组织记忆在组织中是如何被存储的？表现形式如何？学界针对这些问题展开了深入广泛的讨论，形成了以下观点：一种观点认为组织记忆仅是一个比喻，组织并不是真正能够记忆，组织记忆是组织成员间的一种交互行为（Argyris & Schon，1978）；Anand et al.（1998）认为组织本身无法记忆，个体是组织记忆的主体，组织记忆是对组织中存储的知识与信息，以及组织成员知识的获取、保持和提取过程的一个隐喻（Metaphor）。Sandelands & Stablein（1987）则提出不排除"组织是能够思考的智力实体"的可能性。其他观点的立足点则介于上述两个截然相反的视角之间，只是对于信息是由构成组织的个体（Kiesler & Sproul，1982；O'Reilly，1983；Sim & Gioia，1986，Ungson、Braunstein & Hall，1981），还是由组织本身（Galbraith，1977），抑或是由代表组织的控制团体或高层梯队（Hambrick & Mason 1984）占有和存储这一点依然模糊不清。

（2）组织记忆概念的回顾

学界对组织记忆概念的提出采用的是隐喻法，该方法有助于洞悉组织生命的丰富内涵。组织记忆的概念来自早期社会学，有着多种方式的解读，其源头可追溯至 20 世纪初涂尔干（Durkheim）社会学派的研究观点——集体心智，因而关于组织记忆的描述纷繁复杂。涂尔干及其追随者（1965）认为，集体观念并非是集体性思考（collectives thinking），而是社会化个体具有社会或集体特征的思考、学习和记忆过程，本质上依然指的是个体层面的概念，属于一种社会建构理论（social construct theory）。集体记忆是指社会化的沟通信息，这种信息以社会规范和风俗习惯的形式存储，并为社会成员共享。作为企业组织记忆的概念正是从这一最初的定义衍生而来。Weick & Roberts（1993）认为，集体心智是指存在于社会系统中的相互密切关联的行为模式。这种集体思想的突出特征是超越于个体独立存在，间接地反映在个体的记忆库中。尽管组织记忆的概念与集体观念的内涵有着不可分割的联系，但是此后学者们从各自的研究领域赋予组织记忆这一概念新的内涵，不同背景的学者对组织记忆理论的内涵和概念框架提出了不同的理解

（见表2-5）。

表2-5 　　　　　　　　　　**组织记忆的代表性概念**

研究角度	学科领域	概念界定	主要学者
内容观	管理科学	组织记忆存在于流程	Cyert & March（1963）
	管理科学	组织记忆包含在组织流程中，是组织存储知识以备将来使用的方式	March & Simon（1968）
	经济学	组织记忆是惯例行为	Nelson & Winter（1982）
	组织管理	组织记忆是集体经验	Smith（1982）
	组织管理	组织记忆由事业蓝图、建筑、战略导向和标准操作过程构成	Hall（1984）
	组织管理	组织记忆是有关组织历史的并可用于指导当前决策的信息存储	Walsh & Ungson（1991）
	组织管理	组织记忆是一个用来描述保存、表征和分享共同知识的概念。它包括工作、员工及工作场所在技术、功能及社会方面的信息	Durstewitz（1994）
	组织管理	组织记忆包括组织文化的各个方面——组织的经验、管理、沟通和决策方式，以及与工作相关事件的细节	Kransdorrf（1997）
	知识管理	组织记忆是组织拥有的知识资产的总和	Kingston（1990）
	知识管理	组织记忆是描述组织知识仓库的核心概念	Robey（1995）
	创新理论	在内容、水平、传播性和可得性等维度上表现出不同特征的集体信仰、行为惯例和有形物品	Moorman and Miner（1997）

续表

研究角度	学科领域	概念界定	主要学者
过程观	组织学习	组织记忆是一系列的学习，记忆是为了储存学习效果，组织并不能真正记忆	Argyris and Schon (1978) Hedberg (1981)
	组织学习	组织记忆是学习过程的第二步	Miller (1978)
	决策与信息管理	组织记忆增加信息交换	Morgan and Root (1979)
	组织管理	组织记忆是可被随时调用的包含在政策、程序和规则中的集体性洞察力	Day (1994)
	组织和信息理论	组织记忆是历史知识用于当前决策并可能带来或高或低组织效力的方式	Stein (1995)

资料来源 作者根据相关资料整理.

Walsh & Ungson（1991）曾对组织记忆的文献进行了全面回顾。以组织的信息处理为前提，他们认为组织也具有记忆能力，尽管这种记忆与个体和计算机的记忆类型并不一致。一些学者认为，组织记忆包含组织的标准操作流程（March & Simon，1958）或惯例（Nelson & Winter，1982）。一些学者突出强调组织文化（Barney，1991；Pfeffer，1981），将其视为组织知识的仓库。一些学者将组织人造物品、有形建筑、故事、正式和非正式结构视为组织记忆的类型，由组织惯例、程序、政策、规则甚至是有形物品所承载，也可看做是一种集体的经验（Smith，1982；Hall，1984；Day，1994；Moorman & Miner，1997）。还有学者认为，组织记忆就是组织的知识资产（Kingston，1990；Durstewitz，1994；Robey，1995）。一些观点是从学习角度来界定组织记忆，认为组织记忆是一系列的学习，作为学习过程的第二步，是为了存储学习效果（Argyris & Schon，1978；Miller，1978）。一些学者则从组织记忆的知识价值角度来界定组织记忆，提出组织记忆是用于指导当前决策的组织的历史知识（Walsh & Ungson，1991；Stein，1995）。早期的研究围绕组织记忆这一理论构念的内涵展开，学者们将之界定为存储信息的集体组织，如 Levitt & March（1988）认为，"规则、程序、技术、信仰和文化通过社会化系统和控制机制得以保存"。因此，组织记忆被理解为是一种存储结构，各种不同形式的知识保存其中并在需要时被提取（Weinberger et al.，2010）。

在多数情况下，组织记忆涉及借助适当的技术对信息进行编码储存，这将在日后当组织成员依照组织的不同情境解读所储存的信息时影响组织的发展。甚至有一些学者将组织记忆等同于组织借助于信息技术进行组织知识管理的系统。知识管理系统是建立在组织记忆之上的信息存取技术。过去的信息对组织的影响并非都是自发的，也不都是人为设定的结果或产物。比如，Krippendorff（1997）就曾提出社会记忆是以一种不定向的方式发挥作用，因而"……过去的信息仅仅是对现在和将来的系统行为塑造起到一定的作用"。比较而言，Walsh & Ungson（1991）的定义则显得更具有工具性，"组织记忆是有关组织历史的、可用于当前决策的信息存储"。实施组织记忆的益处包括培养组织的核心竞争力，提升组织的学习力，改善组织的自治程度，降低交易成本。Schatz（1991）通过总结研究后提出，组织记忆提供的信息提高了组织运转的效率。从已有文献来看，有关组织记忆的研究通常从两个方面界定组织记忆：其一是组织记忆的内容；其二是与组织记忆相关的过程。

① 内容观

这种观点主张从组织记忆的内容角度理解组织记忆。有关组织记忆内容的研究实际上是从静态的视角出发，将组织记忆界定为组织的知识仓库（Knowledge Warehouse）以及存在于组织流程、惯例、标准操作过程、程序、政策、规则的集体经验。代表性的观点包括：Kingston（1990）认为，组织记忆是指组织所拥有的知识资产的总和。Robey（1995）提出，组织记忆是描述组织知识仓库的核心概念。这些概念突出了组织记忆的历史性和知识价值，却忽视了组织记忆最初来自集体记忆的内涵，即组织记忆的集体性，其内涵是指组织知识被组织成员共同认可，不因个体脱离组织而丧失（杨艳等，2006）。杜邦董事会的一项全新退休政策很快就显现出了深远影响……这一人事政策要求杜邦家族成员以及退休的管理人员退出公司董事会，但是，一些管理人员却对三位前任主席的离职将会伤及董事会的制度性记忆（institutional memory）深表忧虑（Stein，1995）。专家级员工的离职将给组织带来更为巨大的损失，因为组织需要付出数年的教育、培训与实践方能造就一个专家。随之而来的知识的流失必将损害组织的竞争力与核心能力，并影响到组织的文化规范和价值观。上面提到的案例表明，对组织有价值的个体层面的知识没能以组织记忆的形式保存下来，结果给企业日后的经营管理造成了损失。

　　Moorman & Miner（1997）则认为，组织记忆是有着不同内容、水平、传播性和获得性的集体性信念、行为惯例或人工物品。这一概念全面地解释了组织记忆的历史性、知识价值和集体性。Day（1994）认为，组织记忆是可以被随时调用的包含在政策、程序和规则中的集体性洞察力。这种基于组织记忆内容的研究将组织记忆划分为三个层面的记忆系统：组织层面、团队层面和个体层面。组织层面的记忆内容包括企业文化、组织信仰、系统制度、组织结构、工作流程以及规范惯例。团队层面的记忆内容包括交互记忆系统（transactive memory system）。个体层面的记忆包括个人习惯和数据库等。

　　②过程观

　　持这一观点的学者从与组织记忆相关的过程角度来界定组织记忆，强调组织记忆的获取、存储、修复和提取过程。这方面的研究采用的是动态的视角，代表性观点包括：Argyris & Schon（1978）提出组织记忆是一系列的学习，记忆是为了储存学习效果，组织并不能真正记忆。Walsh & Ungson（1991）认为，组织记忆的最基本涵义是有关组织历史的并可用于指导当前决策的信息存储。Stein（1995）从组织效力的角度来界定组织记忆，提出"组织记忆是历史知识用于当前决策并可能带来或高或低的组织效力的方式"。这种过程分析为我们深入探究组织如何正确运用组织记忆，避免误用或滥用相关记忆打下了坚实的基础。

综上所述，我们认为对组织记忆的理解应该融合上述两种观点，静态的组织记忆是组织历史知识的集合，这些历史知识可以对当前的组织活动产生影响。但组织记忆并不是简单的组织历史知识库，也不仅仅是简单的记录手册以及荣誉室中的记录及展品一类的东西。正如托马斯（1998）所指出，记忆是选择性的、主观的。通常，我们倾向于将对决策、生产等产生影响的组织的历史和知识称为组织记忆，而那些不再对组织产生任何影响的知识将随着时间的流逝而被组织遗忘，不再成为组织记忆的一部分。由此看来，我们需要从组织记忆过程的角度来理解组织记忆。动态的组织记忆主要是指组织员工提取组织知识、存储新的组织知识、遗忘无用的组织知识。我们发现，组织记忆不仅存储着组织中的知识，而且这种专有知识恰恰是组织构筑竞争优势的全新路径（Prahalad & Hamel，1990）；企业还能通过组织记忆的获得、存储、保持、维持和提取等过程关注知识的有效运用，进而提升组织的竞争优势。当然，从理论上将组织记忆的形成过程作上述划分十分有价值，但是由于组织记忆是一个持续的过程，因此很难将上述过程的边界划分清楚。本书假定组织记忆是从组织效力的角度界定的，但组织记忆并不必然导致较高的组织效率；相反，它也可能带来较低的组织效率和组织僵化。组织的正常运转通常与记忆的保持和提取相关联，主要借助和组织而非和个人相关的结构和过程来运转。通过对以往研究的修正和扩展，本书提出以下组织记忆的概念：组织记忆是指组织存储的集体性信念、行为惯例、知识和经验，以及组织成员获取、存储和提取此类信息影响当前决策的过程。组织记忆系统如图2-7所示。

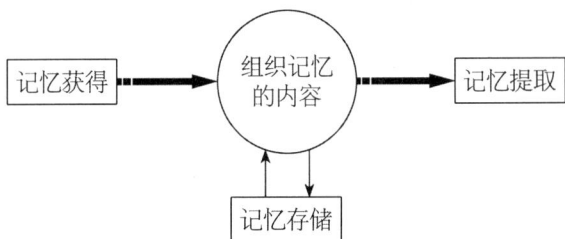

图2-7　组织记忆系统

2.2.2 组织记忆的类型与过程

（1）组织记忆的类型

如前所述，许多学者探讨了组织记忆的内涵。比如 March & Olsen（1976）认为，"过去的事件、承诺、目标、假设以及行为"存储于记忆中，而 Argyris & Schon（1978）则认为学习介质、发现、发明以及评估应该包含在组织记忆中。Hall（1984）提出，组织记忆由事业蓝图、建筑、战略导向和标准操作过程构成。上述研究对组织记忆水平的描绘过于分散，缺乏层次划分，未能对任何记忆类型的特征和功能做出详细阐释，因而很难对管理实践进行指导。

当然，对记忆内容最具一般性的划分是：信息、知识、范式和技能。信息是指"知识通过信息的交换产生和组织，并受到信息拥有者的信仰和承诺的引导"（Nonaka，1994）。因此，当接收者理解了这些信息时，信息就可能变成知识。知识或知识的结构"是一种个体的心智模式（mental template），以此对信息环境进行解读"（Walsh，1995）。因此，知识结构代表了结构主义理论（structuration theory）所说的"理解模式"（interpretive schemes），共享的知识储备帮助人们理解世界（Orlikowski，1992）。第三种记忆内容的类型是范式，主要由组织信仰、占主导地位的价值观和规范组成（Fons Wijnhoven，1999）。作为结构主义理论中的"规范"，范式代表着有关"孰对孰错"以及行为规范的信仰和规则。第四种记忆类型是技术技能，与野中郁次郎提出的隐性知识或软知识（Anand & Manz，1998）相类似。技能是人的能力，即"他们的行事方式"。这些能力因此带有个人品质，并深深影响着人们的行为、信仰以及具体情境下的表现（Nonaka，1994）。只有当组织中的个体愿意并能够共享隐性知识或者帮助他人发展能力时，组织才能够获得这类记忆。这四种记忆内容的类型可能在具体的应用范围和领域中各自独立地发挥作用，但它们发挥作用的领域却是相互联系的，依赖一个特定的商业过程、组织单位、整个组织或者组织所处的行业或国家。

前文对组织记忆内涵的理解突出了知识性和过程性两个方面，学界对组织记忆内容的探讨也是从知识的内容和性质的角度出发。组织记忆的内容指的是构成记忆基础的所有认知因素。不同的学者对记忆内容有着不同的划分和理解（Moorman & Miner，1997；Robey，1995；Stein，1995；Walsh & Ungson，1991）。

① 过程性记忆和陈述性记忆

学者们借鉴个体记忆的两种类型——过程性记忆和陈述性记忆的提法（Anderson，1983），将之引入集体性记忆当中，认为组织记忆也可分为过程性（procedural）记忆（技能性记忆、惯例性知识）（Pressing，1988）和陈述性（declarative）记忆（事实性记忆）（Cohen，1991；Cohen & Bacdayan，1994）。

过程性记忆是指那些有关"事情是如何做"（Cohen et al.，1994）或者"你能做什么"（Berliner，1994）的记忆类型（Cohen，1991；Pressing，1984；Singley & Anderson，1989）。因此，过程性记忆往往代表个体或组织的默会性知识或隐性知识（Cohen，1991；Cohen & Levinthal，1994；Nonaka，1990；Winter，1987）。过程性记忆具有两方面的含义：其一，过程性记忆以某种技能的形式存在，并依赖于（Tied to）其发生作用的特定领域（Moorman & Miner，1998a），其特征反映在"一系列习得的包含多重角色的模式化行为中"（Cohen & Levinthal，1994）。例如，在新产品研发的背景下，它包括那些团队合作、项目重要事件等方面的惯例（Moorman & Miner，1997），或者市场规模预评估、产品模型制作技巧、概念测试以及投入市场方面的技能（Lynn & Akgün，2000）。其二，过程性记忆是自动的和只可意会的（Cohen & Levinthal，1994），也就是说，使用者即使没有大量的基础知识也能自动取得这类记忆（Tsoukas & Vladimirou，2001）。从这一点来看，过程性记忆的关键特征是该类记忆可以自动或无意识地提取，比如对于巴西街头的小贩而言，倘若一个柠檬的成本是35克鲁塞罗，那么他们能够非常准确地计算出5个柠檬的成本，然而，他们却不知道同样的算术题目5乘以35得多少（Cohen & Levinthal，1994）。

陈述性记忆是有关"事实、事件或命题的记忆"（Anderson，1983；Cohen，1991），包括是什么（know-that）、为什么（know-why）或者何时（know-when）（Huber，1991；Kogut & Zander，1992）。与涉及惯例或技能性记忆的过程性记忆不同，陈述性记忆可能更具一般性。例如，学会骑自行车是一种过程性记忆，相比较而言，骑自行车背后的机械原理则是一种陈述性记忆（Cohen，1991）。陈述性记忆的关键特征是它可以有多种不同的用途。正如 Anderson（1983）所指出，"陈述性知识奠定了同类知识在不同用途上转换的基础"。这一特质对于组织的其他活动，如战略变革的影响是显著的。陈述性记忆的重要性体现在解读新环境和运用原理预测结果方面。在组织层面，Cohen & Levinthal（1994）认为"机遇青睐有准备的组织"，他们经过研究发现，那些注重研发（这类知识在本质上更多属于陈述性记忆）的组织在认同、解读和利用组织外部知识上更为有效。在团体层面上，陈述性记忆可能存在于集体知识结构中，如共享信息（Walsh，1995），也可能以蓝图、报告或历史研究结论、摘要等物质形式存储。但陈述性知识并不与具体的用法相对应，这类知识中的大多数对于一般问题的解决具有一定的指导性。

以战略变革为例，陈述性记忆包括：企业内部积累的有关消费者偏好的知识（Lynn & Akgün，2000），产品特征（如产品设计图、产品包装），或者在某些时候根据顾客或者竞争环境利用某种定位方法（Moorman & Miner 1998b）。与过程性记忆不同，陈述性记忆更具一般性，即这类记忆不局限于特定的用途，它具有两方面的含义：一方面，陈述性记忆能够被有意识地、有目的地回忆起来（Anderson，1983），使用者可以利用此类记忆分析全新的问题：梳理因果关系，寻求与历史事件间的共性并选择适当的解决对策（Moorman & Miner，1998b）。另一方面，陈述性记忆具有多种途径（Singley & Anderson，1989）。例如，产品模型制作技能（过程性记忆）在产品开发中十分有用，而市场动态变化方面的知识（陈述性记忆）既有助于新产品的开发，对于企业其他过程（如订单履行（order fulfillment）、服务传递或者战略制定）而言也是极有帮助的。

②文化导向的组织记忆、技术与业务导向的组织记忆和以管理为基础的组织记忆

国内学者田也壮等（2001）从组织记忆的理性和非理性特征的角

度将组织记忆划分为文化导向的组织记忆、技术与业务导向的组织记忆和以管理为基础的组织记忆。他认为："文化导向的组织记忆包含的内容是组织发展中积累的精神财富，主要包括组织文化、组织氛围、组织核心价值观和理念等。技术与业务导向的组织记忆是指推动组织发展、维持组织正常运转的专门性的知识，包括技术、经验，以及管理知识、商务知识等，这类组织记忆以组织指挥与团队互动的形态展现，对保证组织及部门各项业务的顺利开展起着重要作用。以管理为基础的组织记忆涵盖了部分文化导向的组织记忆和部分技术与业务导向的组织记忆。这三种类型的组织记忆可以从理性态、过渡态、非理性态三种维度上反映出该组织记忆的理性态势。"从田也壮对于技术与业务导向的组织记忆的解读来看，这种记忆既包括过程性记忆的内容，也包括陈述性记忆的内容。因此可以看出，组织记忆的分类标准不同，会造成各种不同类型的组织记忆之间存在或多或少的交叉重合（田也壮，张莉，方淑芬，2001）。

③程序记忆、情景记忆和语义记忆

有关组织记忆的第三种分类是将组织记忆分为程序记忆、情景记忆和语义记忆（潘陆山、孟晓斌，2010）。他们指出："首先，程序记忆是指组织关于完成某项任务的行为规范或操作步骤的记忆，如组织惯例、程序和行为规范等。"而 Stein（1995）把这种程序记忆称为脚本（script），Moorman & Miner（1997）把它们称为行为惯例（behavioral routine）。Walsh & Ungson（1991）把这种存储结构命名为"转换"（transformation）；"其次，情景记忆是指组织关于以往体验和经历的记忆，这种记忆往往具有情景嵌入性和内隐性，如组织信念、模式、价值观和文化等。"Stein（1995）把组织关于以往体验和经历的记忆称为共享图式（shared schema）。Walsh & Ungson 认为，这种记忆的存储结构包括组织文化和生态。"最后，语义记忆是指组织从经验中获得的一般知识，这类记忆与前两种记忆最大的区别就在于它的存储内容都是显性知识。这种记忆包括组织的正式架构、知识库中的各类技术文档以及组织的有形人造物。"Robey 等（1995）把这种记忆视为组织记忆的核心内容。

④ 其他有关组织记忆的分类

组织知识有助于决策者做出恰当的决策（从任务到战略），以实现组织目标。目前，可以认定的此类知识有四种。建议性信息与过去相联系，却不能为具体行为提供指导。预测性信息通过相关或因果论据强化对特定行为过程的支撑。决策性信息不再模棱两可，而是通过特定的行为过程，借助明晰的信息来支持决策目标的实现。系统性信息使决策者开始考察决策对组织系统的影响。上述分类也可用于对组织记忆的内容进行分类。根据知识本身的语义价值也可对组织记忆进行分类。例如，Covington（1981）根据职位任务（程序）、过去的战略（政策）以及规范导向对三种政府机构的组织记忆进行了分类。El Sawy、Gomes & Gonzalez（1986）提出，组织记忆既包括语义信息，也包含事件信息。Stein（1995）则根据记忆的抽象（具体/抽象）和规范导向（描述性/规定性）的层级对组织记忆进行了分类，将组织所拥有的科学技术知识列入抽象的、描述性的组织记忆，将事件、人或投入产出列入具体的和描述性的组织记忆，将政策、价值观、伦理和战略列入抽象的和规定性的组织记忆，而将规则、规范、角色、任务等列入具体的和规定性的组织记忆。这一分类有助于管理者进一步梳理组织记忆的内容，明确组织记忆中哪些是描述性和具体的知识？哪些是规范性的知识？哪些是抽象的知识？每种知识又是如何被组织保存和维持的？这些知识是否容易获取？哪种组织记忆有助于提升组织效力和实现竞争优势？组织记忆的分类如图 2-8 所示。

	描述性（descriptive）	规定性（prescriptive）
抽象	科学技术知识	政策、伦理、价值观、战略
具体	事件、人、投入产出	规则、规范、角色、任务

图 2-8　组织记忆的分类

资料来源　STEIN E W. Organizational Memory: Review of Concepts and Recommendations for Management ［J］. International Journal of Information Management, 1995, 15（2）: 17-32.

综上所述，研究者在组织记忆的内涵基本统一的前提下，从各自的研究角度出发，提出了组织记忆的不同划分方法，并分析了各种组织记忆类型的特征和功能。当然，从以上分析不难看出，各种有关组织记忆的分类之间存在着不同程度的交叉和重合，如过程性记忆、技术与业务导向的记忆、程序记忆所包含的记忆内容或多或少都存在重叠。但是这些研究仍然有助于管理人员对组织记忆进行分类和清查，了解组织记忆的分布，通过有效管理组织记忆促进组织学习，提升组织的动态能力，并改善企业战略变革实践。

（2）组织记忆的过程

组织记忆的非认知性与过程性使得它不同于一般性的知识。知识主导型组织就像地形构造一样——自然之手塑造了复杂多样的地形，社会互动则改变了知识主导型组织的结构。组织记忆的过程会影响组织所维持知识的数量、分布、生命周期、场所、存在形式等方方面面。组织记忆的过程包括获得、存储和提取。这些过程便于提取历史知识，以备当前决策之用，进而影响组织效率。如前所述，组织中分布着各种类型的组织记忆，不同类型的组织记忆在组织中的存储、提取以及信息获得的方式不同，其对于组织经营活动的影响方式也不同。这种组织当中的历史知识影响当前决策的方式即是组织记忆的过程。

有关组织记忆过程方面的研究，最具权威的当属 Walsh & Ungson，他们不仅详细分析了组织记忆的过程，还提出了组织记忆的存储结构，他们认为组织记忆的存储方式在很大程度上会影响其日后需要时的提取。随后，Stein（1995）从组织和信息理论的角度重新解构了组织记忆的过程，在其研究中，Stein 将组织记忆过程划分为获得（acquiring）、存储（retaining）、维持（maintenance）和提取（retrieval）。Andreas and Stefan（2000）也从知识获得（knowledge acquisition）、知识整合（knowledge integration）和知识提取（knowledge retrieval）这三个方面论述了组织记忆角度的组织知识管理过程。潘陆山等（2010）在总结前人研究的基础上，提出了组织记忆过程模型包括获得、存储和提取三个阶段。

2.2.3 组织记忆理论的发展

自 1991 年 Walsh 和 Ungson 提出"现阶段有关组织记忆概念的研究还十分零散和欠缺"以来，国外学术界展开了组织记忆的广泛研究，并正式提出了"组织记忆"这个概念，这也标志着国外学者对组织记忆系统化研究的开始。直到 20 世纪初，组织记忆才引起了国内学者的普遍关注。此后，国内学者对组织记忆的系统化研究迅速展开，并取得了一定的研究成果。近年来，组织记忆一直是管理研究领域的热点议题之一。当然，在 Walsh 等人的研究之前，学者们也从个体记忆、集体记忆等角度初步探讨了组织记忆的内涵和影响。相关研究大致经历以下几个阶段：

（1）第一阶段：概念探讨、类型划分和过程剖析

第一阶段以 Walsh & Ungson（1991）的研究为基础，相关学者从不同的角度对组织记忆展开了探索，并各自给出了组织记忆的概念、类型划分和过程剖析。

任何有关组织的研究都会提出有关组织功能、设计和特征的具体假定。针对组织记忆的讨论是建立在以下三个假定的基础之上的：最基本的也是最明确的假定是组织在功能上类似于信息处理系统，这一系统会处理来自外部环境的信息。作为信息处理系统，组织的记忆功能与个体的记忆功能基本类似。各种感官用来接收信息，信息经过某些处理系统进行处理，并在需要时从记忆库中被提取。感官、处理器和记忆等功能的运行在个体问题处理系统和组织的信息处理系统中的方式基本类似。第二个假定是把组织的概念不仅理解为是信息系统，而且也是解释系统。根据环境的不确定性和复杂性，组织对环境的解释会存在很大的差异，因此，组织必须拓展其信息处理机制，以更好地扫描、理解和诊断环境事件。组织解释外部世界的差异性的原因在于，管理者对外部环境信仰方式的差异以及其进入这些新环境的方式的差异性。组织概念的这些方面的含义也暗示了组织记忆的一些形式的存在和运用。第三个假定是有关组织的本体论的，该假定建立在组织概念的解释系统的基础之上。我们此处的"组织"是指主体间共享信息的网络，这一网络通过

发展和运用共同的语言和日常的社交互动得以维系。在此背景下，记忆在研究者看来，可以用来解释不易被观察的系统和行为，而不是被当做一个与其他相关变量共同作用产生特定结果的变量来看待。因此，组织记忆也不是一个可能与其他变量（如结构和技术）产生因果关系的变量。

从方法论角度来说，对事物的研究通常是从本体论和认识论出发，分析其概念和内涵，也就是回答到底是什么的问题，组织记忆的研究也不例外。国外学者对组织记忆的研究从组织记忆的概念、分类、表现形式、结构及其对企业绩效的影响等方面展开。组织记忆深深地影响了管理理论的发展。作为一个重要的管理概念，组织记忆架起了以下概念间沟通的桥梁：学习与遗忘，弹性与稳定，人力资源与信息技术。同时，组织记忆对组织计划、组织沟通、决策和信息处理而言也至关重要。Weick（1979b）认为组织必须接受并仰赖组织记忆，因为记忆对组织个性的培养起着重要的辅助作用。

组织记忆的概念难以界定，原因之一就在于人们对于源自于生物机体的信息处理理念能否被拓展到社会和组织领域还不十分清楚，即认为组织存在记忆的观点实际上提出了拟人方法的问题，这已经不是一个新问题了。从生物机体概念延伸出组织学习、组织分娩、组织繁殖、组织死亡的理论一直以来备受诟病，这实际上也触犯了方法论上"概化"的谬误。一般而言，一个组织可能不会依赖于某个个体而存在，但是在决策制定和问题处理的活动中，组织依赖个体获取信息这一点是毋庸置疑的。在组织信息的获取过程中，作为核心要素存在的个体认知活动代表了一种积极的记忆构建观。然而，个体对于具体问题的解读与处置可能各不相同。组织对于问题解读的一致性则是通过个体解读的共享实现的，因此，通过分享，组织理解系统可能超越个体水平。这就是为什么即使关键的组织成员可能已经离职，而组织却得以保存过去的知识（Weick & Gilfillan，1971）。随后，我们将证明有关过去的信息不仅存在于个体中，而且嵌入在系统和产品中（如组织结构、转型和生态系统）。这样，组织记忆既是个体层面的构念，也是组织层面的构念。

　　相关研究多从组织层面着手探讨记忆的一般性理论和概念。一般而言，这类文献往往通过理论分析，而不是依靠实证数据来提出理论。学者们常常以 March & Simon（1958）提出的组织信息处理模型为基础展开研究。比如，Stein & Zwass（1995）提出组织利用记忆（mnemonic）功能实现组织目标，至于这一过程是如何完成的，却缺乏从组织记忆过程角度的深入详细探究。Huber（1990）认为，组织记忆对组织学习十分有益，却未清晰阐明组织记忆的构成。Sandoe & Olfman（1992）考察了记忆和遗忘对于组织运行的作用。Walsh & Ungson（1991）认为，组织记忆是有关组织历史的信息存储。Monrman & Miner（1997）分析了组织记忆的历史性、知识价值和集体性。Jennex & Olfman（2002）研究了组织记忆系统的有效性（efficacy）。国内学者对组织记忆的研究涉及组织记忆的概念、分类和特征（田也壮等，2001，2004），还有学者从知识管理的角度探讨组织记忆的框架（张莉等，2005），以及组织记忆的创新过程（田也壮等，2003）等方面。在这一时期，学者们采用理论分析方法，提出了组织记忆在信息共享、控制和政策宣传方面的作用，多数研究对于组织记忆的行为指导作用持一致看法。

　　此外，学者们还从各自的研究角度，依据不同的分类标准对组织记忆的内容进行了类型划分，并形成了三种比较有代表性的组织记忆分类：其一，借鉴个体记忆的分类，将之引入组织层面，把组织记忆分为过程性记忆和陈述性记忆（Anderson，1983）；其二，按照记忆内容的知识属性的差异，将组织记忆分为技术与业务类记忆和文化类记忆（田也壮等，2003）；其三，潘陆山等（2010）在对 Stein（1995）以及国内学者田也壮（2003）的研究进行整合的基础上，根据自身的研究需要，提出了组织记忆新的类型划分，即程序记忆、情景记忆和语义记忆。

　　还有学者在探讨组织记忆概念的基础上，着重分析了组织记忆的过程（Walsh & Ungson，1991；Stein，1995；潘陆山，2010）。Stein（1995）提出组织记忆的过程影响到组织所维持知识的数量、分布、生命周期、场所、存在形式等方方面面。组织记忆的过程包括获取、保持、维持、修复。这些过程便于提取历史知识以备当前决策之用，进而影响组织效率。有关组织记忆过程方面的研究最具权威的当属 Walsh & Ungson，他们不仅详细分析了组织记忆的过程，还提出了组织记忆的存储结构，他们认为组织记忆的存储方式在很大程度上会影响其日后需要时的提取。潘陆山等（2010）在总结前人研究的基础上，提出组织记忆的过程模型包括获取、存储和提取三个阶段。

（2）第二阶段：组织记忆水平的实证测量及其影响

早期有关组织记忆对其他变量影响的实证研究，实际上是考察组织记忆水平维度与其他变量的关系。学界最初仅限于探讨记忆水平对市场营销战略的财务绩效的影响，而未考虑到组织记忆的其他维度的影响，而且，外部环境的急剧变化对组织绩效的影响因素也未能纳入考察范围。现有研究似乎倾向于将经验和知识无条件视为对组织发展的有利因素。

鉴于此，学者们开始深入探究组织记忆影响产品研发的内在复杂机理。例如，Garud & Nayyar（1994）指出，组织应该着力培养组织惯例，以便于在新产品的研发过程中快速调用（reactivating）此前获得的知识。同样，Cohen & Levinthal（1990，1994）的研究显示，较高的组织学习水平有助于提升组织的吸收能力，这将使组织更有效地利用外部知识。组织记忆一方面可以提高新产品研发的效率，当然在某些情形下，组织记忆也可能对新产品研发产生负面影响。比如，Burgelman（1983）、Leonard-Barton（1992）、Dougherty（1992）认为，当组织致力于新产品创新时，能力可能会成为阻碍因素。组织学习和技术变革的相关研究显示，当组织所处的环境快速变化时，组织记忆极有可能不再作为组织资产存在（Miner 1990；Tushman & Anderson 1986）。近年来的研究甚至提出了组织记忆在新产品研发过程中的复杂性甚至是不确定（contingent）的作用。

为了弥补现有研究的缺陷，1997 年，Moorman & Miner 率先提出了组织记忆的测量量表，并探究了组织记忆水平和传播对于新产品创新及财务绩效的影响关系。他们试图通过分析和扩展实证研究，从三个方面理解记忆的作用。第一，他们发展了组织记忆的多层面概念体系，在实证研究中重点探讨了其中两个具体维度，并指出组织记忆的影响主要看哪个记忆维度在发生作用。第二，提出组织记忆的影响在短期财务绩效或产品创新性方面的表现也不同。第三，借鉴组织学习理论中的基本概念，提出记忆的影响也受制于组织所处的外部环境的动荡程度。为了深入研究这一问题，Moorman & Miner 提出了关于组织记忆的水平和传播性对于新产品短期财务绩效和创新性的相关影响的 8 个假设，并根据 92 个新产品发展项目中的数据验证这些假设。研究结果显示，组织记忆的水平和传播在此过程中具有不同的作用，环境波动与记忆的传播之间也呈现出重要的互动影响。研究结论认为，倘若组织未能理解组织记忆的不同特征对于新产品发展的影响，那么组织可能就难以获得组织学习的益处。

此后，Moorman & Miner（1998a）将分析重点放在组织记忆的内容和水平上，而不是局限于与之相关的存储器或者组织记忆的获取、保持过程或结果中（Moorman，1995，Walsh & Ungson，1991）。此处，记忆的内容指的是 Walsh & Ungson 所描述的组织记忆"到底是什么"（Walsh et al.，1995），重点讨论了记忆的两种类型，借鉴了来自于个体记忆的两种分类：过程性记忆和陈述性记忆（Anderson，1983）。专注于研究组织记忆的这两种类型对组织即兴的影响。

在前人研究的基础上，Kyriakopoulos & Ruyter（2004）发现虽然企业在内部知识中心、信息技术系统等方面不断增加投入，以备日后在新产品的研发中利用系统储备的知识，以及有效获取外部市场信息，然而只有为数很少的企业真正受益于这类系统建设的投入。为了深入探究这一问题，他们假设企业依赖两种截然不同的知识储备——过程性记忆和陈述性记忆，这两种记忆类型对于新产品短期财务绩效和创新性的影响也存在鲜明的差异性。而且，学者们提出了企业内部的信息流对于记忆类型和产品产出之间的关系具有显著的调节效应这一假设。通过研究发现：过程性记忆和产品研发之间呈倒 U 形关系，而陈述性记忆与财务绩效之间呈正相关关系。同时，这两种记忆类型的互补作用有助于提升新产品的创新性和财务绩效。最后，研究发现，过程性记忆削弱了内部和外部信息流对于产品创新性的价值作用。研究结论对于组织知识管理能力的构建、产品开发的理论和实践具有重要意义。

（3）第三阶段：组织记忆的动态过程研究趋势

自从 Walsh & Ungson（1991），Stein（1995）提出组织记忆的动态过程以来，学者们从各自的学科领域，从未停止过这方面的探究。近年来，有关组织记忆动态过程的研究呈现出了多元化的特点。

①信息技术支持的组织记忆存储与提取研究

这是指有关组织记忆信息系统（OMIS）的测量和构建方面的研究。后工业时代的竞争环境对于组织的有效运作提出了挑战。为了适应环境的要求，组织需提升决策创新和信息获得与扩散的能力。而这些能力的提升都与组织处理信息的能力直接相关，信息系统正逐渐被引入上述过程中（Stein，1995）。信息技术除了大大降低了成本，提升了信息处理和存储能力外，也提供了丰富多样的信息媒介，同时也使得各种信息的交互成为可能。基于此，一些学者专注于探讨有助于组织记忆的技术系统，以取代人力和纸质的记忆系统（Stein & Zwass，1995；Anand et al.，1998；Fons Wijnhoven，1999）。

由此看来，所谓组织记忆信息系统（OMIS）是指为组织记忆积累而设计的特定计算机系统，多数此类研究聚焦于那些取代人力和纸质记忆系统的技术系统。例如，Ackerman & Halverson（2004）通过一系列的技术分析（Ackerman & Malone，1990；Ackerman，1993）和实地调查（Ackerman，1996），研究了智库系统（Answer Garden system）。智库系统可以帮助组织记忆的"成长"。当用户提出有关工作和任务的问题时，回答问题的专家便将问题和回答加入信息数据库，组织记忆以此方式不断丰富，这对于其他组织成员来说大有裨益。随后，研究者又加入信息搜索（Ackerman & Palen，1996）和案例研究的功能，对智库系统进行了再设计。Olivera（2000）对某国际咨询公司组织记忆管理系统的研究发现，知识中心、电子公告牌、知识内部网络和社会网络等不同的组织记忆管理系统在组织记忆的内容、结构、索引、收集、维护和访问流程上都存在着差异。结果表明，组织记忆的不同管理系统之间是互补关系，为了充分发挥其效率，企业必须根据自身的实际情况适当地应用各种形式的组织记忆管理系统。张嵩等（2002）认为，信息技术作为组织记忆系统的优势主要体现在知识的可获取性和重新提取的速度上，有利于组织系统地、有条理地规范组织的内部知识。与此类似，Conklin et al. 研究了公司记忆理性设计系统的用途（Conklin & Begeman，1988；Conklin，1992）。Morrison & Weiser（1993，1996）在系列论文中分析了项目记忆系统（又叫团队记忆）的运用。从商业角度看，Lotus Notes 已成为一项构建组织知识的成功技术，局域网系统如今已被广泛采用。Robinson 等（2000）研究了工厂情境下工作日志的运用。

从知识的不同属性上看，信息技术的引入对于组织记忆的影响在陈述性记忆和过程性记忆上的作用显然是不同的。对于那些易编码的陈述性记忆而言，信息技术的影响更为显著，而对于那些不易编码但可以自动提取或无意识提取的过程性记忆的影响甚微。组织在引入信息技术构建记忆系统时，要充分利用组织文化和组织结构等系统构建社会网络，以弥补信息技术对于代表组织默会性知识的过程性记忆管理上的不足。此外，Fons Wijnhoven（1999）提出了测量组织记忆信息系统（OMIS）的 3 个维度、18 个题项的量表，运用此量表检验组织记忆信息系统的成熟度及其影响。

同时，学者们通过研究发现，信息技术不仅有助于信息的存储和提取，也有助于组织记忆的获取和创造。魏明等（2005）指出，网络技术的发展加速了组织记忆的创造，"这些工具既可以被用来记录正式的知识，如员工守则、培训资料等，还能用来储存非正式的知识，如某些心照不宣的技巧、专长、经验和经历等许多可能在组织中被忽略的东西。这些从团队实践中经过积累和集成产生的新知识在群体中对工作的促进要优于正规描述工作的知识所起的作用。另外，信息技术的发展使得组织记忆不仅仅局限于用专家系统固定的规则来推理新的知识，还会更多地使用嵌入式的文本化知识来支持决策过程，更多地表现为人的调节"。利用信息技术管理组织记忆可以提高组织记忆的精确度、可参考性、完整性和高反馈性等。许多此类研究仅仅是检验了组织现有的记忆系统，而缺乏系统的实证分析。

②研究团队记忆层面的交互记忆系统（TMS）

交互记忆系统是团队成员之间形成的一种彼此依赖的，用以编码、储存和提取不同领域知识的合作分工系统（张钢、熊立，2007）。Kyle Lewis（2003）开发了一个测量团队层面的组织交互记忆系统（TMS）的 3 个维度、15 个题项的量表，见表 2-6。此类研究多关注知识型或高技术团队的交互记忆系统与团队绩效的关系，研究对象多为知识型团队，研究结论显示交互记忆系统与团队生存能力和团队绩效正相关，并认为交互记忆系统对于知识型团队的有效性而言十分关键。Sue & Heeseok（2010）探究了信息技术和交互记忆系统对于知识共享、知识应用和团队绩效的共同影响，该研究分析了在组织知识管理中引进信息技术对于团队交互记忆系统的影响。

表 2-6 Kyle Lewis（2003）开发的组织交互记忆系统的测量量表

维度	测量指标
专业性	每个团队成员拥有项目某些方面的专业知识
	我具有其他团队成员所没有的项目知识
	不同的团队成员掌握不同领域的专业技术
	几个不同团队成员的专业知识对项目的完成必不可少
	我了解各个团队成员所掌握的具体领域的专业技术
可靠性	我能很自然地接受来自其他团队成员的程序性建议
	我相信来自团队的项目知识是可靠的
	我认为通过与团队成员讨论获得信息是可靠的
	在面对其他成员的信息时，我会亲自进行核对查验（反向）
	我并不十分信任其他成员的所谓"专业技术"
协作性	我们团队以一种协作的方式共同工作
	我们团队对于工作几乎没有任何争议
	我们团队总是需要返工并反复工作（反向）
	我们能顺利高效地完成工作
	我们对于如何完成任务总是存在争议（反向）

资料来源 LEWIS K. Measuring Transactive Memory Systems in the Field：Scale Development and Validation. Journal of Applied Psychology，2003，88（4）：587-604.

③组织记忆的多重存储模型的构建与探讨

国内学者潘陆山（2010）注意到，目前组织记忆的长时记忆模型

（即记忆的获取、保持和提取过程）和交互记忆模型在解释知识管理的关键问题上凸显乏力，如新成员在从组织长时记忆系统中提取知识并对知识进行解码时遇到的障碍，或者没有共同背景的成员之间如何进行知识转移问题等。基于此，作者仅从理论层面提出了组织记忆的多重存储模型以及不同记忆系统间的互动机制，未能得出组织记忆多重存储模型的测量模型。

综上所述，我们认为组织记忆信息系统的相关测量仅仅是专注于组织记忆某一个维度的测量，有助于组织信息的存储和提取，但对于组织记忆信息的内容和数量及其对于其他管理活动的影响却缺乏有效的作用，组织交互记忆系统的测量在研究对象的适用性上存在局限。所以，从组织层面测量组织记忆这一构念的相关研究有助于宏观把握组织记忆的数量、分布、内容、可得性、在组织中的使用情况及其对于组织层面其他行为的影响，然而这方面的研究却显得十分薄弱，主要原因在于组织层面的组织记忆测量的量表开发一直未取得突破，组织记忆的测量是一项复杂的任务，但是在越来越多的文献中，学者们开始探索这方面的研究（Cohen & Bacdayan, 1994；Cohen & Levinthal, 1990, 1994；Moorman & Miner, 1997, 1998；Walsh, 1995；Walsh & Ungson, 1991）。

2.2.4　组织记忆相关研究述评

组织记忆这一概念由 Walsh & Ungson（1991）和 Huber（1991）在其开创性的研究中明确提出。在此后的 20 年间，尽管研究者们已经较为深入地探讨了组织记忆的概念特征和分类维度，但对于组织记忆的具体过程与作用机理的研究却仍处在起步阶段。既有研究尽管在一定程度上对组织记忆的概念、记忆动态过程及其对其他管理变量的影响进行了阐述，然而从现有的有关组织记忆测量的文献来看，组织记忆的度量指标过于单一，仅仅聚焦于组织记忆的内容维度，远不能反映组织记忆的全部内涵，多数研究还缺乏一致性，在维度划分、测量内容、测量的操作性定义及样本选择方面还存在较大的差异。总体看来，相关研究还存在着以下局限性。

首先，对组织记忆概念的表述和理解，因不同学科以及研究者的不同学术主张和偏好而异，至今仍没有达成一致（Walsh & Ungson，1991）。从前文的分析可以看出，学者们大多从自身研究的角度对组织记忆做出感性的判断，这就在一定程度上影响了组织记忆研究的推进，因为缺乏统一定义，必然使得理论研究和实践应用陷于混乱之中，也会使得有关组织记忆对于战略变革、组织学习等管理实践的作用及其传导机制难以得到有效的验证和测量，从而极大地限制了组织记忆相关理论的推进。要切实推进组织记忆的研究，首要的问题是对组织记忆概念的内涵和外延达成共识，否则将无法形成系统的理论体系，并在此基础上形成有关组织记忆的标准化测量工具，提高组织记忆测量和实证研究的有效性。

其次，目前还未形成被学界认可的组织记忆测量模型（潘陆山等，2010），或者说，迄今还没有学者对组织记忆的度量进行系统的研究。由于对组织记忆的概念界定不清，缺乏实证研究以及各种研究之间缺乏关联性，因此导致组织记忆理论的研究难以深入。概念界定混乱、理论内核不明确导致维度划分不一，甚至混乱。此外，作为组织层次构念的组织记忆的测量，在维度界定上需要考虑通过个体层次的特征来表征组织记忆的问题。组织记忆测量的关键还在于这一构念的维度划分及形成各个维度的操作性定义。由于学界对于组织记忆的维度划分还存在争议，以至于有关组织记忆的实证研究被割裂成两个方面：其一，从静态角度测量组织记忆的内容，即组织记忆库或历史数据，比如分析过程性记忆和陈述性记忆这两种记忆类型与组织即兴、新产品创新、技术创新、组织遗忘、组织绩效等变量的关系（Moorman & Miner，1998a，1998b；蒲明，2007；阮秀庄，2007；Smith & Lyles，2003），而且我们发现目前此类实证研究要么局限于探究组织记忆水平和传播的影响（Moorman & Miner，1997），要么单纯检验陈述性记忆对过程性记忆的影响（Lynn & Akgun，2000），不论是研究的广度还是深度，都还存在较大的问题。其二，单纯从信息技术支持的角度探讨组织记忆的过程，或从集体层次探讨组织交互记忆系统的构建和测度。因此，目前学界急需将静态和动态两个视角进行融合，形成系统的组织记忆测量量表。

再次，在组织记忆的维度划分和测量方法方面存在分歧，导致相关的实证研究彼此割裂，缺少关联性。一些学者专注于探讨有助于组织记忆的技术系统（组织记忆信息系统，organizational memory information system），即为组织记忆积累（augment）而设计的特定计算机系统，以取代人力和纸质的记忆系统（Stein，1995；Anand et al.，1998；Fons Wijnhoven，1999；Ackerman et al.，1990；Ackerman，1993）。许多此类研究仅仅是检验了组织现有的记忆系统，而缺乏系统的实证分析。还有一些学者采用实证研究的方法探讨了组织交互记忆系统（transactive memory system）的测量及其影响等（Kyle Lewis，2003；张钢、熊立，2007；Sue & Heeseok，2010）。然而，鲜有研究能够将这两部分融合起来进行测量，或者没有研究涉及组织记忆信息系统与交互式记忆系统的相关关系。基于 IT 技术的 OMIS 研究强调信息技术的作用，认为良好的组织记忆是持续的信息作用的结果，但遗憾的是这方面的研究没有提出具体的组织记忆的体系框架，基于系统研究的 OMIS 研究强调组织效率和记忆功能，也认为信息技术能推动知识，但该方面的研究没能通过推动交互式的知识过程而开发组织记忆。他们试图在知识管理的框架下理解组织记忆，但也没能规划出组织记忆的体系框架。协调方面的研究认为知识工作者可以获取个人或团队的知识，把它们转化成组织的扩张财产，但该方面的研究没能清晰地划分出知识促进的过程和元素，这些有关特定系统的研究还存在较大的局限性。研究也是建立在对组织记忆或组织任务的狭义理解之上的。更为重要的是，分析特定的系统往往在一般性理论的提出上比较困难。还有一些学者通过基于实地调查和精心设计的实证研究分析组织记忆的运用。虽然这对组织记忆系统的设计和实践操作最有价值，但此类研究相对较少。因此，我们认为，现阶段的研究无论是组织记忆信息系统还是组织交互记忆系统，都只考虑了组织记忆过程的一个方面，没有论及组织记忆的动态过程，从而难易透析组织记忆影响管理实践的过程，也就无法为企业的管理实践提供理论支持。因此，我们致力于拓展此类实证研究，希望通过讨论，有助于在企业实践中将组织记忆视为组织的一项重要的超越传统资源（如传统的财务资源）的资源或者能力。

最后，既有研究对组织记忆过程的考察也相对薄弱。虽然有个别学者（Walsh & Ungson，1991；Stein，1995）对组织记忆的过程进行了剖析和界定，尝试性地将组织记忆过程划分为组织层面的组织长时记忆过程和团体层面的交互记忆系统（潘陆山等，2010）。但是，由于缺乏适当的评价指标，有关组织记忆过程的实证分析几乎还是空白，因而难以通过实证来验证理论上提出的组织记忆过程对组织学习等变量的实际驱动效应。实证研究的匮乏阻碍了有关组织记忆与重要的组织产出变量之间关系的认定，也限制了组织记忆理论的发展和实践应用。因而，相比较组织记忆水平而言，针对组织记忆过程的研究还有待进一步深入。此外，大部分组织记忆的研究一直以来把组织记忆视为组织学习的结果，忽视了组织记忆的过程及其对学习的影响，当然也就忽略了对组织记忆过程中的关键行为的准确认定和深入剖析。因此，我们认为，组织记忆过程研究是该领域亟待推进的一个研究方向。

2.3　战略变革相关研究回顾

战略变革的研究肇始于 20 世纪 50 年代组织行为理论研究中的规划学派（以 Ansoff、Anderews 为代表），至 20 世纪 80 年代，学界已经形成了比较成熟的战略理论（以 Porter 为代表）。然而，战略管理必然是一个多范式的学科，学者们从各种不同的理论视角采用不同的研究方法展开了丰富的研究。其中，Mintzberg（1987）等学者率先提出了战略变革的理论，并在此后学者们不断地推陈出新中成为战略管理的重要分支。

2.3.1　战略变革的概念

迄今学界对于到底什么是战略变革还未形成统一的意见，对于与战略变革（strategic change）相近的概念如战略更新（strategic renewal）、战略转型（strategic transformation）、战略转移（strategic turnaround）、战略创新（strategic innovation）、战略转换（strategic shift）等，没能进行清晰的划分。这一局面也阻碍了战略变革理论和实证研究的推进，因此有必要在对战略变革现有概念进行梳理并与相近概念区别的基础上，厘清战略变革的本质内涵。

首先我们将对战略变革的相关概念进行比较。Doz（1990）将战略更新（strategic renewal）界定为"组织的信念、行动和学习不断反复的过程"，并提出变革张力的概念，变革张力同组织内部惯性相互作用，产生了变革的间断式均衡模式，变革张力源自环境对于既有战略的挑战。Burgelman（2002）基于演化理论，运用变异—选择—保留的框架分析自主战略更新活动。还有学者认为应该从战略变化的程度上将战略变革与战略转换区别开来，Snow & Hambrick（1980）指出，倘若组织并未彻底改变方向，那么这种改变就不能称为战略变革，只能是战略调整、转换或者转移。通过分析我们发现，学者们对战略变革这一组织行为赋予了不同的名称和含义，这些概念的区别仅仅在于不同的变革过程、管理层次和战略内容上，不论是战略变革、战略更新，还是战略转型，其本质都是一致的。

有关战略变革的研究，学者们从不同的研究视角出发，或者强调战略内容的改变（理性视角或认知视角），或者突出战略变革的过程（学习视角），或者着重战略变革的方向（演化视角），或者分析战略变革的原因和影响因素（制度视角），提出了各自对于战略变革的理解。

Ansoff（1965）将公司层面的战略变革界定为企业对产品、细分市场的重新组合和选择。

Rumelt（1974）则从业务层面提出战略变化是企业有关特定产品或市场领域的竞争决策的改变或调整。

Tushman、Viarny & Romanelli（1985）认为战略过程是企业正式管理系统、组织结构的调整和企业文化的转型。

Ginsberg（1988）基于前人研究，将战略变革分解为战略内容和战略过程两个方面的更新，并以此为基础提出了四种战略变革类型。而战略内容的变革主要是指公司层面与竞争层面战略的变化，具体内容包括公司业务、细分市场定位与选择；竞争层面战略的变革是指具体产品——市场环境中有关竞争决策的改变。战略过程的变革则主要是指企业原有管理系统与结构的变化和组织文化的变迁。

Boeker & Goodstein（1991）认为战略变革是"企业对所生产的产品或服务宽度的变革"。

Mintzberg & Westley（1992）对企业战略变革的界定是从变革内容角度提出的，他们认为组织战略变革（Strategic change）是有关组织抽象性思维层面的使命、定位和具体性行为层次的程序方面的改变。

Fombrun（1993）基于 Ginsberg 的战略变革概念，提出战略变革主要包括企业和业务层面战略的变换，这一概念也是从战略内容角度的改变界定战略变革。

Feitler et al.（1997）在针对特定企业的战略变革的研究中提出，战略变革是企业为应对环境变化而改变经营方法，从而实现绩效提升或维持的目标。

Van de Ven & Poole（1995）提出的战略变革的定义较为宽泛，即组织为保持与外部环境的一致，随着时间的推移，在形态、性质和状态方面的变化。按照这一界定，战略变革包括：（1）战略内容在规模、资源利用、竞争优势和协同方式方面的变化；（2）战略内容变化的动因来自于外部环境和组织本身的变化。

Rajgopalan & Spreitzer（1996）指出战略变革是随着时间的演进，企业在寻求与外部环境相匹配的过程中在组织形式、质量或状态方面呈现出的改变。这一定义与 Van de Ven & Poole（1995）的理解不谋而合。

罗珉等（2003）认为战略变革就是打破原有战略惯性，建立新战略的过程。

陈传明（2002）认为战略变革与企业决策的复杂性有关，战略变革包括企业目标的改变和执行手段的改变，改变过程不仅在战略形成阶段发生，在战略的执行阶段也会持续发生。

项国鹏等（2003）对战略变革的理解是"为获取可持续竞争优势，企业根据所处的外部环境或内部情况的已经发生或预测会发生和想要使其发生的变化，秉承环境、战略、组织三者之间的动态协调性原则，涉及企业组织各要素同步支持性变化的，改变企业战略内容的发起、实施、可持续化的系统性过程"。

王益民（2008）认为战略变革是"组织中各种不同的主体在内外

部情境脉络的交互作用中不断地协同修正其共同信念，进而建构和赋予意义的过程"。

刘海潮、李垣（2004）从战略管理的不同学派对战略的理解出发，整理了这些学派对战略变革的解读，见表2-7。

表2-7　　　　　　　　　**各学派战略变革定义列示**

学派	代表性定义
设计学派	战略决策基础的变化以及战略措施的变化
计划学派	规划、计划的内容发生变化
定位学派	企业目标市场等因素的变化或者相对竞争对手位置变化
企业家学派	领导人对客观因素的认知和判断的变化以及其行动纲领的变化
认识学派	对重要决策信息的处理和认识过程的基本特征的变化
学习学派	由学习导致的企业能力的提高所带来的企业运作方式的渐进变化
权力学派	内外部权力系统的变化以及相应的定位和策略的变化
文化学派	文化系统诸要素的变化以及对应的竞争优势策略的变化
环境学派	完全基于环境变化的经营策略变化
结构学派	战略变革的过程就是战略制定和形成的过程

资料来源　刘海潮，李垣．动态环境下战略管理研究的新趋势［J］．科学学研究，2004（22）．

陈传明、刘海建（2006）认为"企业战略变革就是指企业战略的改变。企业战略变革是指企业目标和执行手段的改变，这种改变既发生在战略形成阶段，也贯穿在战略执行过程中"。

刘俊英（2010）提出"战略变革就是企业由于外部环境、内部组织条件的变化而对企业的战略内容（包括定位与观念）和/或战略制定范式做出的调整，具体体现为企业愿景、战略管理者理念/心智模式、产品、市场、战略制定范式等在企业发展的不同时间段内的差异"。

战略变革研究依据研究的问题和方法可分为战略内容和战略过程两大学派（Rajagopalan & Spreitzer，1996）。对战略内容的研究采用大样本和统计方法，研究重点是战略变革的前因和后果（Gibbs，1993；Ginsberg & Buchholtz，1990；Oster，1982）。战略过程的研究采用纵向案例分析方法，聚焦于管理者在战略变革中的作用。从现有战略变革的定义来看，这些定义要么偏重于战略内容，要么在表述中虽然提到了战略过程，却未能提及战略过程对战略变革的影响。究其缘由，战略过程的研究涉及时间维度的因素，只能采用案例式的探索研究，很难开展大样本统计分析，尽管战略过程的研究更贴近战略管理的实践，却往往难以得到合理的解释，对理论的贡献也十分有限。但是这些不同角度的定义都应该视为合理的组成部分，丰富和发展了战略变革理论。本书在对国内外的战略变革文献进行梳理后发现，学者多从四个角度分析战略变革的内涵，见表2-8。

表2-8   战略变革内涵理解的不同视角

研究视角	战略变革的理解	不足之处	代表性学者
理性视角	通过组织内部的优势与劣势及外部环境的机会与威胁，制订战略内容变革的计划。采用定量分析，代表管理的理性	忽视管理行为和认知在战略变革中的作用	Ansoff (1965) Rumelt (1974) Boeker & Goodstein (1991) Mintzberg & Westley (1992)
学习视角	既强调战略内容变革，也突出管理行为在内外环境变化中对战略变革的影响	未能区分战略变革内容和管理行为	Ginsberg (1988) Fombrun (1993) Rajgopalan & Spreitzer (1996)
制度视角	组织被嵌入的制度情境是抵制战略变革的根本原因	将结构化制度情境与战略变革关系的理解简单化为线性关系	王益民 (2004) Tushman & Romanelli (1985)
认知视角	战略内容的变革是管理行动和认知推断出来的。战略变革不是决策人完全理性选择的结果，反映了决策群体的信仰、假设甚至偏见	未能将之与学习视角进行区分	Feitler et al. (1997) Van de Ven & Poole (1995)

资料来源　作者根据相关资料整理.

  本书融合继承前人的研究，将战略变革视为战略内容变革和由变革过程中管理行为所引起的环境和组织要素变化的组合，战略变革不再被看成是一种线性的过程，而是一种管理者通过从经验和战略行为中学习而往复进行的过程（肖红军，2006）。Ginsberg（1988）提出的战略变革概念模型（如图 2-9 所示）把战略变革分解为"战略"和"变化"两个基本维度，再根据组织与外部环境和内部环境的关系进一步将战略划分为"定位"和"观念"两个子维度。所谓"定位"，指的是企业的产品在顾客市场中的位置，是一种关注外部环境的竞争优势的反映（Bourgeois，1980）；"观念"是涉及组织文化、范式和意识形态层面的集体思想（Mintzberg，1987）。"变化"维度分为幅度/大小（Miller & Friesen，1983）和状态/模式（Galbraith & Schendel，1983）。本书将战略变革定义为，面对外部环境和内部组织条件的变化，企业通过持续往复的组织学习而对组织宗旨、使命及发展方向的变化，以及产品/市场定位进行调整的过程。因此，环境要素和组织要素不是直接作用于战略变革，而是伴随着组织和环境中的变化，通过影响一系列的战略行为以及学习和经验的积累过程，使得战略内容发生变化。

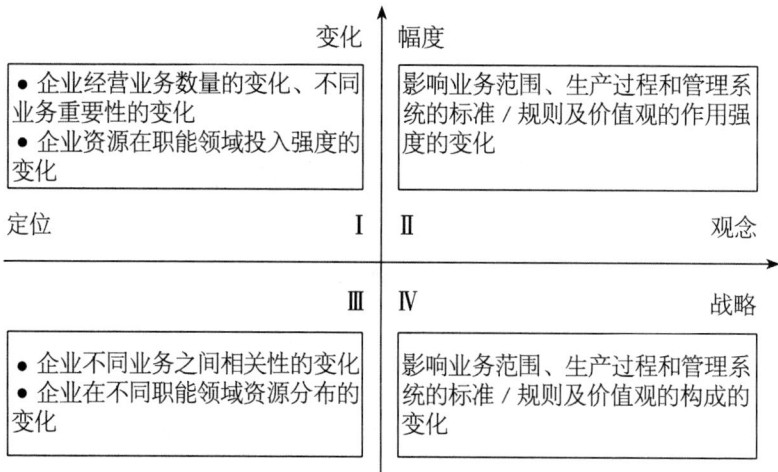

图 2-9 Ginsberg 提出的战略变革概念模型

  资料来源　GINSBERG. Measuring and Modelling Changes in Strategy：Theoretical Foundations and Empirical Directions ［J］. Strategic Management Journal，1988，9（6）:559-575.

2.3.2　战略变革的分类

为了进一步清晰认知战略变革，学者们根据不同的划分标准，结合战略变革呈现的特征，对其进行了类型划分和特点描述，以期推动战略变革的理论研究并指导管理者选择正确的变革模式，提升企业战略变革实践。

（1）按变革的程度或演变态势分类

学者按照战略变革的程度将战略变革划分为渐进式变革和激进式变革。对 20 世纪七八十年代的跨国公司战略变革的回溯和考察后，Prahalad & Doz（1987）率先提出并辨析了渐进式变革和激进式变革两种战略变革的过程。当企业处于一个相对封闭的静态环境中时，企业面临的环境挑战较少，可以在对环境进行充分分析的基础上制定带来预期结果的战略方案。奎因（1980）认为这种战略变革是一种企业主动引发的小规模、渐进式的改变（改变较少），也称为"一阶变革"（first-order-change）。采用这种变革方式的企业往往不改变现有的体制，只对组织内部较少的因素进行调整，维持原有的惯例行为方式等路径，并不破坏已有的平衡。这是战略变革的基本过程，而且从变革质量的角度来看，战略变革最好以这种连续、有限和渐进的过程完成。

当企业处于复杂动态的开放环境之下时，企业就会引发大规模的涉及系统结构转变的彻底变革。这种激进式变革又称为"二阶变革"（second-order-change），是战略变革的极端情况，是由企业危机引发的全面彻底的革命性变革。伴随而来的是改变组织的核心理念、结构、流程和战略的复杂的分析过程（Pettigrew，1987），同时在否定现有结构和观念的基础上建立新结构形式和形成新的平衡。尽管早期学者们认为激进式的变革由于内外部环境的不可预测和时间压力，变革的结果无法预期，因而对激进式的变革颇有微词。但是我们认为，当今企业所处的环境日益动荡复杂，企业只有具备这种快速彻底变革的能力，方能生存乃至发展壮大。

结合前文我们对战略变革概念的分析，渐进式变革实际上对应于战略定位的触动和改变，而激进式变革则是一种彻底的触及战略观念的改变过程。渐进式变革与激进式变革的比较如图 2-10 所示。主流的观点认为渐进式变革是主导过程，我们认为并不存在哪种变革方式优于哪一种，而是要视组织所处的环境状况来作出选择，同时组织内部要具备一定的反应能力，组织应对能力的强弱决定了战略效果的好坏。

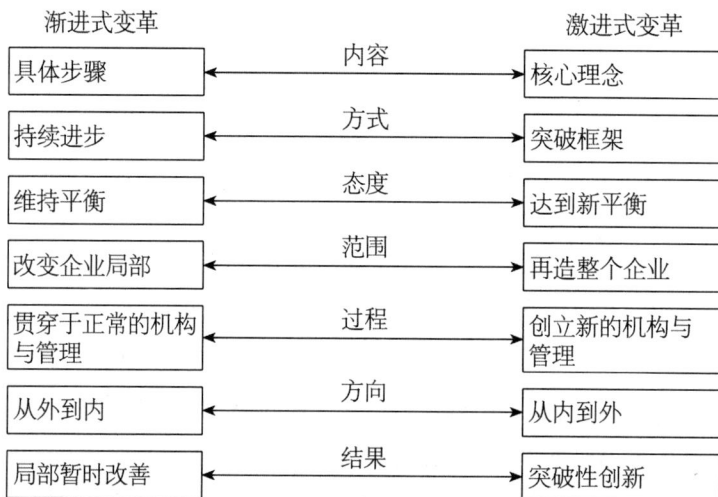

图 2-10 渐进式变革与激进式变革的比较

资料来源 张黎明，刘艳梅．企业战略变革的类型分析 [J]．西南民族大学学报，2004，25（4）：143-145.

（2）按变革的内容或层次分类

Tichy（1993）经过研究后发现，具有不同学科背景的学者对战略变革的解读角度亦有所不同，所给出的战略变革层次的定义也各不相同。组织行为学背景的学者偏重于变革的政治层面（political）与文化层面（cultural），而战略学家则考察变革的技术层面（technical）。基于此，Tichy（1993）将战略变革划分为三种：第一，技术性战略变革：涉及企业内部的技术设计。第二，政治性战略变革：处理资源分配和权力关系。第三，文化性战略变革：触及组织的价值理念和行为惯例。

Bound et al.（1995）从对企业变革内容的角度，将战略变革与组织其他类型的变革做了对比：第一，战略变革：包括产品类型、顾客特征及其产销活动所涉及的地理区域等的企业定位与组织建立其竞争优势所需要的资源与能力等核心专长的改变。第二，技术变革：包括企业的技术、生产流程设备、作业方法及相关规章制度与政策的改变。第三，结构变革：包括组织结构的改变、个别职务内容的重新设计，以及这两者衍生的权力结构变化。第四，人员变革：包括人员的理念、技能、知识水平等的改变。第五，文化变革：包括组织成员共同价值观与行为规范的改变。但是我们认为，Bound et al.（1995）对于战略变革的理解过于狭隘，仅仅将其限定在战略定位的层次上，而对于战略观念的改变则将之作为一个独立的类别——文化变革来看待，这不利于对战略变革的进一步研究。

Levy & Merry（1986）在对企业变革进行层次划分的基础上，指出了战略变革在企业变革中所处的位置。他们指出企业变革的层次包括：第一，组织范式的改变，即价值观改变。第二，组织使命与宗旨的改变。第三，组织文化的改变。第四，组织结构、制度与技术等的改变。其中，前两个层次的改变属于战略变革。结合前文对战略变革内涵的理解，Levy & Merry（1986）对战略变革的划分只包含了战略观念这一层面，而未将有关组织市场和产品定位等反映竞争优势的战略定位纳入其分类体系，这不能不说是其研究的不足之处。

（3）按变革的时机分类

不论是战略变革还是一般组织变革，都可按照变革相对于环境变化的发生时间划分为"前瞻性变革"与"危机性变革"。

作为一种主动的变革，前瞻性变革对管理者和组织的反应能力具有更高的要求；而危机性变革却是一种被动的变革，当环境急剧变动导致企业经营业绩急剧下降或者出现亏损的危机时，就会引发这种变革。从这一点来看，危机性变革与激进式变革所处的环境背景是一致的，都是由企业危机所引发的战略变革类型，其引发的动因是一致的。但是危机性变革不一定会导致组织结构等方面的彻底改变。

根据北美学者开展的案例研究，迄今多数企业的变革是由危机引发的"危机性变革"，这一方面是因为组织面临的环境日益复杂，动态危机四伏；另一方面企业可能缺乏这种具有洞察力和远见的领导者，所以企业只能采取危急性变革。

2.3.3 战略变革的动因和阻力

（1）战略变革的动因

现有的研究将战略变革的动因分为两大部分：外部动因和内部动因。

① 战略变革的外部动因

首先我们来看看何谓企业战略变革的外部动因。外部动因的提出是基于企业进行战略变革是出自外部环境的变化，是一种"被动成长"（forced growth）的战略变革。

环境对战略变革的影响一直以来备受研究者的青睐，这种研究的趋向是与一定的历史背景相关的。在工业时代，企业开展战略变革前要把握其所在行业的市场结构，以此为基础展开战略变革。事实上，Porter的 S-C-P 模型中也隐含了市场环境驱动战略变革进而影响组织绩效的思想，而 Poter 于 20 世纪 80 年代初提出的经典五力模型本身就是对战略变革外部动因的最好诠释。

随后，学者们提出战略变革的外部动因还包括产品生命周期变化以及来自竞争者的压力等方面。战略变革活动的开展在某种程度上依赖于竞争对手的反应。基于组织种群生态学的理论，企业战略变革应该依赖于组织种群的密度和演化路径，组织种群之间的竞争关系是战略变革的基本依据和动因，这种战略变革动力学体现了某种依赖竞争的理论特征（潘安成，2009）。借助于经验研究，Hannan & Freeman（1989）指出，战略变革动因理论在组织种群生态学理论的指导下，通过收集相关组织种群竞争的历史数据，把握竞争发展态势，以此为基础提出战略进入和退出机制，以便成功展开战略变革。

② 战略变革的内部动因

当然，一些学者也注意到了战略变革的内部驱动因素，Boyle & Desai（1991）通过文献研究，提炼出 24 个促进企业变革的因素，进一步将其划归为 4 大类：内部行政因素、外部战略因素、内部战略因素和外部行政因素，并指出相对外部环境而言，组织内部环境的改变对变革影响更大。战略变革的内因从组织理论的观点来看，可以理解为"自觉导向"（deterministic orientation）或"自主成长"（natural growth）。组织演化既是战略变革的结果也是战略变革的动因，推动了战略变革的发展进程。

长期以来，组织适应理论、资源能力理论以及组织学习理论都从企业内部透析了战略变革的动因。演化经济学的研究学者曾经指出，组织资源能力作为演化的产物，是推动组织战略变革的动因之一。Helfat & Peteraf（2003）指出，组织资源能力的演化力量推动了组织渐进式战略变革行为；Lovas & Ghpshal（2000）认为，推动企业战略变革的五种因素分别是战略目的、员工、组织资产、组织结构与常规、高层管理团队，组织演化伴随战略变革的过程而展开。

组织资源能力演化理论认为组织资源的演化力量是促进企业战略变革的根本性因素之一。组织演化与组织战略变革过程的关系体现在以下几个方面：首先，在组织战略变革过程中，不可避免会存在"组织知识"改变或遗忘；其次，组织应避免变革的盲目性，注重利用现有组织资源的能力，减少成长风险，企业战略预期与反应式战略改进所导致的组织动态均衡是企业战略变革的内在动力机理（潘安成，2009）。战略变革是企业为了在竞争环境与组织潜在能力之间寻求适配（Nelson & Winter，1982）。Burgelman（2002）针对英特尔公司战略变革动因这一案例，提出了一个驱动企业战略转型的植根于"变异—选择—维持—竞争"的微观演化机制的整合演化框架。

组织学习影响战略变革的路径是：通过改进企业演化路径和组织行为，加速企业战略变革的步伐和促进新战略的有效实施。March（1991）作出了"组织学习是促进战略变革的主要动力之一"的论断。Schilling（2003）借助"干中学"提高组织"学习曲线"，进而有效地推动战略变革。Zollo & Winter（2002）分析了"意图学习"与发展组织动态能力的关系后指出，动态能力避免了组织刚性带来的成长陷阱。组织学习促进组织的新陈代谢，有助于改变组织知识，但可能难以摒弃不适应环境的组织能力。基于此，Holan & Phillips（2004）适时提出了组织遗忘（organizational forgetting）的概念，指出组织有意识地屏蔽以往过时的旧知识和能力，有利于提升组织的长期绩效，尽管可能伤及组织的短期财务绩效。已有研究显示，组织遗忘对企业战略变革产生了显著影响，是企业战略变革的加速器，也是对组织学习的一种必要补充。

Ocasio（1993）指出，组织中 CEO 和高层管理团队的变更是推动战略变革的主要因素之一，或者说是解决惯性和政治阻力的一个重要机制。正如 Tushman & Romanelli（1985）指出，只有高管领导才有潜力开始并实施变革。此外，组织绩效下滑亦可推进战略变革，消除战略变革的阻力（Haveman，1993；March & Simon 1958）。不良的绩效会给高管发出这样一种信号，即现有的操作化行为是不正确的，需要进行战略和组织的变革（Boeker & Goodstein，1991）。

（2）战略变革的阻力

在过去的 10 年间，组织研究已经从组织静态性的研究转移到对组织动态性的研究，学者们大多关注对组织变革及其前因的研究（Hannan et al.，1989）。当然还有一些学者开始探究战略变革的阻力。

① 管理层认知刚性（rigidity）

在对跨国公司的战略问题进行研究后，Prahalad & Doz（1987）指出管理层认知和行动上的滞后是战略变革的重大障碍。对于管理层认知，学者们提出从认知结构和认知过程两个方面来测量企业家认知的程度，当管理层的认知结构和认知过程固定时，便形成了认知刚性，最终阻碍企业战略变革的推进。陈传明（2002）提出组织战略变革呈现"路径依赖"的特征，导致这一现象的原因除了核心能力和企业文化的影响外，企业家认知也是一个十分重要的影响因素。受到核心能力刚性、企业文化刚性和管理层认知刚性的共同作用，企业会对其最初的战略形成锁定效应，对战略变革造成阻力。还有学者认为，过去成功经验的重复、组织分裂以及同质性管理体系在异质性经营领域的推广都可能引致认知滞后。推动康柏开展变革的 Erhard Pfeiffer 曾经说过，"再没有比摒弃曾推动事业达到目前成功状态的观念、战略和偏见更困难的事了"。组织现有的资源、品牌、组织机构、企业文化甚至核心竞争力可能成为组织在面临变革时的负担和障碍。所以说，组织需要适时遗忘过去的知识，变革的关键不是产生新观念，而是抛弃旧观念（黄旭、程林林，2004）。引起行动滞后的主要原因是权力重新配置导致的各级管理层分裂。

②惯例

组织管理模式往往存在对旧知识或行为惯例（routine）的路径依赖，这种依赖性是战略变革最大的障碍。Johnson & Scholes（1993）指出，阻碍企业战略变革的因素包括日常惯例、控制系统、组织结构、标志、权力和依赖性关系。战略和组织学者在采取适应性或惯性战略变革的程度上存在差异，尽管这两个视角被看成是一个统一体的两个极端（Gersick，1991）。认为战略适应性占主导地位的学者强调管理者在控制环境的变化以及调节组织战略以很好地适应环境的权变时发挥的作用（Child，1972）。坚持战略惯性的学者认为，组织受其适应能力的限制，应该维持组织战略而不能完全变革战略（Hannan & Freeman，1989）。

组织惰性的主要来源是组织中的惯例（Rumelt，1974）。组织中开展战略变革的力量与组织惯例的阻力之间的较量和这两股力量的此消彼长，决定了战略变革常常表现出间断性而非连续性。组织当中存在大量的惯例，这些惯例在组织中是一种可重复、可识别的行为模式。按照前文对于组织记忆分类的解释，惯例属于过程性记忆的范畴，这种记忆属于隐性知识，在组织内部并不依靠文件记录或规定来存储，而是内化在组织或组织成员心智模式当中。此处我们从路径依赖的角度将惯例理解为战略变革的阻力，但是细推敲之，惯例对于战略变革而言表现出正面和负面的作用：缺乏惯例的组织意味着组织经验和知识的匮乏，组织的发展和变革也无从谈起；然而，如果组织受制于惯例的路径依赖性而无法开展变革创新，那么组织就可能出现管理行为的滞后，极有可能难以适应环境的变化。此外，组织中的政治阻力和既得利益也会促进惯性，使变革变得困难（Tushman et al.，1985）。从这个意义上说，惯例容易形成组织过程性记忆的路径依赖性，在战略变革的过程中很难改变，成为组织战略变革的阻力。

③ 变革风险

战略变革本身存在风险，因此，不管是对于管理层还是对于普通员工来说，他们往往会因为惧怕既有利益丧失而抵制变革。从管理层角度来看，Levitt（1988）发现企业往往更加关注眼前的利益，即使企业拥有多余的闲散资源，企业也不会尝试进行市场战略的变革，如将这些资源投入新的市场进行拓展，而是出于降低风险的考虑，把这些资源用于进一步维护和深度开发原有市场，专家将这种现象称为"营销近视症"。普通员工厌恶风险和挑战，害怕打破旧模式，不喜欢挑战，担心既得利益的丧失，考虑更多的是自己获得的利益与所承受的风险相比是否值得。Bengt Karlof（1997）就曾详细分析了员工抵制战略变革的行为，在战略变革的过程中，除了惯性使然外，畏惧风险以及担心转型后不具备所需要的工作技能等，都是员工抵制战略变革的原因。

2.3.4 战略变革相关研究述评

通过对既往战略变革文献的回顾，我们发现，当前学界对于战略变革的研究还处于起步阶段，尽管学者们已经对战略变革的概念、类型、动因、阻力以及战略变革的测量展开了一定的研究，积累了丰富的研究成果，但是现有研究还存在许多不足之处：

首先，学术界对于战略变革的定义至今依然存在争议，未能清晰区分与战略变革相近的概念，如战略转型、战略转换等。从现有战略变革的定义来看，这些定义要么偏重于战略内容，要么在表述中虽然提到了战略过程，却未能提及战略过程对战略变革的影响。究其缘由，对战略过程的研究涉及时间维度的因素，只能采用案例式的探索研究，很难开展大样本统计分析，尽管对战略过程的研究更贴近战略管理的实践，却往往难以得到合理的解释，对理论的贡献也十分有限。这不仅不利于对理论研究的讨论，而且大大影响了实证测量的推进，同时也使得理论和实证研究对实践的指导意义大打折扣。本书在对现有战略变革概念进行比较梳理的基础上，提出了战略变革的概念。

其次，战略变革的多维测量方法亟待统一。如前所述，有关战略变革的操作性定义、维度划分以及测量内容还存在较大的差异。由于人们对于战略变革有着各自的理解，因此战略变革的操作性定义也是按照不同的研究需要和侧重点进行界定的，这导致了实证研究各自为政，各种研究之间缺乏关联性。比如一些学者着重研究战略变革的方向和规模，一些学者主要测量战略变革的类型和程度，还有的学者测量战略定位的

变化等。测量重点的差异导致了战略变革的操作化指标的不一致，缺乏
为学界所认同的战略变革操作指标体系。一方面，阻碍了实证研究的推
进；另一方面，使得战略变革的理论研究难以深入，不利于知识的创造
与积累。因此，迫切需要规范战略变革的操作指标。

再次，将组织学习作为战略变革的前因变量的研究才刚刚起步。在
对国外战略变革的实证研究进行回顾后，周晓东（2004）指出，现有
的实证研究着重分析了环境变量（环境宽松性、环境不确定性、环境
事件等）和组织变量（组织规模、组织年龄、前期业绩、前期战略、
TMT 结构和产权治理结构）对战略变革的影响因素，有利于战略变革
实践的改进，一些研究甚至借用时间序列和历史事件分析法解释变革的
方向和可能性，并分析策动变革的时机，具有较强的实用性。然而，这
类研究仅仅关注因果关系的验证，而对于战略变革内容和层次的不同影
响缺乏有力的解释，即内外部因素是如何影响战略变革的内容和层次
的，因此，组织学习的视角有助于我们理解战略变革的内容，提升战略
变革的能力和实力。同时，组织学习是以组织为基本单位的知识创新过
程，所以要充分重视各种形式的企业知识创新活动，这样能够在一定程
度上克服旧战略"锁定"所导致的"路径依赖"（项国鹏，2002）。

最后，国内极少有学者从实证角度研究组织"刚性"对战略变革
的影响（陈传明，2005），这一局面至今仍未能有所改善。尽管学界对
于组织存在的路径依赖问题早已认同，但是至于这些组织内部各因素的
刚性特征（如组织记忆导致的"记忆刚性"问题）到底是如何影响战
略变革的，以及组织是如何发挥既有知识的积极作用，避免消极影响
的，等等，这些都是未来战略变革理论和实证研究的重要方向。

2.4 国内外研究总结

从现有文献来看，不论是组织学习还是战略变革，相关研究都存在
理论概念研究不足的问题。概念界定和理论内核上的不统一导致学者们
在组织学习和战略变革的研究情境和研究对象等问题上出现分歧，因此
在其探讨二者关系的实证研究中出现了各自为政的现象。多数此类研究

往往是作者根据各自对于这两个概念的理解给出操作化的定义，并以此为基础自行开发或者借用已有的量表，利用量表工具验证理论假设。既往研究除了在研究路径上基本一致外，在理论假设的推演上，对于组织学习与战略变革之间的理论假设依然停留在较浅的层面上，已有研究或者采用理论推演方法或者采用实证方法，虽然基本上证实了组织学习对战略变革具有促进作用（Crossan & Berdrow，2003；芮明杰，2005；冯海龙，2008），但是这些实证研究还存在诸多不足：

首先，在组织学习和战略变革的操作性定义、维度划分和测量指标上存在分歧，造成这一现象的主要原因在于理论上对这两个概念的界定不清晰。一些学者提出组织学习本身是一个极为多维度的复杂过程，难以直接进行测量（Spector，2006），但可以测量影响组织学习的组织条件或管理活动（Goh & Richards，1997）。以此为基础，学界产生了为数不少的成熟量表，如前所述，有的学者从组织学习能力角度提出组织学习的测量量表（Sinkula et al.，1997；Jerez-Gomez，2005；云绍辉等，2007），有的学者从组织学习的程度开发组织学习的量表（Garvin et al.，2008），有的学者从组织学习的特性出发进行量表开发（Hult & Ferrell，1997；于海波，2007），还有一些学者从组织学习的过程模型出发，开发了组织学习的测量量表，如冯海龙（2008）将组织学习操作划分为发现、获取、比较、反思、纠错、记忆六个测量维度，形成了组织学习过程的测量量表。由此我们不难看出，研究者往往依据自身研究的实际情况来界定或划分组织学习的操作性定义与测量维度。对于战略变革的测量亦存在多种观点，有的学者将战略变革视为企业多业务变革的变化（Jacquemin & Berry，1979；Palepu，1985），有的学者从企业层面和业务层面测量战略变革（Barker et al.，1997），还有的学者从战略定位的角度测量战略变革（Khandwalla，1977；Smart & Vertinsky，1984）。以上组织学习和战略变革理论存在的缺陷，严重阻碍了组织学习和战略变革理论研究的深入开展，同时也极大地影响了对这两个变量之间关系的探讨，不利于组织学习和战略变革实践的改进。

其次，研究角度各不相同，实证研究缺少关联。多数研究都是直接笼统地建构组织学习与战略变革之间的理论模型，而且由于组织学习和战略变革的操作性定义和维度划分也极不统一，因此组织学习和战略变革之间的关系被简单化。同时，各项实证研究之间彼此割裂，缺少关联性。多数研究证实，组织学习对战略变革具有促进作用，但都没有进一步探究这种促进作用是如何产生的？不同形式的组织学习对战略变革的影响程度是否一致？这两个变量之间的影响关系是否受到其他关键变量的影响？对这些问题的进一步研究将有助于组织学习和战略变革理论的推进，也有助于实践的发展。当然，有一些学者已经开始试图细化其中某一个变量，从组织学习的某一个角度或方面测量其对战略变革的具体层面的影响，如相关研究涉及组织学习能力对战略变革的作用路径（何爱琴等，2010），或者组织学习能力对战略变革速度的影响（何爱琴，2010），得出了诸多有价值的研究结论。

最后，在组织学习对战略变革的影响关系中，不同的学习方式对战略变革的影响程度存在差异（周晓东，2004），探讨学习方式对战略变革的不同影响有助于组织改进学习方式，进而促进战略变革的实践，已有文献未能在此方面展开研究。而从组织学习的研究文献看来，对组织学习方式的划分，学者们有着不同的理解，但是从本质上来看，组织学习方式按照与组织已有范式、价值、惯例和程序等记忆层面内容的互动影响的程度可以划分为两种，即利用式学习和探索式学习。针对现有的理论空白，本书致力于探索组织学习方式对战略变革的影响，并以此作为本书研究的焦点。另外，组织记忆的相关研究也存在理论概念的争论和测量方法不统一的问题，本书将在前人研究的基础上界定组织记忆的概念内涵，提出其操作性定义和维度划分，在自主开发组织记忆传播过程量表的基础上，探讨组织记忆对组织学习方式与战略变革之间关系的影响作用。

第 3 章　组织记忆传播过程的维度识别与测量

　　组织记忆作为一项关键的组织能力，能够帮助组织有效存储和提取有关组织事实、过程或经验的知识。Schatz（1991）通过总结研究后提出，组织记忆提供的信息有助于提高组织运转效率。对组织记忆有效管理的益处包括培养组织的核心竞争力、提升组织学习力、改善组织自治程度、降低交易成本。那么，管理者要有效管理组织记忆，首先要清晰把握其概念内涵、结构和分类乃至组织记忆的过程，这样才能分清组织记忆在组织中的分布，了解不同类型组织记忆对组织效力的影响，认识在组织记忆传播过程中哪些过程存在阻力进而影响组织的其他活动。然而，目前有关组织记忆的研究还十分薄弱，对于组织记忆的内涵还缺乏统一的认识，这也影响了对组织记忆的实证测量。Walsh & Ungson（1991）曾经指出："理解组织记忆的概念还有三个重要的问题需要分析：第一，更为清晰地解读组织记忆的地点，也就是其保存结构；第二，考察信息从这些保存结构中被获得、保存和提取的过程；第三，研究信息使用的方式及其可能带来的组织结果和绩效。"本章对于组织记忆传播过程的深入剖析也有助于我们更好地理解这一复杂的构念。

　　从现有的有关组织记忆测量的文献来看，多数研究还缺乏一致性，在维度划分、测量内容、测量的操作性定义及样本选择方面还存在较大的差异。目前的实证研究中对组织记忆的测量，集中于对组织记忆内容和记忆信息系统等静态的组织记忆构念和数量进行衡量，以代表组织记忆变量。这种组织记忆构念静态方面的测量虽然为组织记忆的实证研究提供了有力的工具，并推动了组织记忆的深入研究，但由于缺乏动态的视角，使得现有实证研究对组织记忆的整个过程缺乏系统性的认识。因此，从动态视角开发组织记忆传播过程量表是目前组织记忆实证研究面临的首要问题和基础问题。具体而言，组织记忆传播过程的量表开发，能够从动态的视角对组织记忆构念形成系统性认识，推进和夯实组织记忆的实证研究基础。

因此，本章作为整个研究的基础，应用内容分析法、因子分析法等质化和量化研究相结合的方法，对组织记忆传播过程进行演绎法的量表开发。首先，本书对国际十大期刊 AMR、ASQ、AMJ、SMJ、RIOB、HRM、JOM、OS、JB、JIBS（韵江 & 鞠蕾，2010）1990—2011 年间有关组织记忆的研究文献进行系统收集和整理，通过对现有文献中有关组织记忆传播过程的研究进行编码和提炼，应用内容分析方法生成组织记忆题项库，并进一步应用探索性因子分析法，根据因子载荷和跨载荷值删除不合格题项，形成短版量表；然后，应用探索性因子分析法对该短版问卷进行定量修正；最后，应用验证性因子分析法对修正后的量表进行检验，最终形成组织记忆传播过程量表，作为后文研究的基础。

3.1　题项生成

前面我们较为全面地剖析了组织记忆这一构念的理论性定义及其内涵，回顾了组织记忆的研究现状及存在的不足。下面我们参照 Churchill（1979）量表开发的程序，借鉴 Moorman & Miner（1997）对于组织记忆的操作性定义和组织记忆内容的成熟量表，在对以往组织记忆传播过程相关研究进行回顾的基础上，尝试性地开发组织记忆传播过程的测量量表。

3.1.1　维度识别

（1）组织记忆的维度分析

有关组织记忆的维度划分最具代表性的是 Moorman & Miner
（1997）的研究，他们将组织记忆划分为 4 个维度：水平或数量
（level/amount）、分布（dispersion）、可获得性（accessibility）和内容
（content），见表 3-1。这 4 个维度成为研究者探索组织记忆测量量表的
基础。组织记忆的水平或数量指的是组织中有关某个特定现象的信息储
备的数量。在战略变革的层次或知识技能积累中的高水平储备意味着记
忆的较高的水平。组织记忆的分布在理论上会影响组织对于新的市场信
息的需求（Dickson 1992；Sinkula 1994）。组织记忆在组织中的分布或
共享的程度也各不相同，正如 Walsh & Ungson（1991）所说，"组织记
忆并非集中存储，而是分布于各种保持介质中"。组织记忆究其本质，
涉及其在组织中的传播程度。然而，组织成员利用组织知识和技能的程
度也存在差异，这种差异性部分受到决定组织知识分布的组织结构设计
和活动安排的影响。组织内部不同的亚文化的存在表明记忆并不必然为
所有成员所共享。组织记忆在可获得性或者能够被提取使用的程度上也
存在差异（Day 1994；Garud & Nayyar 1994；Walsh & Ungson 1991），
正如 Day（1991）所言，"缺乏设置实用的机制以'记住'组织曾经做
过什么和为什么组织往往要重复它们的失败，并会反复追寻其成功的模
式。记忆机制在确保有用的信息被获得、保持，在需要时可被及时提取
方面十分必要"。最后，组织记忆的内容是指集体性储存的信息
（Walsh & Ungson 1991）。越来越多的研究认为，记忆分为过程性记忆
和陈述性记忆（Cohen 1991；El Sawy，Gomes & Gonzalez 1986；Sinkula
1994）。过程性记忆指的是完成某项任务的潜在技能（Nelson，1982），
如组织可能对战略决策的制定过程比较了解。陈述性记忆指的是有关概
念、事实或事件的记忆，体现在组织鲜明的文化特征中，如记忆内容可
能反映更多的组织内部部门、市场、科层制或者行为一致性等特征
（Deshpande，Farley & Webster，1993）。因此，记忆内容更有可能部分
反映在其组织文化中。至于组织文化与组织记忆的关系，组织记忆比组

织文化在概念上更为宽泛，因为除了价值观和规范外，组织记忆还包括反映先前学习的行为惯例和有形物品。

表 3-1 　　　　　　　　　 组织记忆的维度及其操作性定义

维度	操作性定义
组织记忆的水平或数量（OML）	组织中有关某个特定现象的信息储备的数量
组织记忆的分布（OMD）	决定组织知识分布的组织结构设计和活动安排
组织记忆的可获得性（OMA）	组织内部设置的有助于信息积累和应用的实用机制
组织记忆的内容（OMC）	组织内部集体性储存的信息

资料来源　MOORMAN，MINER. The Impact of Organizational Memory on New Product Performance and Creativity［J］. Journal of Marketing Research，1997，34：91-106.

针对其研究的需要，Moorman & Miner（1997）在组织记忆对新产品开发的影响的研究中，将组织记忆水平和组织记忆传播这两个可衡量的性质作为组织记忆指标设定的依据，并开发出了有关组织记忆的两维度量表（见表 3-2）。不难看出，该量表是为了测量组织记忆对于新产品开发的影响而设计的，对于其他有关组织记忆影响的研究来说，借鉴意义有限。因此，在组织记忆内涵及其分类明晰的基础上，开发出具有一般意义的组织记忆测量量表十分必要。

对 Moorman & Miner（1997）有关组织记忆维度的划分加以分析可以看出，组织记忆数量或水平维度的测量指标的设置是从不同组织记忆内容来开发的，此后的研究者们将之理解为组织记忆的水平维度；而对于组织记忆传播这个维度从其设置的题项来看，是基于组织记忆动态视角的测量。但是作者主要关注的是组织记忆传播的结果，而对于组织记忆的传播过程是如何影响组织记忆结果的这一重要问题未能作出测量。因此，本书为弥补这一研究缺陷，将组织记忆划分为组织记忆水平和组

表 3-2　　　Moorman & Miner（1997）**开发的组织记忆量表**

维度	题项
组织记忆水平	在项目启动前，与同行相比，本企业拥有大量新产品创新的知识
	在项目启动前，与同行相比，本企业在新产品创新方面具有丰富的经验
	在项目启动前，与同行相比，本企业精通新产品创新
	在项目启动前，与同行相比，本企业在新产品创新方面投入了大量的研发费用
组织记忆传播	项目团队成员在产品设计方面达成一致的程度
	项目团队成员在品牌名称方面达成一致的程度
	项目团队成员在产品包装方面达成一致的程度
	项目团队成员在促销内容方面达成一致的程度
	项目团队成员在产品质量水平方面达成一致的程度

资料来源　MOORMAN，MINER. The Impact of Organizational Memory on New Product Performance and Creativity［J］. Journal of Marketing Research，1997，34：91-106.

织记忆传播过程 2 个维度进行测量，组织记忆水平的测量量表即借鉴 Moorman 等人的成熟量表，该量表经实证研究检验具有良好的信度和效度。而组织记忆传播过程量表则采用演绎法和归纳法相结合的方式自主开发。

（2）组织记忆传播过程的相关研究回顾

Weick（1979）指出，"一旦一个组织打算要学习时，那么对组织来说最为关键的就是要明确记忆的分布、记忆的准确性以及在何种情况下记忆阻碍组织发展"。事实上，记忆一直以来都是信息过程理论中的核心概念之一，但是人们对它的理解依然很浅，从组织的角度分析组织记忆传播过程的理论更显单薄。有关组织记忆传播过程的开创性研究始于 Walsh & Ungson（1991）。他们的开创性研究融合了信息管理和组织理论的相关研究，深入剖析了组织记忆的过程。此外，Walsh & Ungson（1991）还提出了组织记忆的存储结构，认为组织记忆的存储方式在很大程度上会影响其日后需要时的提取。随后，Stein（1995）从组织和信息理论的角度重新解构了组织记忆的过程，在其研究中，Stein 将组织记忆传播过程划分为获得（acquiring）、存储（retaining）、维持（maintenance）和提取（retrieval）。Andreas & Stefan（2000）也从知识获得（knowledge acquisition）、知识整合（knowledge integration）和知识提取（knowledge retrieval）这三个方面论述了组织记忆角度的组织知识管理过程。潘陆山等（2010）在总结前人研究的基础上，提出组织记忆传播过程模型包括获得、存储和提取三个阶段。

①组织记忆的获得（acquisition）

有关组织记忆获得的研究多集中于组织学习。Bateson（1972）认为学习存在多个层级。最基本的学习就是对感知信号的接收；较高层级的学习是不断试错的过程；初级层次的学习通常被界定为在有限的选择集中进行选择；次一级的学习就是对初级学习的纠正改变，如选择集的变更或学习过程的改变。受到 Bateson 的影响，Argyris & Schon（1978）提出了组织环境下的单环学习与双环学习。所谓单环学习，即当组织成员感知错误后，立即调整以保持组织规范约束下的核心特征。而双环学习是指组织成员感知到冲突后，试图通过改变普遍规范和价值观以解决冲突。显然，学习与记忆之间存在复杂的相关关系。当新知识为个体接受并在个体头脑中编码时，就意味着个体学习循环结束。个体知识可能在人的记忆中短暂停留或持续数年。Argyris & Schon（1978）提出，只有在个体学习嵌入组织时，组织学习才算完成。"……只有当个体学习的结果——某些发现、发明或评估——记录在组织记忆的相关载体中时，组织整体学习过程才结束……"由于个体必须改变组织共享的原理与理念，因此组织必须要学会遗忘。事实上，这也是双环学习提出的挑战。众所周知，社会体系对于新观念和习俗是最为抵制的。从这一点来看，组织记忆对于组织学习来说意义非凡，而学习又是记忆必不可少的条件。当然，记忆也可能阻碍学习，对双环学习来说，表现尤为突出。

还有学者认为，决策制定的相关信息以及问题处理的方式构成了组织记忆的核心。我们需要思考这些信息的本质，了解决策的哪些方面可能被获得。首先，对于那些可能引发决策过程的特定的诱发事件通常由组织中的个体所保持。Kiesler & Sproull（1982）将这种诱因叫做"问题"，而 Weick（1979）则称之为"生态变化"。在任何时候，某种决策过程都可以解码。其次，组织对于这种诱因的回应也是可以获得的。实际上，对于组织决策以及决策后果的理解构成了组织记忆。

② 组织记忆的保持（retention）

保持可能是组织记忆最为重要和最广为认可的特征。Krippendorff（1997）认为，团体价值观的深思熟虑决定了记忆的保持。而 Douglas（1986）则认为，社会系统会对编码的信息类型做出系统的选择。对此，Douglas 援引了 Evans-Pritchard 的研究，以佐证习俗对社会记忆的引导和控制。Nuer 对其 11 代祖先的传奇故事耳熟能详，经过深入研究表明，这种记忆能力的获得是由于人们将这些祖先的生活片段编码记录下来，并同时遗忘那些无关紧要的细节。"……传统的部落式记忆本来就是一种事后的系统选择，可能将多位祖先的故事选择融合为一位祖先……" Douglas 提醒人们注意，科学家往往忽视或否认头脑中固有的知识可能会对现有的研究造成影响。迄今，组织记忆的保持机制大致分为三类：模式、惯例和制度（见表 3-3）。不论是组织层面还是个体层面，都可运用上述三种保持机制。只不过对于不同的知识类型，其适用程度的多少存在差异罢了。

表 3-3　　　　　　　　　　组织记忆的保持机制

保持机制		个体层面	组织层面	主要知识类型
模式		个体模式	共享模式	公告类
惯例		个人习惯	规范、习惯、程序	程序类
制度	组织制度	产品、符号	正式报告与非正式网络	制度类
	物质制度	个人文档、数据库	建筑物	制度类
	信息制度	决策支持系统、机械、智能系统	共享数据库、沟通系统、装配线	公告类、程序类

资料来源　STEIN E W. Another Look at Organizational Memory：Recommendations for Managers［J］. International Journal of Information Management，1995，15（1）.

个体认知模式有助于个体高效地组织和处理信息。组织模式指的是组织成员共享的信息类型。模式具有等级性，如对领导含义的解读就可能包括界定领导特质的多个层级：个人魅力、较强的表达能力、形象气质俱佳、较强的话语权等。上述分类对于个体保持和修复知识助益良多，较为清晰地提供了个体保持组织活动信息的方式。同时，由于个体信息的一部分可能为组织成员共享，因而组织记忆绝不仅仅是个体记忆的加总，组织记忆包含的内容要比个体记忆丰富得多。个体维持了组织的价值、规范和形象，Mead（1962）将这些记忆网络比做一个社会记忆。Argyris & Schon（1978）、Hedberg（1981）、Fiol & Lyles（1985）都认为共享模式与认知图相类似。Walsh & Ungson（1991）、Smith（1982）认为文化借助符号、标志以及口头传递（这些都是组织记忆的表现形式）保持组织记忆。管理层需考察个体和共享模式的保持能力，并了解这些机制对组织效力的影响。

惯例是第二种保持组织记忆的方式。惯例这个词尽管有时也指原版的某些"转型"，但用于此处意指经过设计形成的程式化的步骤或者一般传统场合的恰当程序。Nelson & Winter（1982）认为组织的程序性记忆最为重要的形式是个体惯例。组织成员扮演的角色作为一种脚本，是组织记忆的一个类型。组织惯例包括通过沟通形成的个体惯例，如标准化的运作程序、规范和仪式。管理层应探究个体和组织惯例的保持能力，以及这些机制对组织效力的影响。

制度是组织知识保持的第三种机制。这里的制度是指一系列直接或间接相关联因素的集合。记忆可能存在于组织的社交网络、物质结构或明确设定的信息系统中。正式组织结构代表了组织环境、目标、价值观以及报告渠道方面的知识。组织成员间的非正式网络作为一种记忆的形式，能够协助管理者处理相关问题并进行决策。组织价值和组织结构也保持在物质结构中。比如，基督教教堂建筑上的十字架体现了该教派的价值观和精神。当然，制度结构也可能会限制和引导社会活动，这种持久的影响会阻碍组织学习的动力。管理层需考察与组织相关的社交和物质结构的保持能力，以及这些结构对组织效力的影响。

各种记录（如文档、简单数据库）、分散的信息系统以及人工智能系统有助于和组织活动相关的记忆的保持。所谓记录，是指将历史信息编码存储于某一媒介以长久保存。编码就是将概念编译进入物质结构，以备日后接收者解码。对记录加以复制并在现有或未来组织成员中共享是记录的最大优点。其缺点就是记录是静态的，记录的传递也是单向的，而且成员必须了解如何对信息解码。当然，信息技术有助于规避记录的上述缺陷，促进信息的时空共享。例如，专家系统或案例推理系统等智能系统，提供了经验型知识（experiential knowledge）的保持和扩散，而神经网络则是模式化信息（pattern）的最佳储存方式，且便于更新升级。对于那些程序性知识（procedural knowledge），则编码于机器人或自动化生产系统中。管理层需将先进的信息技术用于组织记忆的生产和存储中，从而提升企业的组织效力。

还有一些学者分析了组织记忆的多种保留形式，Walsh & Ungson（1991）首次提出了关于组织记忆的集成框架。他们将组织记忆概念化为有能力储存过去决策信息的"存储器或保留工具"。他们借鉴个体层面记忆存储过程的隐喻，提出了五种组织内部的存储器：个体（包括他们自己的记忆支持，如文件）；组织文化（如故事、心理模型）；转化（引导由输入转化为输出的程序、规则和系统）；组织结构；生态（如工作场所的有形设计或物理结构）。他们同时指出，除了这些保留工具，组织记忆应该根据它的内容和信息获得的过程来定义，这一研究更突出了组织层面的表现。Cross & Baird（2000）认为组织记忆是指那些存储于组织内部，且可以用于当前决策的信息，这些信息并非集中存储于组织的某一单元，而是分布、保持于各不相同的组织存储介质中，包括个人记忆、同事间的人际关系、内部资料库、工作流程、公司的服务及产品。

决策信息存储在各种有形的场所（Simon，1976），个体（Argyris & Schon，1978），公认的程序中（Cyert & March，1963），甚至体现在标准化的着装、协议和设施的摆放中（Smith & Steadman，1981）。Pondy & Mitroff（1979）简化相关讨论，认为记忆存储的介质由"大脑和文本"构成。借鉴个体层面记忆存储过程的隐喻，Walsh & Ungson（1991）假定了存储记忆的五个信息存储库和一个组织外部的信息源。这一论点具有两个基本要素：其一，保持的模式不同，决策信息保留的程度也不同；其二，组织记忆并非存储于组织中的某个位置，而是分布于组织的不同部分。下面将详细讨论不同层面分布于各个信息库中的决策信息。

第一，个体。个体对于组织中发生的和关于组织的信息形成自己的记忆系统。组织中的个体以自身的直接经验和观察为基础来决定该保留哪 些 信 息 （Argyris & Schon，1978；Nystrom & Starbuck 1984；Sandelands & Stablein，1987）。这些信息或者存储于其记忆库中，或者潜移默化地隐藏在其信仰体系、逻辑思维、人生哲学、价值观和表达逻辑信仰中。简而言之，个体应尽可能地保存组织的记忆，并利用这些记忆协助日后的信息加工。而且，个体和组织以记录和文件作为记忆的辅助手段。学者们认为，此类信息技术有助于组织记忆的形成（Huber，1991；March & Olsen，1975；Simon，1976；Weick，1979a；Yates，1990）。

第二，文化。组织文化作为一个研究主题不断引起学界的兴趣。学者们将之界定为组织环境传递给个体的一种习得的洞察、思考和感知问题的方式（Schein，1984）。"习得"和"传递"这两个词是这一定义的核心。文化蕴含了那些可能有助于未来决策的过去的经验。因此，文化是组织记忆的保持介质之一。这种习得的文化信息保存在语言系统、共享的框架、符号、故事、传奇或者小道消息中。由于这些信息被反复传递，因此各种决策的情境和细节可能被遗失或者更改，以适应当前的情形。

第三，流程。信息嵌入在组织发生的多次转型中，即那些指导投入产出转型的逻辑嵌入在这些转型中。Weick（1979b）有关标准化运营程序的功能的探讨适用于组织中所有的转化过程，他认为，"标准化运营程序代表适用于某种环境的工作模式"，记忆保持在各种程序（Cyert & March，1963）、规则（March & Sevon，1984）和正式的系统中（Walsh & Dewar，1987）。行政系统也是知识存储的机制（Jelinek，1979）。

第四，结构。组织结构作为记忆存储的介质是从它对个体角色行为的影响以及其与环境的关系角度来看的，个体角色是组织信息存储的仓库。

第五，生态系统。组织大量的信息体现在组织的有形结构或工作场地生态系统中。Sommer 早在 1969 年就提出了有形设施设计对行为的影响。尤其是设施的布置，常常代表了其在组织内部的地位等级。因此，工作场地的生态系统有助于塑造和加强组织内部的行为表现。还有学者意识到，员工之间的人际沟通受组织内部有形设施布局的影响。具体而言，在拥挤的、光线昏暗的办公条件下，员工之间会爆发更多的冲突，少有机会建立友情，员工的工作表现平平。因此，工作场地的生态系统保留了组织及其成员的信息。

第六，外部档案。组织本身不仅仅是其过去信息的唯一储存库，认识这一点非常重要。正如个体记忆丢失时可以寻求他人帮助以找回信息，组织也被关注其行为的机构和个人所包围。虽然它们并不能直接构成组织记忆的一部分，但是这些途径确实保留了可以追溯组织历史的信息。最基本的组织外部信息的来源是组织曾经的员工，他们保留了组织大量的信息。不论这些人已经辞职、被解雇还是退休了，他们都保持了组织过去的历史，尤其是组织在其任职期间的历史。Neustadt & May（1986）将这些人称为老手（old hands）。

竞争者常常关注并记录组织的行动（Poter, 1980）。政府要求所有上市公司按年度记录并报告公司信息。而且，政府管理部门、机构和委员会应将公司绩效编撰成册。金融服务公司也会记录公司的活动，已备自身投资决策或其他机构投资决策参考。而且，一些公司专门收集公司数据，并将之出售给利益团体。新闻媒体也可能关注组织并记录它们的观察。商业史学家也会为公司编写过去的历史（Broehl, 1984）。

Walsh & Ungson（1991）认为组织记忆保留在个体、文化、流程、组织结构和组织生态中；另外，组织之外的档案也可以保留组织记忆。Cross et al.（2000）认为，组织记忆以个人记忆、人际关系、数据库、工作流程和支持系统，以及产品和服务五种形式保留。二者都强调了个人的作用，但前者更突出组织结构、组织生态等组织设计上的表现，而后者则突出了人际关系的作用。

此外，Stein（1995）还分析了组织记忆库中知识的维持和丢失的问题，如随着时间的流逝，记忆是如何维持的？事实上，只有组织能够随时获得其知识和核心技术时，组织记忆才能得以维持。也就是说，只有在组织记忆存储的物质媒介保存完好时，记录才能为他人所利用。同时，美国水门事件也提醒我们，记录性记忆极易被系统地销毁。当存储文件的查询索引遗失时，该类记忆也就毁损了。与此类似，组织成员的离职也必将给现有知识网络遗留"空缺"（holes）。这种现象多见于智力型人才移民出国，也被称为人才流失（brain-drain）。学界目前运用新雇人员比率（turnover）来衡量这一损失。新雇人员比率是指离职员工数与雇佣人员总数的比值。然而，由于离职员工的绝对人数值往往无法代表离职者的平均阅历，因此新雇人员比率有时也说明不了所有的问题。举个例子，假设有两家公司的人员流失率都是 50%。第一家公司离职人员的平均任期是 6.2 年，而第二家公司离职人员的平均任期只有 1.8 年，这样看来，第一家公司将比第二家公司失去更多的知识，这些问题都是新雇人员比率无法说明的。倘若现有的互动模式持续被打断或者难以形成，则编码于社会系统本身的知识将极易遗失，处于动荡环境下的组织运营往往面临这类困境。我们可能对社会政治领域中某些专权领导通过隔离或分裂等方法选择性删减结构性记忆以击败反对派，最终导致社会效率低下的事件并不陌生。而那些疏于社交结构维系的组织也同样会有知识的损失。此外，我们为适应变革或促进学习也可能会有意去除系统性记忆。管理层需评估由于人员流失和组织变革带来的组织知识损失，并制定相应的战略，以应对此类损失。

从某种程度上说，通过返聘员工作为企业顾问或保持与外部资源的联系也有助于保存组织知识。组织记忆亦可借助互动模式的循环利用得以维持。个人和组织惯例的维持还依赖于这些惯例的不断推行以及被新成员了解。正如神圣化有助于某些仪式规范的保持，共享惯例的保持是通过组织内外的沟通过程完成的。沟通网络传递信息（如以故事形式）使得信息即使在组织成员更替时，依然能够长久保存于组织体系内部。在组织持续沟通的过程中涌现的共同规范和价值，有助于共享的认知图和组织文化的发展。信息在社会网络间扩散的关键点之一，是信息在从一个个体传递给另一个个体时，必须确保正确性。Duncan & Weiss（1979）认为，如果个体知识即将成为组织知识，这种确认就显得尤为必要。管理层需要评价组织通过沟通过程，以重复、制度化或确认等方式所保持的不同的知识类型。

③组织记忆的提取（retrieval）

第三个重要的记忆过程是提取。组织记忆能够被回忆起来并用于当前决策或是问题解决，主要依靠的是记忆的提取。根据经典的决策管理模型，特定环境、问题、新项目共同引发了决策活动，该活动又离不开信息的支持。在以下情况下，调查人员需要对信息进行提取：第一，调查者比较重视此前都做了什么；第二，现存的调查者所需要的信息以及调查者了解到这些信息的存在；第三，调查者有能力对所需要的信息进行搜索、定位以及解码；第四，查找这些信息的成本要低于重新寻求解决方案的成本。按照 Prahalad & Hamel 的观点，组织知识的及时获得也是组织竞争力的关键所在。倘若某个组织出于运作上的或是政治原因，仅仅是保持知识而未能运用其知识基础，那么这个组织就是低效率的。原因很简单：该组织浪费组织资源并且错过了保持竞争优势的机会。组织调用其知识基础的频率可以作为评价组织记忆数量和效力的指标。当然，万事都具有两面性，记忆的提取并非总是"好事"，如对不当方法、错误价值观或偏见的提取。而且，也不是所有组织保持的知识形式都是可以自由提取的。

按照个体层面分析，当记忆库中的信息介于自动提取与受控之间时，信息处理的过程就大不相同。自动提取是指有关当前决策的信息可以毫不费力地、本能地提取，这一行为可能出自组织事先安排好的工作程序或惯例。组织层面的自动提取是指当前行为基于过去的实践或者共享的工作流程，或者编码，在组织结构、文化和工作场所环境中对信息的提取。前人基于个体层面的信息自动提取的理论是基于个体有限的注意力（Posner，1982），信息处理能力（Miller，1956），以及减少不确定性（Weick，1979a）等方面。的确，个体在处理问题的过程中被认为擅长利用事先计划和启发式研究。在信息丰富的决策环境中，计划的形成是借助过去的经验以推进信息的处理。计划作为以往经验的知识库，不仅有助于信息获得和编码（Cohen，1981），而且有助于信息的提取（Anderson & Pichert，1978；Cantor & Mischel，1977）。

从集体层面进行分析（如文化），学者们认为，超越个体的计划与个体计划的运行方式基本一致。比如，组织中的所有成员几乎都能自动地从组织记忆中提取相似的信息。组织通过控制成员的记忆形成组织的特质和逻辑，这使得成员能忘却那些与组织形象不相匹配的经历，并带给成员有助于保持其特质的事件或理念。这一过程被学者称为"制度性控制"（Douglas，1986），这一过程使得成员的思想趋于一致并形成某种公共的形态。因此，多数组织中保存下来的信息都是神圣的，这类信息一般不会被曲解或遗失。从这一角度来说，信息的提取既受到过去决策的实施过程的影响，也受到有影响力的战略的激发。信息的提取也可能以一种受控的、需付诸努力的方式进行。信息提取的过程因其存储方式的不同而存在差异，个体通过与过去决策的对比，有目的、有意识地提取信息。

3.1.2 整理与归类

依据本书对组织记忆的定义和架构的概念模型，参照以往有关组织记忆测量维度的结构，将组织记忆的传播过程分为 3 个测量维度：获得、保持和提取。各维度的编码、名称与操作性定义见表 3-4。

表 3-4　　　　　　　　组织记忆传播过程的操作性定义

编码	名称	定义	文献来源
OMP1	组织记忆的获得	组织记忆产生和获得的过程、方法或工具	Stein（1995）、Walsh et al.（1991）、Holan & Phillips（2004）、Argyris & Schon（1978）
OMP2	组织记忆的保持	获得的组织记忆保存下来的过程、方法或工具	Walsh & Ungson（1991）、Stein（1995）、Ackerman（1996）、Wijnhoven（1999）、Garud et al.（1994）
OMP3	组织记忆的提取	组织记忆能够被回忆起来并用于决策或解决问题的主要依靠	Sue Young Choi & Heeseok Lee（2010）、Stein（1995）、Ozorhon et al.（2005）、Ackerman et al.（2004）

本书根据"Organizational Memory"和"Organizational Memory：Review of Concepts and Recommendations for Management"等 30 篇重点文献中对于组织记忆传播过程中记忆获得、记忆保持和记忆提取的相关描述，共收集到文献语句 22 个（见表 3-5），这些重点文献均来源于国际

顶级的管理学期刊。对于这些管理类期刊的排名和影响力，国外学者也进行过研究和比较，并形成了较为一致的认识。[①] Franke et al. 在对战略管理领域期刊影响力的研究中发现，专家评估的前 10 名是：SMJ、ASQ、AMJ、MS、HBR、AMR、SMR、JMS、CMR、OS；Tahai 和 Meyer 分析了 1993—1994 年 17 个主要的管理期刊中引用次数比例占所有参考文献最多的分别是：SMJ、AMJ、JAP、OBHDP、AMR、ASQ、JOM；Tsui 总结出管理领域的 10 大期刊分别为：AMR、ASQ、AMJ、SMJ、RIOB、HRM、JOM、OS、JB、JIBS（韵江、鞠蕾，2010）。

表 3-5 组织记忆传播过程的文献语句收集

维度	文献语句
记忆获得	组织学习、获得组织知识的方式还有各种记录的保存（数据库、文件等）以及人力资本（Stein，1995） 只有当个体学习的结果——某些发现、发明或评估——记录在组织记忆的相关载体中时，组织的整体学习过程才结束……（Argyris & Schon，1978） 由于个体必须改变组织共享的原理与理念，因此组织必须学会遗忘（De Holan & Phillips，2004） ……
记忆保持	Walsh & Ungson（1991）及 Peter（2008）认为，文化借助符号、标志以及口头传递（这些都是集体记忆的表现形式）保持组织记忆
	外部档案：组织外部信息的来源是竞争者，政府管理部门、机构和委员会，金融服务公司，一些公司专门收集公司数据并将之出售给利益团体（Ackerman et al.，2004）
	符号，数据库，决策支持系统、智能系统正式报告与非正式网络，共享数据库，沟通系统（Stein，1995）
	组织的社交网络是明确设定的信息系统、正式和非正式网络（Stein，1995）

---

① 为了表述方便，以下英文期刊将进行简写：Strategic Management Journal（SMJ），Administrative Science Quarterly（ASQ），Academy of Management Journal（AMJ），Management Science（MS），Harvard Business Review（HBR），Academy of Management Review（AMR），Sloan Management Review（SMR），Journal of Management Studies（JMS），California Management Review（CMR），Organization Studies（OS），Journal of Applied Psychology（JAP），Organizational Behavior and Human Decision Processes（OBHDP），Journal of Management（JOM），Research in Organizational Behavior（RIOB），Human Resource Management（HRM），Journal of Business（JB），Journal of International Business Studies（JIBS），American Journal of Sociology（AJS），American Sociological Review（ASR），Research in Organizational Behavior（RIOB）。

续表

维度	文献语句
记忆保持	将先进的信息技术用于组织记忆的生产和存储（Ackerman et al., 2004）
	各种记录（如文档、简单数据库）、分散的信息系统以及人工智能系统有助于和组织活动相关的记忆的保持（Stein & Zwass, 1995）。
	以记录和文件作为记忆的辅助手段（Ozorhon et al., 2005）。学者们认为，此类信息技术有助于组织记忆的形成（Wijnhoven, 1999; Ackerman, 1996）
	组织能够随时获得其知识和核心技术（March, 1991）
	记忆存储的物质媒介（Abecker et al., 2000）
	组织成员的离职（Stein, 1995）
	个人和组织惯例的维持还依赖于这些惯例的不断被推行以及被新成员了解，共享惯例保持（Wijnhoven, 1999）
	沟通网络传递信息（如以故事形式）使得信息即使在组织成员更替中依然能够长久保存于组织体系内部（Ackerman et al., 2004）……
记忆提取	组织在多大程度上支持历史知识的提取（Ozorhon et al., 2005） 自动提取是指有关当前决策的信息可以毫不费力地、本能地提取，这一行为可能出自组织事先安排好的工作程序或惯例。组织层面的自动提取是指当前行为基于过去的实践或者共享的工作流程，或者编码，在组织结构、文化和工作场所环境中对信息的提取（Sue Young Choi & Heeseok Lee, 2010）
	保持知识而未能运用其知识基础，个体在处理问题的过程中被认为擅长利用事先计划和启发式研究（Ozorhon et al., 2005）
	组织调用其知识基础的频率（Robinson et al., 2000）

资料来源　作者根据相关资料整理.

　　然后，运用质性的内容分析方法，对文献语句进行贴标签、编码，共得到 50 个短语。本书在编码的过程中借鉴了扎根理论分析中的编码方法，即首先进行初级编码。初级编码是对相关资料或者数据进行高度概括的过程，通常用短语或词语进行编码，以概括每行或者每段的资料。在这个过程中，所用编码必须严格代表语句或者段落的意思，然后进行聚焦编码，即对这50个短语进行归类整理，合并内容相近或以不同方式说明的短语，最终得到15个典型短语（见表3-6）。

表3-6 　　　　　　　　　　组织记忆传播过程编码

	短语	典型短语
记忆获得	a1 组织学习	A1 组织学习
	a2 记录保存	A2 记录保存
	a3 人力资本	A3 人力资本
	a4 个体学习总结	A4 个体学习总结
	a5 组织遗忘	A5 组织遗忘
记忆保持	b21 外部档案	B1 外部资源
	b22 组织外部信息来源	
	b23 竞争者	
	b24 政府管理部门	
	b25 机构	
	b26 委员会	
	b27 金融服务公司	
	b28 一些公司专门收集公司数据并将之出售给利益团体	
	b29 新闻媒体	
	b210 商业史学家	
	b71 记录	B2 文档符号
	b72 文件	
	b31 符号	
	b11 符号	
	b12 标志	
	b81 外部档案	
	b96 个人文档	
	b61 记录	
	b62 文档	

续表

	短语	典型短语
记忆保持	b73 信息技术	B3 信息系统
	b32 数据库	
	b33 决策支持系统	
	b34 智能系统	
	b36 共享数据库	
	b42 信息系统	
	b51 信息技术	
	b64 信息系统	
	b65 人工智能系统	
	b63 数据库	
	b43 正式和非正式网络	B4 沟通网络
	b35 正式与非正式网络	
	b37 沟通系统	
	b41 社交网络	
	b13 口头传递	
记忆提取	c11 组织支持历史知识提取	C1 组织支持知识提取
	c12 自动提取	C2 本能或自动提取已有知识
	c13 本能提取	
	c14 依据事先安排好的工作程序或惯例提取信息	C3 基于已有知识提取信息
	c15 基于过去的实践提取信息	
	c16 基于共享的工作流程提取信息	
	c17 信息提取	
	c21 运用知识基础	C4 运用已有知识
	c22 利用事先计划的研究	C5 利用有益的研究
	c23 利用启发式研究	
	c31 调用知识基础的频率	C6 调用知识的频率

3.1.3 内容效度评价

为了检验归类范畴适当与否，还应该进行反向归类，即先让归类者知道各类别及其操作性定义，然后将各题项放入各类别中（柯江林等，

2009）。实施主体由 1 名博士生和 2 名硕士生构成，3 名学生都是企业管理专业的研究生，在战略管理方面进行了大量研究，并在国家级期刊上发表过高水平文章，2 名硕士研究生已经完成该领域相关研究的硕士论文的写作。结果表明：第一，完全与预想归类一致的典型短语共有 12 项，占 80%；第二，两人及以上与预想归类一致的典型短语共有 13 项，占 86.6%；第三，两人与预想归类不一致的典型短语共有 1 项，占 6%；第四，完全与预想归类不一致的典型短语共有 1 项，占 6%。典型短语"记录保存"指的是组织记忆作为组织学习过程的终点，此处两位研究者将其归为保持这一维度，但这一短语实际上属于记忆获得，在表述上存在歧义，故将其删除，短语"沟通网络"是记忆保持的方式，单从语义上看，通过沟通又有助于成员提取或获得记忆，因此这一短语也存在歧义，将其删除。剔除两人及以上与预想归类不一致的典型短语，还剩 13 项。具体结果见表 3-7。

表 3-7　　　　　　　组织记忆传播过程各维度的典型短语

过程维度	典型短语	相似度（%）
记忆获得	A1 组织学习	100
	A2 记录保存	33.3
	A3 人力资本	100
	A4 个体学习总结	100
	A5 组织遗忘	100
记忆保持	B1 外部资源	66.6
	B2 文档符号	100
	B3 信息系统	100
	B4 沟通网络	0
记忆提取	C1 支持历史知识提取	100
	C2 本能提取	100
	C3 基于已有知识提取信息	100
	C4 运用知识库	100
	C5 利用有益的研究	100
	C6 调用知识库的频率	100

3.1.4 量表生成

根据上述修正后的 13 项典型短语，编写问题，采用 Likert 5 点量表评价法，1 到 5 分别代表"完全不同意"、"较不同意"、"中等同意"、"很同意"、"非常同意"，形成如下的初始量表（见表3-8）。在编制量表的过程中，最好多包含一些题项，因此本书针对上文形成的 13 个典型短语，编写了 17 个题目。具有一定的冗余，可以使我们通过观测变量更好地认识潜变量的特征。

表 3-8　　　　　　　　组织记忆传播过程初始量表

1. 企业常常选派员工参加企业外的学习和培训	1 □ 2 □ 3 □ 4 □ 5 □
2. 企业注重吸引优秀人员	1 □ 2 □ 3 □ 4 □ 5 □
3. 企业成员经常将经验和学习后的总结进行分享	1 □ 2 □ 3 □ 4 □ 5 □
4. 企业定期召开正式或非正式的讨论会	1 □ 2 □ 3 □ 4 □ 5 □
5. 企业定期召开跨部门的交流会	1 □ 2 □ 3 □ 4 □ 5 □
6. 企业能够快速接受新知识，剔除旧知识	1 □ 2 □ 3 □ 4 □ 5 □
7. 企业曾受新闻媒体、研究机构、金融服务公司或政府管理部门的报道、研究或资料记载	1 □ 2 □ 3 □ 4 □ 5 □
8. 企业建立了专家系统或案例系统等智能系统以保持组织经验型知识	1 □ 2 □ 3 □ 4 □ 5 □
9. 企业建立了自动化生产系统或机器人系统以保持过程型知识	1 □ 2 □ 3 □ 4 □ 5 □
10. 企业建立了神经网络系统以保持模块化知识	1 □ 2 □ 3 □ 4 □ 5 □
11. 企业配备了专家负责记忆数据库的维护和升级等服务	1 □ 2 □ 3 □ 4 □ 5 □
12. 企业支持知识提取	1 □ 2 □ 3 □ 4 □ 5 □
13. 企业和员工经常本能或自动提取已有知识	1 □ 2 □ 3 □ 4 □ 5 □
14. 企业经常从已有知识中提取信息	1 □ 2 □ 3 □ 4 □ 5 □
15. 企业能够运用已有知识	1 □ 2 □ 3 □ 4 □ 5 □
16. 企业能够利用有益的研究	1 □ 2 □ 3 □ 4 □ 5 □
17. 企业调用知识的频率较高	1 □ 2 □ 3 □ 4 □ 5 □

3.2 组织记忆传播过程量表的预测试与分析

3.2.1 数据收集

应用上文生成的组织记忆传播过程的初始量表，对东北财经大学2010 级 MBA 学员进行问卷调查，并对该问卷进行预测试。采取现场发放的方式共发放问卷 60 份，回收 55 份，回收率为 92%；问卷中所有测度问项都回答完整的有效问卷 30 份，有效率为 54.5%。30 个有效样本中，在性别上，男性占 43.3%，女性占 56.7%；在年龄上，25 岁以下的占 30%，26～30 岁的占 56.7%，31～35 岁的占 13.3%；在文化程度上，本科生占 80%，硕士生占 20%；在工作年限上，1～5 年的占76.7%，6～10 年的占 20%，11～15 年的占 0.3%；在单位性质上，企业单位占 86.7%，事业单位占 6.7%，公务员系统占 6.6%；在岗位属性上，基层员工占 66.7%，中层管理者占 30%，高层管理者占 3.3%。企业所属行业遍布制造业、金融业、计算机服务和软件业、交通运输业、批发零售业、餐饮住宿业、建筑与房地产业等多个行业，包括职工规模从 100 人以下到 1 000 人以上的不同规模的企业。由以上描述性信息可知，这些样本企业并非同质性的企业组群，它们具有一定的代表性。

3.2.2 项目分析

在开展组织记忆传播过程量表的探索性因子分析前，为了检验项目的区分度，我们采用 SPSS17.0 软件，运用独立样本 t 检验法对初始量表项目按照 27% 分位数进行项目分析。根据独立样本检验的结果，求出测量项目的 CR 值，即决断值（见表 3-9），CR 值越大，表明此项目的区分度越高（吴明隆，2010）。同时，如果测量项目的 CR 值达到显著水平，说明此项目能区别答题者的反应程度，具有区分能力，可以保留；而 CR 值很低时，可以删除测量项目。本书组织记忆传播过程各测量项目的 CR 值均达到了显著水平（$p<0.05$），故全部保留。

表 3-9 组织记忆传播过程测量项目的 CR 值

项目	CR	项目	CR
OMP1	2.668**	OMP10	7.726**
OMP2	6.708**	OMP11	6.048**
OMP3	6.242**	OMP12	5.351**
OMP4	5.167**	OMP13	5.548**
OMP5	4.782**	OMP14	5.167**
OMP6	6.177**	OMP15	3.035**
OMP7	4.520**	OMP16	5.245**
OMP8	9.354**	OMP17	4.660**
OMP9	7.039**		

注：* 表示 P<0.05；** 表示 P <0.01。

3.2.3 探索性因子分析

（1）初始量表探索性因子分析

本书使用 SPSS17.0 对初始量表进行探索性因子分析（EFA）。对组织记忆传播过程初始量表进行因子分析前，需要对其进行因子分析适应性检验（KMO 和 Bartlett 球形检验）。检验结果见表 3-10。

表 3-10 组织记忆传播过程初始 KMO 和 Bartlett 检验结果表

Kaiser-Meyer-Olkin Measure of Sampling Adequacy		0.681
Bartlett's Test of Sphericity	Approx. Chi-Square	472.635
	df	136
	Sig.	0.000

经检验，组织记忆传播过程初始量表的 KMO 系数达到 0.681，大于 0.5 的临界值（Kaiser，1974），可以接受。Bartlett 球形检验的卡方值为 472.635（自由度为 136），达到显著，拒绝了相关矩阵为单位矩阵的假设，这 17 个项目是有关系的，并非独立，因而适合进行因子分析。

因子分析采用主成分分析法（principal method）进行，并对因子矩阵进行正交旋转，抽取特征值大于 1 的主成分作为因子。结果共得到 3

个因子，各因子的解释变量程度见表 3-11，3 个因子累计共解释变量
74.865%。

表 3-11 　　　　　　组织记忆传播过程初始因子方差分析表

Component	Rotation Sums of Squared Loadings		
	Total	% of Variance	Cumulative %
1	5.504	32.379	32.379
2	4.554	26.786	59.165
3	2.669	15.700	74.865

Extraction Method：Principal Component Analysis.

旋转后的因子矩阵（见表 3-12）表明，绝大部分题目能够按照组
织记忆传播过程初始量表的设计归到对应因子中。可以看出，因子 1 为
"组织记忆提取"，代表了题目 12、13、14、15、16，17，但题目 2 和
题目 6 也归入此因子中，题目 2 的因子载荷是 0.629，虽然超过了
0.50，但其跨载荷分别是 0.069 和 0.533，不满足跨载荷应小于 0.30 的
要求，因此将其删除；题目 6 的因子载荷为 0.573，虽然超过了 0.50，
但是其跨载荷分别是 0.382 和 0.273，不满足跨载荷应小于 0.30 的要
求，因此将其删除。因子 2 为 "组织记忆保持"，代表了题目 7、8、9、
10、11，但题目 4 也归入此因子中，题目 4 的因子载荷是 0.576，高于
0.50，但其跨载荷分别是 0.244 和 0.544，不满足跨载荷需小于 0.30 的
要求，因此将其删除。因子 3 为 "组织记忆获得"，代表了题目 1、3、
5。这一因子分析结果表明本章的组织记忆传播过程测量维度的划分和
命名是合理的，得到样本数据的支持。

虽然因子分析得到了与组织记忆传播过程初始量表的设计完全相同
的 3 个因子，但题目 2 和题目 6 也被归入组织记忆提取因子中，前文从
因子载荷角度分析认为题目 2 和题目 6 应该删除，同时从组织记忆传播
过程的各维度的操作性定义来看，题目 2 "企业注重吸引优秀人才" 与
题目 6 "企业能够快速接受新知识，剔除旧知识" 明显不属于记忆提取
这一因子，与初始量表不符。题目 4 "企业定期展开正式或非正式的讨
论会" 归入组织记忆保持因子中，与初始量表不同，表明 2、4、6 这 3
个题目设计无效，故删除此 3 个问题，再次进行探索性因子分析。

表 3-12   组织记忆传播过程初始量表旋转后的矩阵表

OMP	Component		
	1	2	3
OMP13	0.849		
OMP16	0.812		
OMP15	0.800		
OMP14	0.787		
OMP17	0.762		
OMP12	0.706		
OMP6	0.629		
OMP2	0.573		
OMP11		0.863	
OMP10		0.831	
OMP7		0.765	
OMP8		0.759	
OMP9		0.747	
OMP4		0.576	
OMP3			0.771
OMP5			0.682
OMP1			0.663

（2）修正量表探索性因子分析

使用 SPSS17.0 对修正量表进行探索性因子分析（EFA）。对组织记忆传播过程修正量表进行因子分析前，需要对其进行因子分析适应性检验（KMO 和 Bartlett 球形检验）。检验结果见表 3-13。

表 3-13   组织记忆传播过程初始 KMO 和 Bartlett 球形检验结果表

Kaiser-Meyer-Olkin Measure of Sampling Adequacy		0.668
Bartlett's Test of Sphericity	Approx. Chi-Square	391.234
	df	91
	Sig.	0.000

经检验，组织记忆传播过程初始量表的 KMO 系数达到 0.668，可以接受。Bartlett 球形检验拒绝了相关矩阵为单位矩阵的假设，因而适合进行因子分析。

因子分析采用主成分分析法（principal method）进行，并对因子矩阵进行正交旋转，抽取特征值大于 1 的主成分作为因子。结果共得到 3 个因子，各因子的解释变量程度见表 3-14，3 个因子累计共解释变量 78.779 %。

表 3-14　　　　组织记忆传播过程初始因子方差分析表

Component	Rotation Sums of Squared Loadings		
	Total	% of Variance	Cumulative %
1	4.807	34.338	34.338
2	4.111	29.364	63.702
3	2.111	15.077	78.779

旋转后的因子矩阵（见表 3-15）表明了修改后的组织记忆传播过程量表的正确性。可以看出，因子 1 为"组织记忆提取"，代表了题目 12、13、14、15、16、17。因子 2 为"组织记忆保持"，代表了题目 7、8、9、10、11。因子 3 为"组织记忆获得"，代表了题目 1、3、5。

表 3-15　　　　组织记忆传播过程修正量表旋转后的矩阵表

OMP	Component		
	1	2	3
OMP13	0.859		
OMP16	0.825		
OMP14	0.810		
OMP17	0.781		
OMP15	0.765		
OMP12	0.717		
OMP11		0.863	
OMP10		0.832	
OMP9		0.772	
OMP7		0.771	
OMP8		0.770	
OMP1			0.783
OMP3			0.721
OMP5			0.668

3.2.4　内部一致性评价

组织记忆获得、保持和提取各维度 Cronbach's alpha 值分别为 0.728、0.944、0.933，组织记忆总量表的 Cronbach's alpha 值为 0.942，均处于较高水平，表明该组织记忆传播过程初始量表具有很好的信度（见表 3-16）。

表 3-16　　**组织记忆传播过程初始量表** Cronbach's alpha **值**

维度	Cronbach's alpha 值
组织记忆获得	0.728
组织记忆保持	0.944
组织记忆提取	0.933

3.2.5　量表修正

根据该部分探索性因子对组织记忆过程量表的修正，去除题目 2、4、6，最终形成含有 14 个题目的修正后组织记忆过程量表（见表 3-17）。

3.2.6　效度分析

（1）表面效度

如前所述，本书有关组织记忆传播过程量表的题目是在组织记忆传播的操作化定义的基础上，通过全面回顾相关文献，进行文献研究并采用编码技术获得组织记忆传播过程的典型短语，同时邀请同行对短语进行反向归类，最终形成了 13 个典型短语。测量项目与操作性定义具有较高的一致性，有关测量项目的内容我们也广泛吸收了同行专家和业界人士的建议，因此，本书开发的组织记忆传播过程的测量量表具有较高的表面效度。

（2）区别效度

某一维度与同一结构中其他维度在特质方面的差异程度代表了区别效度。按照 Fornell et al. 提出的方法，首先考察每个维度的 AVE 值（平均方差提取量），比较 AVE 值与 2 个维度之间相关系数平方的大小。

表 3-17 组织记忆传播过程修正量表

1. 企业常常选派员工参加企业外的学习和培训	1 □ 2 □ 3 □ 4 □ 5 □
2. 企业成员经常将经验和学习后的总结进行分享	1 □ 2 □ 3 □ 4 □ 5 □
3. 企业定期召开跨部门的交流会	1 □ 2 □ 3 □ 4 □ 5 □
4. 企业曾受新闻媒体、研究机构、金融服务公司或政府管理部门的报道、研究或资料记载	1 □ 2 □ 3 □ 4 □ 5 □
5. 企业建立了专家系统或案例系统等智能系统以保持组织经验型知识	1 □ 2 □ 3 □ 4 □ 5 □
6. 企业建立了自动化生产系统或机器人系统以保持过程型知识	1 □ 2 □ 3 □ 4 □ 5 □
7. 企业建立了神经网络系统以保持模块化知识	1 □ 2 □ 3 □ 4 □ 5 □
8. 企业配备专家负责记忆数据库的维护和升级等服务	1 □ 2 □ 3 □ 4 □ 5 □
9. 企业支持知识提取	1 □ 2 □ 3 □ 4 □ 5 □
10. 企业和员工经常本能或自动提取已有知识	1 □ 2 □ 3 □ 4 □ 5 □
11. 企业经常从已有知识中提取信息	1 □ 2 □ 3 □ 4 □ 5 □
12. 企业能够运用已有知识	1 □ 2 □ 3 □ 4 □ 5 □
13. 企业能够利用有益的研究	1 □ 2 □ 3 □ 4 □ 5 □
14. 企业调用知识的频率较高	1 □ 2 □ 3 □ 4 □ 5 □

如果 AVE 值的平方根大于 2 个维度之间的相关系数或 AVE 值大于 2 个维度之间相关系数的平方，则表示这 2 个维度具有良好的区别效度。如表 3-18 所示，组织记忆 3 个维度的 AVE 值为 0.705 ~ 0.793，均满足大于 0.50 的标准，维度间的相关系数在 0.497 ~ 0.708，每一维度的 AVE 值明显大于任何 2 个维度相关系数的平方（0.25 ~ 0.50），这说明组织记忆的单个维度具有较好的区别效度。而且，分析结果表明，组织记忆 3 个维度之间的相关系数 0.497 ~ 0.708 均小于各自的信度系数 0.728 ~ 0.944，这更加证实了组织记忆 3 个维度具有很好的区别效度。前文的因子分析显示，每个测量项目的因子载荷均在 0.60 及以上，跨因子载荷均小于 0.30，不存在跨因子载荷，表明这一量表结构具有较好的区别效度和建构效度。

表 3-18   区别效度分析

维度	Cronbach's alpha 值	AVE	获得	保持	提取
获得	0.728	0.786	1		
保持	0.944	0.793	0.589**	1	
提取	0.933	0.705	0.497**	0.708**	1

（3）收敛效度

收敛效度是指测量某个维度的各个测量项目之间的相关度。前文的因子分析显示，各个测量项目在测量维度上的因子载荷全部超过了0.50，全部通过了 t 检验，在 P <0.01 上显著，这表明组织记忆初始量表具有良好的收敛效度。

3.3　组织记忆传播过程构念的结构验证

3.3.1　数据收集

应用上文生成的组织记忆传播过程的短版量表，对大连、上海、沈阳、北京、济南等多个城市的 200 个企业进行了问卷调查，包括大连 IBM 公司、金蝶软件等多个企业集团。共发放问卷 200 份，回收 174 份，回收率为 87%；其中有效问卷 150 份，有效率为 86.2%。150 个有效样本中，在性别上，男性占 55.3%，女性占 44.7%；在年龄上，25 岁以下的占 6%，26 ~ 30 岁的占 34%，31 ~ 35 岁的占 34.7%，36 ~ 40 岁的占 16.7%，41 ~ 45 岁的占 7.3%，50 岁以上的占 1.3%；在文化程度上，本科生占 55.3%，硕士生占 38.7%，博士生占 2%，其他占 4%；在工作年限上，1 ~ 5 年的占 23.3%，6 ~ 10 年的占 36.7%，11 ~ 15 年的占 26.7%，16 ~ 20 年的占 7.3%，21 ~ 25 年的占 4%，26 ~ 30 年的占 0.7%，30 年以上的占 1.3%；在单位性质上，企业单位占 87.3%，事业单位占 9.3%，公务员系统占 3.4%；在岗位属性上，基层员工占 40.7%，中层管理者占 44%，高层管理者占 15.3%。企业所属行业遍布制造业、金融业、计算机服务和软件业、交通运输业、批发零售业、餐饮住宿业、建筑与房地产业等多个行业，包括职工规模从100 人以下到 1 000 人以上的不同规模的企业。由以上描述性信息可知，这些样本企业并非同质性的企业组群，它们具有一定的代表性。

3.3.2　模型设定

本书设定了 5 个备选模型，分别是一阶单因素模型、一阶二因素模型（3 个）和一阶三因素模型。一阶单因素模型（模型 1）假设 14 个题项拥有共同潜变量——组织记忆传播过程，如图 3-1 所示。一阶二因素模型假设 14 个题目分别属于两个潜变量，题目与变量归属见表3-17。模型 2 是将组织记忆获得和保持（HQ+BC）2 个因子合并为 1个因子，模型 3 是将组织记忆获得和提取（HQ+TQ）合并为 1 个因子，模型 4 是将组织记忆保持和提取（BC+TQ）合并为 1 个因子。一阶三因素模型假设根据 EFA 的结果，假设题目 OMP1、OMP2、OMP3 拥有共同潜变量——组织记忆获得，题目 OMP4、OMP5、OMP6、OMP7、OMP8 拥有共同潜变量——组织记忆保持，题目 OMP9、OMP10、OMP11、OMP12，OMP13、OMP14 拥有共同潜变量——组织记忆提取，如图 3-2 所示。

3.3.3　模型检验结果

本书应用 AMOS17.0 软件验证模型，结果见表 3-19。Model1 表示一阶单因素模型，Model2—Model4 表示一阶二因素模型，Model5 表示一阶三因素模型。从分析结果可以看出，一阶三因素模型的各项拟合指数明显优于一阶单因素模型和一阶二因素模型的拟合指数。一阶三因素模型的 X^2/df 为 2.655 接近 2，而一阶单因素模型的 X^2/df 为 4.307，一阶二因素模型的 X^2/df 分别为 3.424，2.910，4.040，明显大于一阶三因素结构。一阶三因素模型的 GFI、NFI、RFI、IFI、CFI 都大于 0.8，明显大于一阶单因素模型和一阶二因素模型的对应指数，且更接近于1。一阶三因素模型的 RMSEA 为 0.105，小于一阶单因素模型和一阶二因素模型的对应指数，且更接近于 0.08。因此，一阶三因素模型优于一阶单因素模型和一阶二因素模型，证明了本书开发的问卷的题项可以

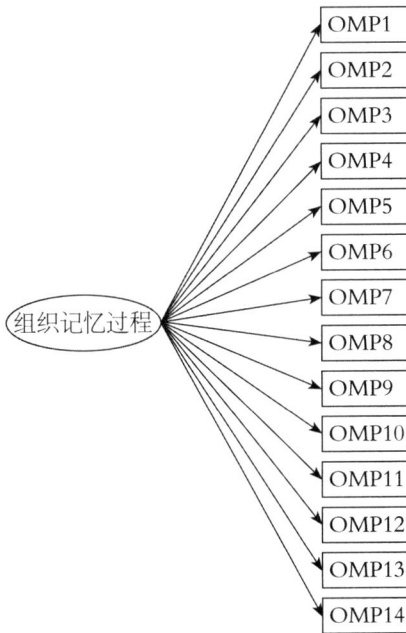

图 3-1　一阶单因素模型

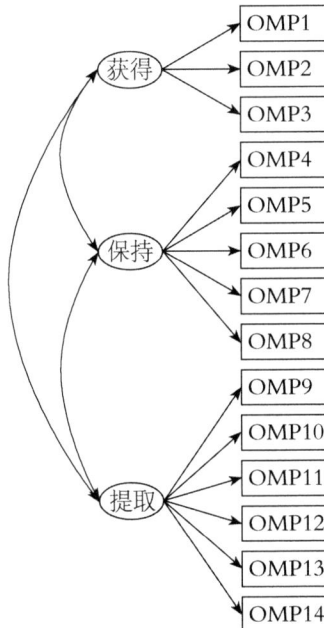

图 3-2　一阶三因素模型

归为 3 个因子，也证明了本书开发的问卷的正确性。

表 3-19 组织记忆传播过程测量模型的拟合指数

模型	df	X^2	X^2/df	P	GFI	NFI	RFI	IFI	CFI	RMSEA
Model1	77	331.669	4.307	0.000	0.722	0.799	0.762	0.838	0.836	0.149
Model2	76	246.421	3.424	0.000	0.809	0.850	0.821	0.892	0.890	0.123
Model3	76	221.183	2.910	0.000	0.832	0.866	0.839	0.908	0.907	0.113
Model4	76	307.013	4.040	0.000	0.730	0.814	0.777	0.853	0.852	0.143
Model5	74	196.449	2.655	0.000	0.847	0.881	0.853	0.922	0.921	0.105

3.3.4 组织记忆传播过程结构的修正

虽然上文已经证实组织记忆传播过程具有一阶三因素结构，且各项拟和指数较好，但 X^2/df 为 2.655 大于 2，RMSEA 为 0.105 大于 0.08，仍不十分理想。因此，这里通过结构方程分析，依据修正指数提示（M.I. 值）对组织记忆过程结构进行修正。根据修正指数提示，题目 OMP9 对因子记忆保持也有贡献，OMP9 指的是"企业支持知识提取"，我们认为重视已有知识提取的企业组织会在保持机制上加大投入，所以 OMP9 对保持这一因子有贡献，因此添加保持指向 OMP9 的路径，得到模型 1。模型 1 各项拟合指数有所优化，NFI、IFI、TLI、CFI 均大于 0.9，GFI 也有所提升，但 X^2/df 依然大于 2，RMSEA 虽有所下降但仍大于 0.08。根据修正指数提示，题目 9 和题目 6 的误差项具有相关关系，根据问卷题目的意义来看，题目 9 为"企业支持知识提取"，题目 6 为"企业建立了自动化生产系统或机器人系统以保持过程型知识"，从题目的意义上来看，企业建立了知识保持系统和机制就说明企业是支持知识提取的，两个题目确实具有相关性，所以添加此相关关系路径，得到模型 2。模型 2 各拟合指数也进一步提高，NFI、IFI、TLI、CFI 均大于 0.9，GFI 也有所提升，但是 X^2/df 依然大于 2，RMSEA 虽有所下降但仍大于 0.08。根据修正指数提示，题目 13 和题目 14 的误差项具有相关关系，根据问卷题目的意义来看，题目 13 为"企业能够利用有益的研究"，题目 14 为"企业调用知识的频率较高"，从题目的意义上来看，利用有益的研究实际上就是知识的调用，两个题目具有相关性，所以添加此相关关系路径，得到模型 3。模型 3 各拟合指数也进一步提高，NFI、IFI、TLI、CFI 均大于 0.9，GFI 为 0.884 也处于较高水平，X^2/df 处于 1 ~ 2，RMSEA 等于 0.08，各拟合指数都较好。组织记忆传播过程结构修正各模型拟合指数见表 3-20。模型 3 为组织记忆过程结构的最终模型，如图 3-3 所示。

表 3-20　　　　组织记忆传播过程结构修正各模型拟合指数

指标	df	X^2	X^2/df	P	GFI	NFI	IFI	TLI	CFI	RMSEA
Model 0	74	196.449	2.655	0.000	0.847	0.881	0.922	0.903	0.921	0.105
Model1	73	164.731	2.257	0.000	0.863	0.900	0.942	0.926	0.941	0.092
Model2	72	151.200	2.100	0.000	0.872	0.908	0.950	0.936	0.949	0.086
Model3	71	138.798	1.955	0.000	0.884	0.916	0.957	0.944	0.956	0.080

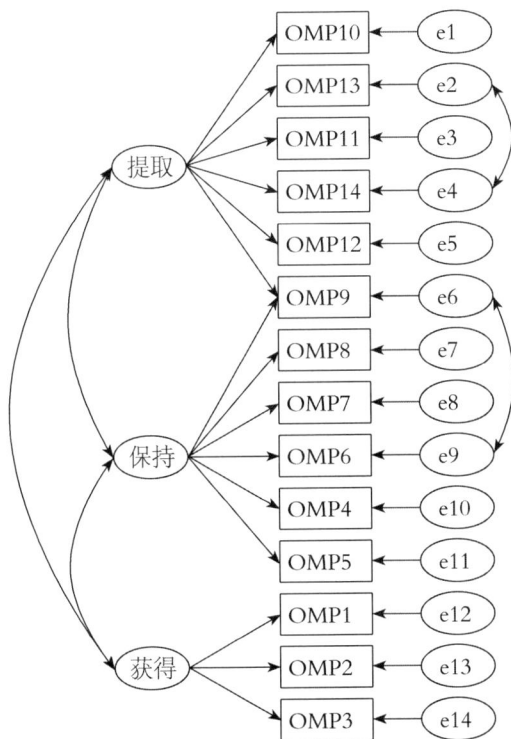

图 3-3　组织记忆过程因子结构

3.4　本章小结

　　研究者进行量表开发往往根据扎根理论，采用归纳法，通过深度访谈等多种手段收集相关管理行为事件的陈述句并进行归类整理，进而形成初始量表；再利用调查数据进行项目分析、信效度分析以及验证性因素分析，进一步精炼项目和检验量表信效度。本书脱离传统量表开发的研究范式之窠臼，运用编码方法从已有研究文献中寻找有关组织记忆传播过程的论述，尝试性地开发组织记忆传播过程的量表。一者，大多数构念的测量量表的开发之所以利用这种探索式的扎根研究，主要原因在于学界有关此构念的积累甚少，相比之下，有关组织记忆的过程研究近20年来已经积累了大量的理论研究成果，学者们对此展开了较为深入的研究；二者，笔者认为传统的量表开发方法的编码和提炼的过程带有主观随意性，结论的可信度遭到质疑。本书借鉴扎根理论方法中关于数据编码的思路，遵循从原始资料和数据中进行开放性编码与提炼的扎根思想，对现有研究文献逐步编码分析，使得最终的量表尽可能客观地反映整个组织记忆的传播过程。因此，本书结合了演绎法和扎根理论方法的优点，并有效规避了缺点。

　　本章对管理学中有影响力的 10 个期刊 1990—2011 年间的组织记忆研究文献进行了系统的收集和梳理。通过对已有文献有关组织记忆传播过程的描述和划分方式进行归纳和编码，我们发现，组织记忆传播过程可分为组织记忆获得、组织记忆保持和组织记忆提取三个阶段。从这些文献中共收集到组织记忆传播过程的文献语句 22 个，发掘文献中有关组织记忆传播过程的论述，并进行编码和提炼，得出 15 个典型短语。反向归类后剔除其中归类不一致的 2 项，并以 13 项典型短语编写量表题项库。通过探索性因子分析预测形成组织记忆传播过程初始量表，开发了一个包括"组织记忆获得"、"组织记忆保持"、"组织记忆提取"的三维度 14 题目的组织记忆传播过程测量量表，并采用验证性因子分析对该量表进行检验。

第 4 章　概念模型与研究假设

本章在已有文献的基础上，通过梳理变量间的关系，界定相关概念，推导出研究假设和理论模型，以明确各个研究要素之间的关系。

4.1　理论分析

4.1.1　组织学习与组织记忆相关关系研究回顾

近年来，人们对组织知识以及与之相关的组织学习和组织记忆等概念越来越感兴趣（Cohen & Sproull，1990），一些学者认为，组织的知识和学习能力是组织竞争优势的主要来源（Prahalad & Hamel，1990；Starbuck，1992）。有关企业能力的研究在解释企业绩效异质性的过程中，开始重新关注组织储存的经验和惯例的重要性（Grant，1996；Kogut & Zander，1992；March，1991）。这一研究趋势以早期的记忆研究视角为基础，拓展了企业的资源基础观，传统的资源基础观的不足在于局限于探究有形资产（如设备）和无形资产（如品牌）。与此相异，能力方法集中于探究将资产和知识融入核心能力（组织学习）和企业能力（组织创新）中（Amit & Schoemaker，1993；Day，1994）。

　　现有的组织知识、组织学习和组织记忆的文献存在交叉，Spender
（1995）从哲学的角度借鉴涂尔干对于个体和社会层面的知识形式的区
别，试图搞清楚组织学习、组织记忆和组织知识之间的关系，以一种多
重认识论观点将这些概念融合在一起，形成一种动态组织理论，把各种
知识类型和过程系统看成是一种动态组织理论，即各种知识类型和过程
是作为一个辩证的系统存在的。许多研究指出，现阶段对于组织学习和
组织记忆之间的关系的研究还比较零散，亟待进一步完善（Fiol &
Lyles，1985；Huber，1991；Shrivastava，1983；Walsh & Ungson，
1991）。

　　Stein（1995）提出，学习与记忆之间存在复杂的相关关系。当新
知识为个体接受并在个体头脑中编码时，就意味着个体学习循环结束。
个体知识可能在人的记忆中短暂停留或持续数年。Argyris & Schon
（1978）提出，只有在个体学习嵌入组织时，组织学习才算完
成。"……只有当个体学习的结果——某些发现、发明或评估——记录
在组织记忆的相关载体中时，组织整体学习过程才结束……"由于个
体必须改变组织共享的原理与理念，因此组织必须要学会遗忘。事实
上，这也是双环学习提出的挑战。众所周知，社会体系对新观念和习俗
是最为抵制的。从这一点来看，组织记忆对于组织学习来说意义非凡，
而学习又是记忆必不可少的条件。当然，记忆也可能阻碍学习，对双环
学习（double loop learning）来说表现尤为突出。由此我们可以看出，
组织记忆和组织学习之间存在复杂的互动关系，学者们围绕二者的关系
展开了理论探索。

　　组织学习对组织记忆具有重要影响，这一点为大家所认同
（Moorman & Miner 1997）。Argyris & Schon（1978）就曾指出，组织记
忆是组织过去学习的成果。组织记忆是一连串的学习，记忆是为了存储
学习效果，但记忆难以改变。对于组织记忆究竟如何影响组织学习，即
是否存在一致性关系的问题，学者们还没有形成统一的观点。部分学者
认为，组织学习过程中产生的创新及其价值都会被植入组织记忆，即组
织学习与组织记忆是正相关效应（Epple et al.，1991；Huber，1991；
Levitt & March，1988）。对于成熟的企业来说，组织记忆系统是一个有

限的记忆结构和认知状态。组织学习改变组织记忆系统的过程是，首先释放现有组织记忆空间或提升组织认知模式，然后引入新的知识内容和方法，这样才能在动态环境下增强"组织适应力"。当然，柏拉图早已指出学习是一个发现未知世界的过程，尽管以某些前意识为基础。其中隐含了对知识的不同类型的划分，有些知识是有意识的，有些知识是前意识的，这也暗示了组织记忆对组织学习的影响作用。

下面我们来看看组织记忆对组织学习的影响，这一影响要视组织记忆的水平和过程而定。Levitt & March（1988）曾经指出，组织中责任划分明确的工作惯例比那些责任界定模糊的惯例更容易提取，更有助于学习。倘若某个管理者或部门负责培训，那么，那些和培训相关的惯例就很容易提取，属于比较容易接近的组织记忆；而当组织的职责不明晰时，组织记忆就很难被提取。Levitt & March（1988）在其研究中提到，记忆的获取与搜寻成本和记忆存储的方式相关。现代化的信息技术降低了这些成本，使得组织中相对复杂的组织行为的惯例化更为可行。按照这种理解，自动化中央信息系统使得记忆更为丰富，同时组织更有可能取得良好的学习效果。Huber（1991）认为组织学习依赖于组织记忆的有效性，记忆的获取又依靠过去学习的指导。Cohen & Levinthal（1994）提出了吸收能力的概念，认为原有记忆有利于组织提高获得新知识的能力，这种组织能力被称为吸收能力（absorption capacity）。Walsh & Ungson（1991）认为组织记住了过去的错误，在组织学习的过程中避免再次犯错，从这个意义上说，组织记忆对于组织学习而言起到了积极的作用。

也有学者认为，当有害的知识被组织吸收后，组织记忆也会对组织学习产生一些负效应（Duncan & Weiss，1979）。Berthon et al.（2000）提出，过分强调组织记忆容易削弱组织的学习能力，可能导致组织的盲目和僵化。当环境出现变化时，组织管理者会局限于既有的成功而缺乏长远发展的眼光，记忆会形成某种思维定势，使得组织陷入单环学习（single loop learning），缺少探索式的再学习，进而阻碍组织学习对战略变革的促进作用。Dickson（1992）把这一现象称为惯例刚性（routine rigidity）。McDonough（1993）认为组织记忆会固化组织的知识获得方式，并对组织获得新知识产生负面影响。

还有学者认为，组织记忆与组织学习的关系是不确定的，组织记忆的价值要视组织经营的状况而定（Argote，1996）。Weick（1991）指出，学习是一种刺激反应过程。这又激起了对本能学习的反驳，对一个新刺激的反应可能并不是学习，因为人们对于这一反应是否是建立在新知识基础上的反应还不清楚。这一反应可能是基于以往记忆或者其他情境的知识而产生的。基于此，Weick（1991）指出，学习应界定为针对同一刺激而产生的不同反应。这一定义的侧重点在于代替以往已知的知识，而不是完全创造新的知识。按照这一模型，又会出现新的问题，如何创造使得学习成为可能的原初的知识体（initial body of knowledge）。针对这一问题，人们常常会参照吸收能力（absorptive capacity）理论（Cohen & Levinthal，1990），它类似于计算机中的导入程序。实际上，组织记忆对组织学习的影响是过去学习对现在学习的影响。

尽管学界对于组织记忆和组织学习之间关系的研究主要从定性角度展开，并未见到相关的实证研究，但是学者们已经深入探讨并实证研究了组织即兴（Moorman & Miner，1997），组织创新（Moorman & Miner，1998；Kyriakopoulos & Ruyter，2004）与组织记忆的相关关系。由于组织学习与组织即兴、组织创新这两个概念有着密切的联系，因此我们在提出组织记忆对组织学习的影响关系的假设之前，有必要系统回顾组织记忆对组织即兴与组织创新影响的相关研究。

Moorman & Miner（1997）建构了组织记忆与组织即兴的关系模型，如图4-1所示。该研究假设表明，过程性记忆和陈述性记忆对于组织即兴的影响各有利弊。过程性记忆提高了即兴产生一致行为和快速行为的可能性，但它又加强了自动化行为的危险性。与之对照，陈述性记忆带来了更为丰富和更为复杂的含义和联系，因此提升了潜在新奇性和一致性，但是由于它要求大量的搜索时间，所以使得快速即兴发生的可能性较小。因此，过程性记忆和陈述性记忆可被视为互补性能力，可以弥补彼此的不足，这两种记忆类型共同利用的结果是确保即兴产生一致、新奇和快速行为。

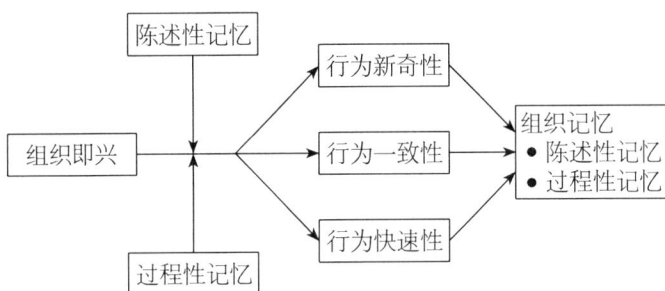

图 4-1　组织记忆与组织即兴的关系模型

资料来源　MOORMAN，MINER. Organizational Improvisation and Organizational Memory [J]. Academy of Management Review，1998a，23（4）：698-723.

　　组织创新建立在组织学习的基础上，组织创新与组织学习具有紧密的联系，是一种特殊的组织学习过程。组织记忆对新产品创新影响的研究有助于我们厘清组织记忆和组织学习的关系。Moorman ＆ Miner（1997）在探究组织记忆对新产品创新性和短期财务绩效的影响关系中，将组织记忆的测量操作化为组织记忆水平和组织记忆传播 2 个维度，并将技术和市场的波动作为环境调节变量纳入理论模型中（如图 4-2所示），提出了组织记忆水平和组织记忆传播对新产品短期财务绩效和创新性的相关影响的 8 个假设。研究根据 92 个新产品研发项目中的数据验证这些假设。研究结果显示，组织记忆水平和组织记忆传播在此过程中具有不同的作用，环境波动与记忆的传播之间也呈现出重要的互动影响。

　　综上所述，尽管学界对于组织记忆和组织即兴、新产品创新、组织绩效的关系开展了一定的实证研究，但是目前对于组织记忆和组织学习关系的研究还停留在定性探讨阶段，组织记忆既是组织学习的沉淀和积累，又是组织学习的起点和基础，没有记忆的积累形成的原初知识体，建立在吸收能力基础上的组织学习可能是徒劳无益的。组织学习的研究者将记忆作为组织学习过程的一个终点或者起点，组织记忆过程的研究者将知识获得这一学习过程视为组织记忆动态过程的一个阶段，所以可以这么说，组织记忆包含在组织学习的过程中，组织学习也包含在组织记忆的过程中，学者们对此的研究界定往往是视各自的研究需要来加以

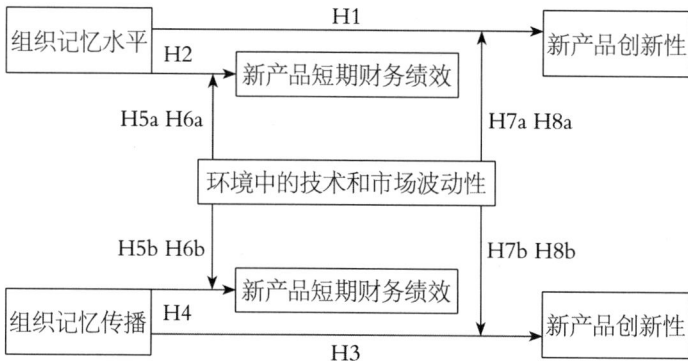

图 4-2 组织记忆对产品创新性和短期财务绩效的影响理论模型

资料来源 MOORMAN，MINER. The Impact of Organizational Memory on New Product Performance and Creativity [J]. Journal of Marketing Research，1997，34（1）：91-107.

限定。本书基于以往对于动态组织记忆研究中存在的不足，重点探究动态组织记忆对组织学习与战略变革关系的影响。

4.1.2 组织学习与战略变革相关关系研究回顾

战略管理相关研究不仅有助于提升企业管理实践，也为理论研究者提供了多样的研究角度。Mintzberg et al.（1998）认为，其中非常重要的研究角度就是组织学习的视角。有关战略的研究因为过度的分析导向、高层管理者的偏见、缺乏对行为和学习的关注以及忽视战略创新影响因素等问题而备受诟病（Mintzberg et al.，1998）。而专注于过程的组织学习的研究有助于弥补上述战略研究缺陷（Walsh & Huff，1997）。正如 DeGeus（1988）所指出，组织学习可能是唯一的可持续竞争优势。尽管组织学习的相关文献已为数不少（Argyris & Schon，1978；Foil & Lyles，1985；Huber，1991；Levitt & March，1988；Shrivastava，1983），但多数关于组织学习的研究仍未与战略建立联系。

事实上，项国鹏（2007）认为，"从组织学习和战略管理的概念和本质进行判断，两者完全具备建立有机联系的基础和机会"。组织战略管理的基本逻辑是通过对组织所处的外部环境进行分析，结合组织内部的资源能力，制定内部资源能力与外部环境相匹配的发展战略，并对战略的实施和控制进行管理。而组织学习可以实现组织能力的提升，捕捉外部环境的变化，改善管理行为，使组织战略适应环境的动态变化。因此，建立组织学习和战略管理间的关系，既深化了组织学习的内容，也加深了对战略管理的理解。March & Simon（1958）率先将组织学习引入战略管理领域，随后形成战略管理的学习学派。学习学派认为，组织通过学习了解其所处的环境和内部的能力，在此基础上建立相应的战略，因此，战略是通过渐进学习、自然选择而形成的，战略的形成和实施相互交织，既可来自高层，也可来自基层（Mintzberg，1990）。Hakan et al.（1994）提出了基于学习的战略变化模型，认为组织开展战略变革的过程是一个对行为领域进行选择和解释的过程，即学习的过程。Mintzberg et al.（1998）提出不论组织处于何种环境中，组织学习对组织战略的形成都具有一定的影响。学者们随即展开了组织学习对战略转型、战略变革等的影响研究，形成了一定的理论基础。

早期的组织学习理论仅仅是从定性的角度指出组织学习对组织变革的影响关系，认为组织学习能够提升组织对外部环境的适应能力，改善组织的内部价值与规范，促进组织变革（Argyris & Schon，1978），而对于组织学习和战略变革的直接影响关系没有做出讨论。Nevis et al.（1995）认为组织学习有利于组织获取内外部环境新的和旧的信息，尤其是来自目标市场和其他利益相关者的信息有助于提升组织的环境适应能力和及时做出反应的能力。基于此，组织学习有利于组织变革。此外，组织学习的相关研究也表明，组织学习通过比较组织管理策略、组织行为与组织结果，发现现行管理策略和行为、价值规范的错误，进而改正错误，评价组织目标的本质、价值和范式，奠定组织成功变革的基础。

Brown & Starkey（2000）认为，组织学习可以避免企业员工受到组织文化、价值观和观念的禁锢，即可以排除组织惯例对于战略变革的阻碍，起到推进战略变革的作用。Kraatz & Zajac（2001）则强调组织学习有助于提升组织的战略变革能力。Schilling（2003）指出，企业通过"干中学"提升组织学习曲线，增强组织的适应能力，从而促进企业战略变革的开展。还有一些研究认为，组织学习尤其是组织的双环学习、再学习（Slater & Naver，1995），能够将组织运作的结果与组织的策略和行为联系起来，觉察行为规范和指导策略的错误，对既有的假设产生怀疑，并改变组织的运作模式或重新评价组织目标的本质和基本假设，从而推进组织变革（冯海龙，2008）。芮明杰、胡金星和张良森（2005）聚焦于组织学习在企业战略转型中的积极效用，通过研究发现，组织学习有助于完善管理者的心智模式，改变已有的工作程序和惯例，还有助于组织内部的知识管理，包括积累新知识要素，提升知识共享的能力以及目标，引导团队合作等，因此，组织学习有助于企业成功的战略转型。Bootz（2010）认为，组织学习和战略远见之间具有紧密的联系，这一点不论是理论界还是管理者都认同，但是对于二者之间的真正本质关系依然十分模糊。

同时，学者们也开始运用实证方法探究组织学习和战略变革之间的影响关系。Crossan & Berdrow（2003）采用实证研究方法，运用组织学习 4I 动态学习模型考察组织战略更新过程，以弥补战略更新与组织学习融合中的鸿沟，并运用组织学习的分析框架解析了加拿大邮政公司（CPC）的战略更新过程，指出组织的探索式学习和利用式学习对战略更新具有促进作用。冯海龙（2008）在组织学习和战略变革测量量表开发的基础上，采用实证方法验证了组织学习（操作化为发现、获取、比较、反思、纠错和记忆 6 个维度）和战略变革（操作化为战略定位和战略观念 2 个维度）的一致性关系，实证研究结果表明，组织学习对战略变革呈显著的正向影响，其建构的理论模型如图 4-3 所示。

在此基础上，冯海龙（2008）在组织学习对战略变革的直接影响关系和分析模式的基础上，引入动态能力这一中介变量，指出组织学习对动态能力的四种影响因素（组织结构、组织惯例、心智模式、组织文化）具有积极效用，组织学习能够提升企业内部的动态能力，而动态能力可以增强组织适应外部动荡复杂环境的能力，动态能力对战略变革具有正向影响，因此，动态能力在组织学习与战略变革之间起到中介作用。何爱琴、任佩瑜（2010）着重分析了组织学习能力对战略变革速度的影响，将战略变革速度操作化为决策速度和执行速度 2 个维度。实证研究表明，组织的环境认知能力和团队解决问题的能力与战略变革速度存在正向影响的关系，而组织的知识获取能力、员工培训和开放心

组织学习　　　　　　　　　战略变革

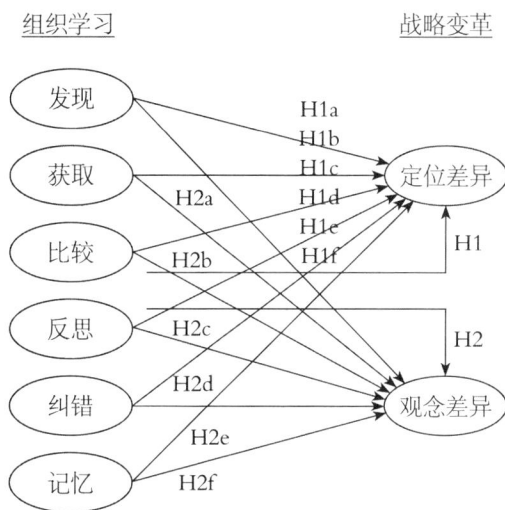

图4-3　组织学习对战略变革影响的关系模型

资料来源　冯海龙．战略变革与战略执行力的组织学习前因及对绩效的协同影响［D］．大连：大连理工大学，2008.

智对变革的速度没有显著影响。刘俊英（2010）运用多元回归方法分析了组织学习、战略变革与组织绩效的关系。实证研究显示，组织学习对战略变革具有显著的正向影响。

综上所述，尽管一些学者针对组织学习对战略变革的影响展开了研究，而且多数文献都证实了组织学习与战略变革之间存在显著的正相关关系，但总体而言，这一领域的研究才刚刚起步，从最初的定性探讨二者的关系，发展到如今发展测量量表，对这两个构念的关系进行实证检验，虽然对于"组织学习促进战略变革行为"这一结论似乎已达成共识，但是在实证研究方面，依然存在研究者根据各自的研究需要，采取不同的测量方法和基于不同的测量角度进行的实证研究，这就导致研究的信度和效度受到了质疑。因此，我们认为此类研究仅仅是建立了组织学习和战略变革的研究模式，至于组织学习到底是如何影响战略变革的，其内在的影响机制是怎样的，组织学习的过程、方式和构成要素对战略变革的影响作用各自具有哪些不同的特征等问题，学术界还未进行深入的研究。当然，在组织学习对战略变革产生影响的过程中是否受到其他因素的调节作用，哪些前因变量可能影响到不同组织学习方式产生的效果等方面，现有文献仍然存在理论空白。在组织知识管理的背景下，鉴于组织记忆存量对组织学习的重要影响，本书引入组织记忆的视角，试图探究组织记忆的水平和组织记忆的传播过程在组织学习和战略变革关系中的作用。

4.1.3 组织记忆与战略变革相关关系研究回顾

Sparrow（1999）指出，人们对于战略管理本质的思考在整个 20 世纪 90 年代发生了改变，转向了强调心理层面的探索，尤其是开始从认知心理学角度寻求改善战略管理的有效性。他认为，现代企业若想有效实施战略变革，需要重视知识结构的管理，需要思考认知方式、创新性和记忆结构等方面的问题。正是在此背景之下，学者们开始思考组织内部因素对战略变革的影响，战略领域有关组织记忆影响的研究同样受到关注。

尽管学者们对组织记忆和战略变革二者的研究不断深入，但对于组织记忆与战略变革二者关系的研究文献，学术界尚不多见。通过对相关文献的回顾和梳理，本书认为，学者们对组织记忆与战略变革之间的一致性还存在不同意见，多数研究是从定性的角度对二者的关系进行探索研究，提出组织记忆和战略变革之间的复杂关系，组织记忆既可能推动也可能阻碍变革（Walsh & Ungson，1991）。相关研究涉及了组织记忆过程（Hargadon & Sutton，1997），记忆存储介质（Walsh & Ungson，1991）以及记忆的保持形式（Moorman & Miner，1997）。这类研究也指出了记忆的一贯性，强调了学习曲线中的逐渐减少的搜索和实验成本（Argote，1996），新决策中浸透着传统和理性的知识，这将有助于决策的制定和实施（Walsh & Ungson，1991）。然而，有些研究也指出，以往的计划或信仰在面临新的挑战和问题时可能限制人们的思维，突出了记忆的盲目性（Walsh & Ungson，1991）。

Cohen & Levinthal（1990）认为组织记忆反映在以往的投资研究上，可以增强一个组织评估和引进新的外来信息的能力，而这是能促进变革的。组织记忆对战略重组会产生极大的影响，有效地维持和再获取组织记忆中的知识，能提高组织战略的适应能力（Walsh & Ungson，1991；Moorman & Miner，1997）。Olivera（2000）认为，"组织收集、存储和利用来自经验的知识的能力将对组织绩效产生显著影响。有效地储备、利用存储的知识能够在企业面临巨大变革时形成一定的缓冲，有助于创新性产品的发展，甚至可能有助于组织的重建"。Kantrow（1987）认为，新的决策如果建立在组织传统或对过去的尊重上，那么决策被拒绝的可能性就较小，通过组织记忆起作用的战略变革将会充分吸收组织资源并得到组织网络的有利支持。Wilkins & Bristow（1987）持相似观点，他们建议执行官学习通过尊重过去来进行变革。从组织学习层面考察，Weick & Westley（1996）认为，组织通过组织记忆来学习，组织记忆反过来要通过记忆载体（如文化、结构、规则和系统）而得以发展。因此，变革管理者将不得不仔细关注组织记忆及其与组织学习的后续关系（Bent et al.，1999）。

但有些学者却认为大量的组织记忆会影响公司对新信息的需求（Dickson，1992；Sinkula，1994），当组织记忆在某一特定领域增加的时候，变革就更难以发生了，有关组织的能力陷阱（Levitt & March，1988），核心刚性（Leonard Barton，1992），惯例刚性或功能固化（Dickson，1992）等研究，都强调组织记忆会阻碍战略变革。早期的研究者假定组织记忆蕴含在一系列标准的操作程序中（March & Simon，1958）。此后，又有人将之视为结构性产物（如角色），这种结构化的历史记忆（如规章制度、管理者角色等）也可能会对组织造成损害，当组织所处的环境随时间发生变化时，这种结构性产物便会逐渐失去其效力，阻碍战略变革的推进（Starbuck & Hedberg，1977）。存在于组织文化之内的历史遗物如规章制度、组织架构，有可能成为组织变革的绊脚石（Walsh & Ungson，1991）。对于大企业在面临环境变化时为什么没能保持其市场领先者的地位，人们往往会从组织记忆形成的核心刚性阻碍了战略变革的角度进行解释。Moorman & Miner（1997）在研究组织记忆对新产品的创新性和绩效水平的影响时指出，高水平的记忆会抑制已有行为模式以外的行为。与此类似，Barton & Dougherty 的研究发现，记忆较强的团队在新产品的开发中偏离以前的行为模式的可能性很小。

还有学者认为，组织记忆对战略变革的影响具有两面性。McCabe（2010）运用案例研究等定性研究方法分析了文化类组织记忆对组织变革的影响表现出的两面性：一方面，文化类组织记忆可能抵制组织变革；另一方面，文化类组织记忆可能推进组织变革。记忆中存储的信息不同，有些可能是赞同的信息，因而支持变革；有些可能是反对的信息，因而阻碍变革。文化很难轻易被遗忘，建立新的文化也非一朝一夕能够完成。记忆是顽固的，文化由记忆组成，因此具有一定的持续性。

总体而言，由于对二者关系理解的差异，学术界实际上衍生出了两种差异化的研究思路：一种观点认为，组织记忆促进了战略变革的成功，这一观点实际上是基于资源观（RBV）提出的，组织记忆具有价值性和难以模仿性，构成了企业核心能力的基础，提升了战略变革的能力，从这个角度来说，组织记忆推进了战略变革；另一种观点则认为，组织记忆可能形成"核心刚性"（Leonard-Barton，1992），"惯例刚性"，以及能力陷阱（Levitt & March，1988），从而阻碍战略变革的推进，该观点是以惰性观为基础的，当组织中积累了一定的记忆储备后，组织将变得暮气沉沉，对外界环境的变化视而不见（Levinthal & Myatt，1994），组织变革中出现路径依赖，抵制外界环境的变化，因此阻碍战略变革的开展。

笔者认为，研究者在考察组织记忆和战略变革之间关系的过程中，由于各自对于组织记忆概念和类型的理解不同，选取的研究角度和采用的研究方法各异，因此形成了对于二者关系的不同理解。不可否认，组织记忆对战略变革的影响关系是复杂的，迄今还没有学者对此进行深入的剖析，目前还未见到有关组织记忆对战略变革影响的实证研究，相关研究的不足一方面阻碍了组织知识的管理和组织学习的有效性，另一方面也不利于战略变革的顺利开展。我们认为，倘若组织未能理解组织记忆的不同特征对战略变革的影响，组织可能就难以获得组织学习的益处。当然，要想建立组织记忆和战略变革之间的实证研究，首先需要解决组织记忆的维度划分和实证测量的问题，因此，本书针对这一理论空白，试图从组织记忆量表开发入手，采用实证方法细致探究组织记忆、组织学习与战略变革的影响关系。

4.1.4　组织记忆、组织学习与战略变革三者的整合关系

目前，有关组织记忆的实证研究尚不多见，而将组织记忆、组织学

习和战略变革整合起来进行研究的文献更是鲜见，从已有文献看来，Bent et al.（1999）运用案例法对组织记忆、组织学习和组织变革的关系进行了探索式研究，成为此类研究的开山之作，他们在对组织能够进行自主学习和记忆与组织需要依靠现有成员进行学习这两类观点进行辨析的基础上，着重分析组织记忆的内涵，并以荷兰的飞利浦电子企业为案例，从纵向视角考察该企业的组织学习和组织记忆，采用多种研究方法追溯分析长期的组织记忆，探究组织是否能够从过去的变革经验中得到学习，并将学习的结果存入组织记忆中，当组织日后经历某次相关的变革时，这种记忆的存储可能影响变革。该研究突出强调了在组织变革过程中组织记忆（记忆载体或工具）的重要性，记忆是变革管理者可以依靠维持稳定的根本源泉。组织记忆对于试图领导和管理变革的管理者而言意义非凡。管理者在变革之初，必须建立并熟悉组织记忆载体中的隐含知识。个体记忆在过去数年里一直作为个人的生存之本。个体记忆常常出错，尤其是操作性的个体记忆随着时间的流逝非常容易丢失，一些可能被遗忘，或者发生改变。个体记忆是一种基本的适应能力，因为记忆总是伴随着转型和重构。与之相比，组织记忆的载体通常基于过去的工作经历以及那些被证明是成功的经验。这些随后反应在组织系统、结构和惯例中，这些记忆由于能够被无意识地获得，因此常常很难发生改变。当然，变革的管理者必须清楚：组织记忆一方面会带来稳定，另一方面也可能阻碍变革。管理者要熟悉其面对的组织记忆载体，了解哪些组织记忆可能对组织意在开展的变革产生消极影响。

有关三者之间关系的研究，一个特点是处于定性研究的阶段，另一个特点是主要探究了组织记忆的某一方面与组织学习和战略变革之间的关系。例如，冯海龙（2008）将动态能力作为组织学习与战略变革的中介变量进行研究，认为组织学习能够对动态能力的四个影响因素发挥积极的作用，有助于提升动态能力，进而促进企业成功地开展战略变革。在其分析中提到的影响动态能力的四个因素包括：组织结构、组织惯例、组织文化和心智模式，其效用模式如图4-4所示，这四个要素中的每一个都和组织记忆有着天然的联系，但是动态能力主要体现了组织记忆的积极方面，因此动态能力在组织学习和战略变革的关系中起着中介调节作用。然而，该研究只是建立了组织学习—动态能力—战略变革的基本研究模式，缺少来自数据的实证研究，这就使得文中构建的组织学习、动态能力和战略变革的效用模式在信度和效度上令人质疑。而且从理论上来看，动态能力对战略变革的积极促进作用已经遭到了学者们来自"能力陷阱"的质疑。

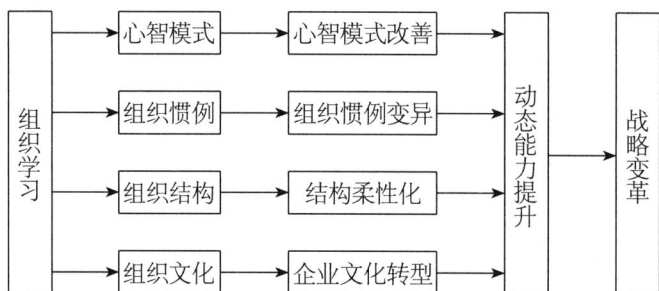

图 4-4 组织学习、动态能力与企业战略变革的效用模式

资料来源 冯海龙. 组织学习、动态能力与企业战略变革 [J]. 华东经济管理，2008，22 (10)：104-108.

汪克夷等（2009）则从改善组织惯例的角度分析了组织学习对惯性演化和战略变革的积极效用，研究认为，组织学习有利于克服组织惯性，从而减弱了组织惯性对战略变革的阻碍作用，其效用模式如图 4-5 所示。实际上，组织惯性属于组织记忆的一种特殊类型，其研究结论有助于我们认识组织记忆在组织学习和战略变革影响关系中的作用。但是该研究未能揭示组织惯性对组织学习的限制作用，进而影响了战略变革的推进，导致了该研究结论的片面性。此外，这一研究模型既缺少实证数据的支持，也没有来自案例的佐证，因此难免遭到质疑。

由于本书对于组织记忆的界定突出组织记忆的类型和组织记忆存储的过程，将组织学习方式作为研究重点，认为组织学习方式中的探索式研究与创新有着紧密的联系，因此将主要借鉴组织学习、信息技术与战略变革的关系，以及组织记忆、新产品创新与组织绩效的关系等方面的研究，对组织记忆、组织学习与战略变革三者之间的整合关系进行分析。相关研究有：Moorman & Miner（1997）探究了组织记忆对新产品的创新性和财务绩效的影响，并建构了相关理论模型，但是在这个模型

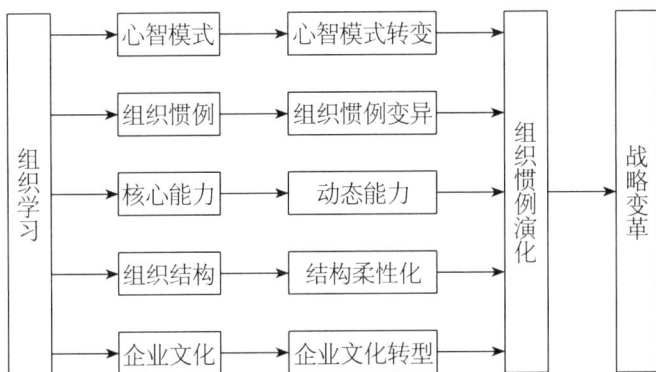

图 4-5 组织学习、惯例演化与战略变革的效用模式

资料来源 汪克夷，等．组织学习、惯例演化和企业战略变革［J］．经济经纬，2009（5）：92-95.

中，作者仅仅考察了组织记忆数量对于新产品的创新性和财务绩效的影响，而没有考察组织记忆其他维度特征的影响。Moorman & Miner 的相关研究已在前文论述。Kyriakopoulos & Ruyter（2004）通过实证研究表明，过程性记忆和产品研发之间呈倒 U 形关系，而陈述性记忆与财务绩效之间呈正相关关系。同时，这两种记忆类型的互补作用有助于提升新产品的创新性和财务绩效。最后，研究发现，过程性记忆削弱了内部和外部信息流对于产品创新性的作用。研究结论对于组织知识管理能力的构建、产品开发的理论和实践具有重要意义，其理论模型如图 4-6所示。

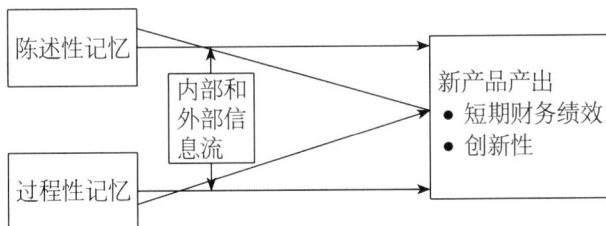

图 4-6 组织记忆、产品创新性与组织绩效的理论模型

资料来源 KYRIAKOPOULOS, RUYTER. Knowledge Stocks and Information Flows in New Product Development［J］. Journal of Management Studies, 2004, 41（8）：1469-1498.

4.2　假设提出

4.2.1　组织学习与战略变革的关系

组织所处的环境瞬息万变，外部技术高速发展，市场需求不断变化，竞争日益激烈，在此背景之下，组织时刻面临危机，因此组织需要进行战略变革，才能降低经营风险。但是组织成功开展战略变革的关键在于，组织具备快速把握外部环境变化的能力，能够协调组织内部因素对于战略变革的抵制。组织学习有助于提升组织获得外部环境变化信息的能力，有助于内部资源的整合，能够改变组织惯例和管理者心智模式对于战略变革的抵制。

相关实证研究显示，组织学习对战略变革有促进作用，虽然对于"组织学习促进战略变革行为"这一结论似乎已达成共识，但是在实证研究方面，研究者依然根据各自的研究需要，采取不同的测量方法和基于不同的测量角度，从而导致研究的信度和效度受到质疑。从已有的相关研究来看，学者们已经对组织学习的构成要素（Crossan & Berdrow，2003），组织学习的过程对战略变革的影响（冯海龙，2008）进行了研究，而探讨组织学习方式对战略变革影响的研究还十分鲜见，而且实践证明，深入探讨不同组织学习方式对战略变革的影响，一方面丰富和拓展了组织学习与战略管理的理论研究，另一方面也有助于组织更好地开展学习，进而促进战略变革的推进，最终提升组织绩效。因此，探讨组织学习方式对战略变革的影响这一研究模式具有理论价值和实践意义。

（1）探索式学习和利用式学习

March & Levinthal（1991）率先提出探索式学习和利用式学习这两个概念。利用式学习是组织对已有的知识、规则和策略的进一步开发利用，即将原有的方法运用到管理实践中，力图在实践中对现有的知识进行改进，提高方案的实施效率，最终实现组织短期绩效的提升。利用式学习注重旧知识的应用和改进，稳步提升组织学习曲线，采用的学习形式包括知识的提炼、选择、实施执行以及对知识库中存储的知识的再利用等，这种学习方式的特点就是"利用和开发已经知道的知识"。尽管利用式学习有助于企业绩效的提升，但是 March（1991）却发现，当组织所处的宏观环境以及组织内部的微观环境发生巨大变化，而组织原先的设备、流程和知识可能都难以适应当前的环境，行业竞争日益加剧，市场环境日新月异时，依赖利用式学习的组织可能无法应对环境的变化。基于此，组织若想自如应对环境变化，就需要开展探索式学习。所谓探索式学习，是指组织积极主动地创造新知识、发现新策略和寻找新规则，包括搜索、变化、风险承担、试验、灵活性、开发或创新。这些知识可能与组织知识库中的知识差异较大。探索式学习的特点是"追求新知识"。

March（1991）认为组织学习反映了探索式学习和利用式学习之间相互矛盾作用的张力（tension）。March 更多地强调二者之间的平衡而非矛盾，但是他认同组织学习在战略更新过程中的基本作用——"保持探索式学习和利用式学习之间的适当平衡是组织系统维持生存和繁荣的首要因素……不论是探索式学习还是利用式学习，对组织而言都是必不可少的，但是它们会在稀缺资源的争夺上展开竞争"。

（2）战略变革

以往的研究表明，学界对于战略变革的定义还未形成统一的结论。其中国内学者的最具代表性的定义为芮明杰等（2005）借鉴 Van de Ven et al.（1995）的研究将战略变革定义为"组织与外部环境之间的匹配性在形式、质量与状态上随时间发生的特定变化"，并将组织与环境之间的匹配性划分为三个层面：第一层面，包括文化、意识形态、范式等方面变化的战略理念的变革，这些改变属于集体认知层面的内容，是影响组织确定业务范围、生产流程和行政管理的决定因素；第二层面，包括业务范围、资源配置、竞争优势等方面的有关战略内容的变化；第三层面，战略内容变化的生成与实施过程。

本书融合继承前人的研究，将战略变革视为战略内容变革和由变革过程中的管理行为所引起的环境和组织要素变化的组合，战略变革不再被视为一种线性的过程，而是一种管理者通过从经验和战略行为中学习，进而往复进行的过程（肖红军，2006）。本书提出的战略变革的概念性定义是"面对外部环境和内部组织条件的变化，企业通过持续往复的组织学习而对组织宗旨、使命及发展方向的变化，以及产品/市场定位进行调整的过程"。因此，环境要素和组织要素不是直接作用于战略变革，而是伴随着组织和环境的变化，通过影响一系列的战略行为以及学习和经验的积累过程，使得战略内容发生变化。

（3）组织学习与战略变革的关系

已有研究表明，组织学习作为获取外部知识的重要方式，在获得组织的特异性知识以及市场变化等方面的知识的同时，通过中间要素的过渡来影响组织的战略转型（芮明杰等，2005）。汪克夷等（2009）则从改善组织惯例的角度分析了组织学习对惯性演化和战略变革的积极效用。在对组织并购过程中的学习进行研究后，Deusen et al.（1999）证实了组织学习存在两种类型：利用式学习和探索式学习。Lee（1992）在研究中发现，当组织处于高竞争的环境中，组织需要应对来自竞争对手的压力时，交互使用利用式学习和探索式学习来开发新技术，可以提升组织对于动态环境的适应能力。还有研究表明，组织学习不论对于战略变革还是对于战略变革的执行，以及变革的方向和目标的确立，都具有积极影响。尽管组织学习能够对战略变革产生积极的影响已得到相关文献的支持（March，1991；Mintzberg et al.，1998；Hedberg & Wolff，2001；Crossan & Berdrow，2003；芮明杰，2005；项国鹏，2007）。但是不同的组织学习方式对战略变革的影响作用的内在机理如何，至今还未得出一致的结论。

利用式学习通过对组织已有知识进行"提炼、筛选、选择、实施和执行"（March，1996），强调组织已有知识的再利用，即通过研究目标市场的需要，挖掘组织已有的技能知识和产品设计，在此基础上，调整组织内部资源的配置，对既有的产品和服务进行改进和提高，并对市场进行再定位。

也有学者认为，利用式学习作为一种有目标的搜索方式，注重聚焦，避免变化（McGrath，1995），因此，可能会被误认为阻碍了组织战略变革的开展。但事实上，采用利用式学习的组织往往倾向选择已有的被证明有效的经验和方案，在实践中持续改进既有的知识，并完善这种方案，在这个过程中稳步提升组织学习曲线（朱朝晖，2009），进而促进组织的渐进式战略变革。我们认为，利用式学习相较于探索式学习在战略变革过程中的不同阶段发挥着不同的作用，利用式学习促进组织战略变革的推进。

当组织进入新的市场环境以及组织所处的行业发生重大技术变革，组织已有的知识和技术日益陈旧时，利用式学习不足以支持组织的战略变革，此时组织需要采用探索式学习帮助组织识别环境变化中的机会和威胁，增强组织的灵活性和创新性。探索式学习强调追求新知识（March，1996），探索式学习可借助于搜索多渠道信息，如通过和供应商以及顾客交流了解目标市场需要的改变，通过关注竞争者的产品信息，重新调整和整合组织知识和管理者心智模式以及组织观念，在此基础上尝试各种行动方案。通过新知识的吸收，对既有的解决方案、产品或服务以及工作流程进行变革。这些变革既包括组织内部的战略观念层面，也包括面向市场的战略定位层面。已有研究显示，探索式学习是组织战略变革成功的决定因素之一（Vanhaverbeke et al.，2003）。

Zollo & Winter（2002）指出，探索式学习和利用式学习是一个循环的演化过程。在战略变革过程中，二者共同作用，不断演化，对组织惯例、组织结构、管理者心智模式和组织文化产生影响，并使得组织的知识积累与共享能力得到提高，最终对战略变革产生影响，改变了战略定位和观念的幅度和模式。王敏丽（2011）认为，当组织处于战略变革的不同阶段时，组织可能依据其需要，采取不同的学习方式，以促进战略变革的推进。在战略变革的发起阶段，组织意识到外部环境的改变，组织与环境不匹配，通过环境的刺激和组织内部已有知识的结合，组织便会利用探索式学习实现创新，以使组织适应环境变化。在第二阶段，组织将会对通过探索式学习得到的知识加以选择，利用组织内部已有的记忆来审视新的知识，评价这些新知识的潜能和机会。到第三阶段，即知识的复制阶段，组织采取行动，在组织内部的相关部门扩散这些被证实可行的新的变革性行为，与此同时，一些新的信息也会伴随出现。随着知识不断被共享、转换和复制，新的规则和惯例随即产生，这就是第四阶段，即知识的存储阶段。后两个阶段也是利用式学习的过程。探索式学习和利用式学习的动态演化及其对战略变革的作用如图4-7所示。

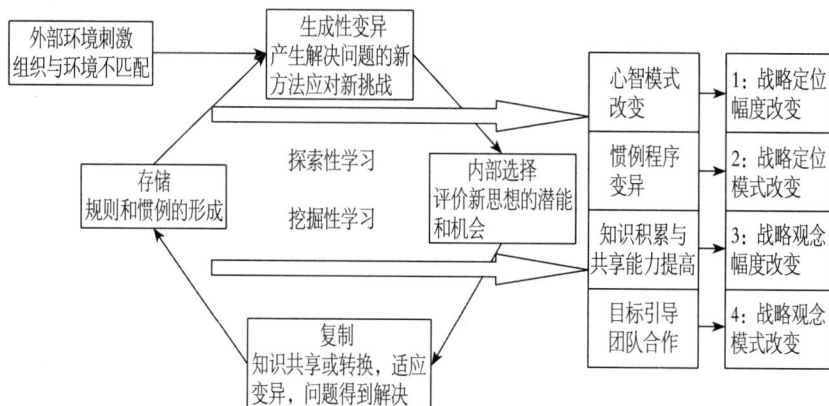

图 4-7　探索式学习和利用式学习的动态演化及其对战略变革的作用

资料来源　王敏丽. 组织学习对战略变革的影响 [D]. 大连：东北财经大学，2011.

由此，本书提出以下假设：

H1：组织学习对战略变革具有正向影响。

H1a：利用式学习对战略变革具有正向影响。

H1b：探索式学习对战略变革具有正向影响。

研究表明，探索式学习和利用式学习对组织适应都十分关键，探索式学习和利用式学习具有不同的性质，代表不同的行为逻辑。两种学习方式不仅可能争夺组织有限的资源，还可能调整组织的观念和结构。March 在其理论建构中认为，这两类学习方式争夺组织的稀缺资源，因此二者根本无法兼顾，当组织将资源投放于探索式学习时，则组织用于利用式学习的资源将减少（March，1996；Gupta et al.，2006）；而当组织将更多的资源投入利用式学习时，则组织用于探索式学习的资源将减少。由此看来，组织要开展不确定性较少的利用式学习，确保组织目前的生存，但是这种渐进式改进现有产品和满足当前顾客需求的战略变革，不足以抵御来自竞争者的压力。为了获得长期利益，组织还需要开展探索式学习，在捕捉新的市场或者顾客的新需求方面持续变革。

此外，当组织强调利用式学习，注重利用或改善已有知识以适应环境的变化时，这种组织行为极有可能阻碍组织探索备选的知识源，或者对于市场的机会或技术变革熟视无睹，阻碍组织吸收新思想，组织倾向于采用稳健的管理方法来抵制组织的改变。只开展利用式学习会使组织陷入"惯例陷阱"和技术惰性的僵化状态。

而当组织过分注重探索式学习而忽视利用式学习时，组织就可能会无休止地寻求创新和变革，不断追求市场需求的时髦，持续试验新的产品和观念，但是不断的战略变革会使组织由于缺乏利用式学习的经验积累而陷入失败的风险之中，会使组织付出高昂的试验成本而收效甚微。当组织在开展探索式学习的过程中不断遭遇失败时，组织极可能陷入"狂热的实验、变革和创新"的状态，此时，组织已无法腾出资源来提炼和改善现有的能力，组织尽管呈现了许多新的创意，但未能形成其核心竞争力，无法在组织熟悉的领域利用自身的能力进行战略变革。

因此，过分强调或偏重这两种学习方式的任何一种，最终都将导致组织战略变革的失败。如果不能协调平衡好二者的关系，可能会导致组织要么陷入"惯例陷阱"，要么陷入"创新怪圈"，最终阻碍战略变革的推进。

March（1996）曾经指出，探索式学习和利用式学习的平衡是组织生存和繁荣的关键。但也有一些学者认为，这两种学习方式具有不可调和的矛盾（Ghemawat，1991）。实践中的企业极少能够同时兼顾探索式学习和利用式学习，两者之间的关系难以协调（Tushman et al.，1986）。

总之，尽管学者们对于探索式学习和利用式学习能否实现平衡存在争论，但是对于两者的平衡有助于促进战略变革，大体上得出了一致的结论。探索式学习和利用式学习对于战略变革来说都是十分重要的，因为这两种学习方式可以从不同的方面促进组织战略变革。战略变革的实现不仅需要组织利用已有的知识，提升组织的核心能力，而且需要组织不断探索新知识，识别环境和市场的变化。所以，组织需要从整体上对二者的关系进行协调，这样才能够促进战略变革的推进。然而，这一推理过程在理论上虽然成立，但一直以来缺乏实证的检验。由此，本书提出以下假设：

H1c：探索式学习和利用式学习之间的平衡互动对战略变革具有正

向影响。

H1d：探索式学习和利用式学习之间的不平衡对战略变革具有负向影响。

4.2.2 组织记忆水平与组织学习的关系

自March（1991）率先提出利用式学习与探索式学习后，一些学者进一步对这一理论进行了解释。Crossan et al.（1999）认为，探索式学习是知识从个体知觉到群体整合最后被组织制度化的过程；利用式学习是组织制度对群体和个体的认知与行为的指导和塑造过程。Holmqvis（2003）从知识运用的角度指出，利用式学习的实质就是把组织已经掌握了的知识加以充分利用，把既定的规则加以贯彻和落实。探索式学习帮助组织吸收新知识、信息，从而改变既定的行为和思维模式（于海波，2004）。综上分析，我们不难看出，利用式学习和探索式学习与组织知识的存量（组织记忆的水平）及其变化（组织记忆的传播过程）相关，March et al. 也是从这个角度对组织学习的方式进行划分。该分类本身就是基于组织知识存量的利用或增加，这其中的知识存量与组织记忆的内容联系紧密，这一分类也从另一方面说明了组织记忆的水平与组织学习的相关关系，但这其中到底是什么关系，迄今仍然缺乏系统梳理。

有关组织记忆和组织学习二者关系的研究还停留在定性探讨的阶段，多数研究认为，组织学习有助于组织记忆的积累和更新，而学界在组织记忆对组织学习的影响方面存在较大的争议，形成了两种对立的观点：一种观点基于组织吸收能力的角度提出，认为组织中的记忆积累提升了组织的吸收能力，有助于组织获得新知识（Levitt & March，1988；Huber，1991；Cohen & Levinthal，1994；Walsh & Ungson，1991）；另一种相反的观点认为，当组织中存储了有害的知识或不合时宜的知识时，或者当组织过分强调组织记忆时，组织记忆导致了组织僵化和盲目，限制了组织探索新知识的能力（Duncan & Weiss，1979；Berthon et al.，2000；Dickson，1992；McDonough，2003）。另外，还有一些学者提出，组织记忆太多或太少都不好，都会对组织学习和战略变革产生负作用，如 Moorman & Miner（1997），以及 Kyriakopoulos & Ruyter（2004）通过研究发现，过程性记忆与新产品创新和财务绩效之间存在倒 U 形曲线关系，于是一些学者认为，组织记忆是一把双刃剑（Dickson，1992）。

从现有文献来看，组织记忆对组织学习的影响关系似乎是杂乱无章的，但是细思忖之，我们发现，人们之所以对组织记忆和组织学习的关系存在争论，主要原因是学者们各自强调了组织记忆的某一个方面或层面（数量水平、特定类型）对组织学习的影响，因此所得结论往往是片面的。我们认为，不但组织记忆的数量的多少会对组织学习造成不同的影响，而且组织记忆的不同类型对组织学习的影响也存在差异，同时，组织记忆的存储方式和提取过程也会使组织记忆的水平处于动态调整过程中，进而影响组织学习。尽管目前有关组织记忆对组织学习的影响作用的研究中有学者开始触及组织记忆在多大程度上支持利用式学习以及组织记忆是否阻碍了探索式学习（Stein，1995），然而，针对二者关系的系统实证研究至今仍然未能见到。

（1）组织记忆水平

学者们对于组织是否如个体一样，能够将信息储存在记忆中还存在争议。然而，组织存在反映其存储知识的参照物、惯例、结构和其他人造物品，这一点越来越为学界所认同（Moorman & Miner，1997；Walsh，1995；Walsh & Ungson，1991）。我们的分析借鉴这一分析视角，但并不将我们对于组织记忆的分析局限于与之相关的存储器，或者组织记忆的获取、保持过程或结果中（Moorman，1995；Walsh & Ungson，1991），或者仅仅关注组织记忆的内容和水平（Moorman & Miner，1997，1998），而是既探讨组织记忆的水平，也关注组织记忆的动态过程。这种全面的视角更有利于我们清晰地认识组织记忆和组织学习之间的关系，而这种交叉研究还显得远远不够。

记忆的水平是指存储的知识和经验的数量，即组织中有关某个特定现象的信息储备的数量。在战略变革的层次或知识技能积累中的高水平储备意味着记忆的较高的水平。记忆的丰度在理论上会影响组织对于新的市场信息的需求（Dickson 1992；Sinkula 1994）。认知心理学家常用记忆的水平研究专家与新手的区别（Chase & Simon，1973；Glaser & Rees，1981），随后组织记忆水平又被作为组织的特质而逐渐为学界所认同（Cohen & Levinthal，1990；Moorman & Miner，1997，1998；Walsh & Ungson，1991）。下面是有关记忆的内容和水平的例子：在一定时期内从事某个特定行业的组织，可能积累了有关该行业的竞争结构和详细特质的高水平的陈述性记忆，同时也积累了大量的与同行交易的标准操作，即较高水平的过程性记忆。基于此，本书将组织记忆水平操作化为组织记忆内容的数量。而组织记忆内容指的是 Walsh（1995）所描述的组织记忆"到底是什么"。文中借鉴了学界广泛认同的组织记忆的两种分类，即过程性记忆和陈述性记忆，立足资源基础观、组织学习、能力和信息处理理论，提出了一个有关组织记忆水平（前因变量）和组织学习的概念模型。如前所述，以往的研究探讨了这两种记忆类型所代表的组织记忆水平对组织即兴和组织创新的影响，这也成为本书提出研究假设的重要基础。

（2）组织记忆水平与组织学习的影响关系

组织的学习，不论是探索式学习还是利用式学习，都是以组织已有的知识积累和背景为基础的。以往的知识积累越丰厚，组织的吸收能力越强，对外部环境和市场的变化越敏感，越能刺激组织的探索式学习。组织探索新的机会、对新机会的把握和评价，也需要组织先前知识的积累，这种组织已有的记忆构建了组织的吸收能力，因此，从一般意义上来说，组织记忆促进组织学习。但是这一结论过于笼统，未能清晰理顺各种不同类型的组织记忆水平对组织学习的影响，以及不同类型组织记忆之间的互动将给组织学习带来哪些影响。这些理论的疏漏一来不利于组织记忆系统的完善，二来影响组织学习的效果，进而影响战略变革和组织绩效。因此，有必要清晰把握组织记忆类型对组织学习的不同影响。

研究表明，组织记忆根据存储的知识类型可以划分为陈述性记忆和过程性记忆。不同类型的组织记忆对组织学习的影响作用具有很大的差异性。因此，不但要重视组织记忆在量上对组织学习的影响，还应该区分组织记忆的不同类型和性质，弄清不同类型的组织记忆对组织学习的影响。这里，本书借鉴 Anderson（1983）对组织记忆的二维度分类（把组织记忆划分为陈述性记忆和过程性记忆），并探讨它们对探索式学习和利用式学习的影响作用。

①陈述性记忆对组织学习的影响

陈述性记忆是有关"事实、事件或者命题的记忆"（Anderson，1983；Cohen，1991），包括是什么（know-what）、为什么（know-why）或者何时（know-when）（Huber，1991；Kogut & Zander，1992）。与涉及惯例或技能性记忆的过程性记忆不同，陈述性记忆不是针对特定的用途，其最典型的特征是具有理论性和抽象性，它可以有多种不同的用途，可能以无数的方式适用于各种不同的情境。在团体层面，陈述性记忆可能存在于集体知识结构中，如共享信息，也可能以蓝图、报告或历史研究结论摘要等物质形式存储。"陈述性记忆奠定了同类知识在不同用途上转换的基础"（Anderson，1983），这一特质不论对于探索式学习还是利用式学习的影响都是显著的。

从利用式学习的特征来看，这种学习方式是组织对已有的知识、规则和策略的进一步开发利用，即将原有的方法运用到管理实践中，并力图在实践中对现有的知识进行改进，注重旧知识的应用和改进，稳步提升组织学习曲线，采用的学习形式包括知识的提炼、选择、实施执行以及对知识库中存储的知识的再利用等。因此，当组织中的陈述性记忆处于较高的水平时，利用式学习就具有丰富的知识基础，进而能够产生较好的利用式学习效果。

探索式学习是指组织积极主动地创造新知识、发现新策略和寻找新规则，包括搜索、变化、风险承担、试验、灵活性、开发或创新。这些知识可能与组织知识库中的知识差异较大。但是探索式学习与组织中的陈述性记忆具有显著的关系。如前所述，陈述性记忆代表了组织中一般性的原理，这种记忆在催生新思维、产生新理解或者建立概念和行为之间新的联系方面具有一定的潜能。组织中拥有丰富的陈述性记忆以及有意识地应用陈述性记忆，提升了在缺少标准化模式的情境下利用先前知识的可能性，也使得组织应用探索式学习的可能性大大提高。Moorman & Miner（1997）提出，陈述性记忆的强度对于组织即兴产生新奇行为的程度起到关键作用。组织的即兴活动与探索式学习在创新方面具有共同之处。Cohen & Levinthal（1990）的研究认为，企业的基础研究和研发投入将维持企业新的发现。那些注重研发（研发的知识本质上属于陈述性记忆）的组织在发现、认同、理解和利用组织外部知识方面更为有效。由此，本书提出以下假设：

H2：组织记忆水平对组织学习具有影响。

H2a：陈述性记忆对探索式学习具有正向影响。

H2b：陈述性记忆对利用式学习具有正向影响。

②过程性记忆对组织学习的影响

过程性记忆是指那些有关"事情是如何做"（Cohen & Levinthal，1994）或者"对于那些你能做什么"（Berliner，1994）的记忆类型（Cohen，1991；Pressing，1984；Singley & Anderson，1989）。这种记忆类型具有两个特点：第一，过程性记忆以某种技能的形式存在，并依赖于（tied to）其发生作用的特定领域（Moorman & Miner，1998a），其惯例特征反映在"一系列习得的包含多重角色的模式化行为中"（Cohen & Levinthal，1994）。第二，过程性记忆是自动的和无法言传只可意会的（Cohen & Levinthal，1994），也就是说，使用者即使没有大量的基础知识，也能自动取得这类记忆（Tsoukas & Vladimirou，2001），从这一点来看，过程性记忆的关键特征是可以自动或无意识地提取，它也被称为"自动记忆"（Pressing，1988）。

组织内部的惯例和标准等过程性记忆对于利用式学习和探索式学习而言，有助于提升学习的速度，减少学习的成本。这一观点在演化模型（Nelson & Winter，1982），有限理性理论（Cyert & March，1963）和组织记忆的研究（Walsh & Ungson，1991）中都得到了证实。还有大量的文献也提供了强大的证据证明了这一论点，即惯例也可以推进创新，因为惯例提高了某种组织的工作结构，这种工作结构对于探索式学习尤为关键，因为当组织身处复杂动荡的环境中时，组织需要通过探索式学习来了解外部市场环境的变化，此时的环境具有高度的不确定性，对于市场特征难以作出清晰判断（Brown & Eisenhardt，1997）。在这样的背景下，惯例产生心理上的优势，"由于不确定性会使人对未来产生焦虑感，在这种情境下，形成类似惯例的结构性行为和激励行为也是十分重要的"（Eisenhardt & Tabrizi，1995）。惯例除了具有心理上的收益外，这种结构性行为还具有推进组织认知上的好处，由于共享的程序和实践能够促进部门间的信息交换和相互理解，因此其对于在不同的组织成员间产生新奇的联系来说也是十分关键的（Dougherty，1992）。

此外，惯例作为一种感知过滤器（perceptual filters）（Hedberg，1981）可能对组织学习造成负面影响。组织中存在大量的可自动提取的过程性记忆将限制组织的创新行为。Berliner（1994）提出的"与即兴相关的最大的讽刺是，当艺术家通过艰苦的练习，形成一套行为模式时，他们又必须防备陷入这种习惯性的缺乏创新的做法"。从某种意义上说，存储于记忆库中的所有种类的信息都可能存在此类限制效应（Leonard Barton，1992）。然而，对于过程性记忆而言，这一影响可能就显得更为严重，因为过程性记忆常常是可以自动提取的（Cohen，1991）。与该观点一致的是，有些学者提到了个体层面的过程性记忆的具体效应，这类记忆的提取和运用往往与学习到此技能的特定的问题或场景相联系。Singley & Anderson（1989）曾经证明，微积分中的微分和积分能力一般来讲彼此并没有促进作用，语言学习中的理解和创作之间亦没有互通作用。而且，一些体育评论员也发现，具有很强创新性技能的球员往往会受控于球而无视周围其他重要的细节（Bjurwill，1993）。学者们还发现，拥有很强过程性记忆的团队备受限制。比如，Dougherty（1992）提出，那些具有完备程序的产品研发团队最没有可能偏离其既定的行为模式。与之类似，Weick 描述了训练有素的消防队员不愿意"放下背包和工具"以快速躲避灾难（1996）。他推测这种行为倾向可能是由于消防队员"过度学习"了某种技能——过程性记忆的特征（Neustadt & May，1986；Walsh，1995）。

综合上述分析，过程性记忆与利用式学习、探索式学习之间呈现一种倒 U 形关系。过多的过程性记忆可能影响组织更好地发掘和运用已有的知识，阻碍组织有效获取外部知识等创新行为。然而，过低的过程性记忆水平也可能使组织学习处于低效率水平，使组织成员陷入混乱之中，甚至使组织工作陷入瘫痪，进而阻碍利用式学习和探索式学习的开展。因此，适度水平的过程性记忆有助于利用式学习和探索式学习的开展，因为组织将从这些积累的经验和结构中获益。由此，本书提出以下假设：

H2c：适度水平的过程性记忆有助于利用式学习的开展。

H2d：适度水平的过程性记忆有助于探索式学习的开展。

③过程性记忆和陈述性记忆对组织学习的共同影响

前文假设表明，过程性记忆和陈述性记忆对组织学习的影响各有利弊。陈述性记忆提高了利用式学习和探索式学习的水平，而过程性记忆与利用式学习、探索式学习之间呈现一种倒 U 形关系。除了上文提到的直接效应外，我们认为，过程性记忆和陈述性记忆能够互补并抵消相互的缺陷，激发各自的优点。

在描述有关互补关系的机制的过程中，我们首先探讨陈述性记忆是如何推动过程性记忆的运用的。陈述性记忆明显指导着过程性记忆的创造性运用，陈述性记忆有助于组织将现在的惯例运用于新的情境，在现在的惯例中组合各个亚类，以全新的方式重新组合所有惯例（Moorman & Miner，1998）。由此看来，陈述性记忆有助于推动过程性记忆高效新奇的运用，进而促进过程性记忆对组织学习的积极影响。大量的理论研究就创新和学习能力主要是指现有知识和惯例的全新组合展开争论（Nelson & Winter，1982）。另外，高水平的陈述性记忆有助于管理者从各种事件中提炼某些模块化知识（过程性记忆）（Quinn，1988），减少惯例的机械限制作用。而且，有一定理论积累（高水平的陈述性记忆）的组织将更有可能形成更多的过程性记忆，原有的惯例和组织机构有可能将专家型的陈述性记忆直接转化为过程性记忆，而这种在理论基础支撑之下的高水平过程性记忆，由于得到了更多正式的陈述性记忆的补充，极少有可能限制组织学习。

下面我们来探讨过程性记忆是如何促进陈述性记忆的价值发挥的。组织中的过程性记忆有助于组织快速提取陈述性记忆，从而促进陈述性记忆对组织学习的积极影响。知识密集型的组织（如咨询公司）常常拥有多种机制——借鉴社会网络（Hansen et al.，2000），信息定位工具如目录、搜索引擎、名录（Anand & Manz 1998）——以使成员快速获得专家支持和多种观点参考。Olivera（2000）在对某跨国咨询公司的研究中发现，咨询人员受益于将记忆形成常规或者将之惯例化，并将其存入电子的或者社会的系统中（如知识中心和社会网络），因为通过这种方式，他们能够快速将专家知识运用于新的项目中。在组织的利用式学习的过程中，组织需要全面准确地把握运用已有的知识，倘若组织中具有大量的陈述性记忆，组织如何获得并有效利用这些记忆就仰仗过程性记忆的支持和协助。至于组织中的信息和知识如何在组织中正式保存和提取，这种保存和提取的过程又是如何影响组织学习和战略变革的关系，本书将从组织记忆过程这个维度展开探讨。

由此，本书提出以下假设：

H2e：高水平的过程性记忆和陈述性记忆有助于促进组织学习。

4.2.3 组织记忆水平与战略变革的关系

在组织战略变革的过程中，组织利用已有的经验以及获取外部环境信息的能力增强，但同时，组织记忆可能因为影响组织成员的判断而出现抵制变革的问题。这进一步突出了研究企业如何利用并得益于这些记忆类型这一问题的重要性。为深入探究这一问题，我们仍然将组织记忆水平的测量划分为两个子维度：过程性记忆和陈述性记忆，这两种记忆类型对于战略变革的影响存在差异。我们之所以选择这两种组织记忆类型，主要基于以下几点考虑：首先，组织不断将战略变革活动惯例化（常规化），以形成某种组织最佳实践（过程性记忆）。同时，组织将以往的战略定位和观念存储在内部局域网中（陈述性记忆），以备日后需要时随时调用（Olivera，2000）。其次，通过梳理已有的组织记忆对战略变革影响的研究发现，现有研究仅从定性的角度对组织记忆和战略变革的关系进行了探索式研究，相关研究要么单纯分析组织记忆过程（Hargadon & Sutton，1997），要么局限于探究记忆存储介质（storage bins）（Walsh & Ungson，1991）以及记忆的保持形式（Moorman & Miner，1997）对战略变革的影响，不论是研究的广度还是深度，都存在较大问题，因此我们致力于此类实证研究的拓展。最后，选择这两种记忆类型展开讨论，有助于在企业实践中将组织记忆视为组织的一项超越于传统资源的资源和能力。当然，我们不仅研究不同记忆类型对战略变革的影响，也将分析这两种记忆类型的共同效应，探讨实践中如何通过重新整合以往的知识和惯例以形成组织能力。

前文已经对组织记忆和战略变革的内涵和维度做了分析，因此不再赘述，而是直接探讨二者的影响关系。

（1）组织记忆对战略变革的影响

在战略变革的背景下，陈述性记忆包括：企业内部积累的有关消费者偏好的知识（Lynn & Akgün，2000），产品特征（比如产品设计图、产品包装），或者在某些时候根据顾客或者竞争环境，利用某种定位方法（Moorman & Miner，1998b）。与过程性记忆不同，陈述性记忆更具一般性，即这类记忆不局限于特定的用途，具有两方面的含义：一方面，陈述性记忆能够被有意识地、有目的地回忆起来（Anderson，1983），使用者可以利用此类记忆分析全新的问题：梳理因果关系，寻求与历史事件间的共性并选择适当的问题解决对策（Moorman & Miner，1998b）。另一方面，陈述性记忆具有多种应用的途径（Singley & Anderson，1989）。例如，产品模型制作技能（陈述性记忆）在产品开发中十分有用，而市场动态变化方面的知识既有助于新产品开发，对于企业其他过程（如订单履行（order fulfillment）、服务传递或者战略制定）而言也是极有助益的。

从以上分析来看，这类记忆有助于管理者识别外部事件的形式并选择与外部环境一致的合适行为。陈述性记忆的重要性体现在解读新环境或者运用原理预测结果。在组织层面，Cohen & Levinthal（1994）认为，"机遇青睐有准备的组织"，他们经过研究发现，那些注重研发（这类知识在本质上更多属于陈述性记忆）的组织在认同、解读和发现利用组织外部知识上更为有效。由此看来，陈述性记忆有助于组织准确解读外部环境的变化，为推动战略变革打下了基础。而且，组织有意识地应用陈述性记忆提升了在一个缺少标准化模式的动态变化情境下利用先前记忆的可能性，以及运用组织的一般性原理探寻变革对策的可能性。认知学者认为，拥有大量陈述性记忆的主体在操作者选择抽象规划空间时也有可能表现突出，也就是在特定的条件下，知道该实施哪一种行为，这进一步明确了战略观念和定位的变革方向。从战略变革的过程来看，战略管理者在变革之初，组织除了需要从外部搜索知识外（陈述性记忆的积累提升了组织搜索外部环境知识的能力），还需要查阅参考以往有关战略变革的活动和内容，以此为基础比较现行的战略观念和定位是否适应新的环境和市场，他们通过将过去的战略和当前的环境及自身的问题进行对照，以新的参考框架审视旧的战略方案，这一比较使得他们得以识别某种有效特征，如企业价值观、文化、市场定位和产品定位的适应性，并剔除那些陈旧的知识，如消费者偏好已经改变，以了解如何实施新的战略变革。

陈述性记忆的这一特征表明了一个广为认同的共识，作为以往研发投入的一种反应，陈述性记忆能够提升组织评估和引入外部新信息的能力，即企业的基础研究和研发投入将维持企业新的发现（Cohen & Levinthal，1990），这将使组织持续保持"先动"战略的标准化思维方式，有助于战略变革的推进。当然，实现这一战略变革的基础是组织要加强自主研究或者通过与基础科学来源建立联系，增加组织内部的陈述性记忆。由此，本书提出以下假设：

H3：组织记忆水平对战略变革具有影响。

H3a：陈述性记忆对战略观念变革具有正向影响。

H3b：陈述性记忆对战略定位变革具有正向影响。

早期的研究者假定组织记忆蕴含在一系列标准的操作程序中（March & Simon，1958）。此后又有人将之视为结构性产物，这种结构化的历史记忆如规章制度、管理者角色等，也可能会对组织造成损害，当组织所处的环境随时间发生变化时，这种结构性产物便逐渐失去其效力，阻碍战略变革的推进（Starbuck & Hedberg，1977）。存储于组织文化之内的历史遗物如规章制度、组织架构，有可能成为组织变革的绊脚石（Walsh & Ungson，1991）。为什么大的企业在面临环境变化时没能够保持其市场领先者的地位，人们往往会从组织记忆形成的核心刚性阻碍了战略变革的角度进行解释。Moorman & Miner（1997）在研究组织记忆对新产品创新性和绩效水平的影响时指出，高水平的记忆会抑制已有行为模式以外的行为。与此类似，Leonard-Barton 和 Dougherty 的研究发现，记忆较强的团队在新产品开发过程中偏离以前行为模式的可能性很小。

从现有的认为组织记忆可能对战略变革造成阻碍的研究来看，这些结论多是笼统地提出组织中大量的组织记忆会影响企业对新信息的需求（Diekson，1992；Sinkula，1994），但实际上，只有与特定领域相关的过程性记忆积累到一定程度，才会出现阻碍组织学习或变革的现象。即学者们所指出的，当组织记忆在某一特定领域增加的时候，变革就更难以发生了，有关组织的能力陷阱（Levitt & March，1988），核心刚性（Leonard-Barton，1992），惯例刚性或功能固化（Dickson，1992）等研究都强调组织记忆会阻碍战略变革。从某种意义上说，存储于记忆库中的所有种类的信息都可能存在此类限制效应（Leonard-Barton，1992）。然而对于过程性记忆而言，这一影响可能更为严重，因为过程性记忆常常是可以自动或无意识提取的，往往代表了个体或组织的默会性知识或隐性知识（Cohen，1991；Nonaka，1990；Winter，1987）。有些学者提到个体层面的过程性记忆的具体效应，这类记忆的提取和运用往往与学习到此技能的特定问题或场景相联系。学者们同时还发现，拥有很强过程性记忆的团队备受限制。这些工作团队在工作中形成了强大的工作流程或惯例，而这种惯例所形成的行为和思维上的定势往往是最难变革的。

精心设计的惯例和程序可能会对企业的战略变革产生负面影响，原因之一是惯例作为一种感性过滤器（perceptual filters）（Hedberg，1981），它可能妨碍组织理解并迎合顾客需要的变化和竞争者动向的改变，最终结果是企业生产的产品难以被市场所接受（Day，1994）。技能是人的能力，即"他们的行事方式"，这些能力因此带有个人品质，深深影响人们的行为、信仰以及具体情境下的表现（Nonaka，1994）。比如，Dougherty（1992）曾经描述过一个有关计算机企业的案例，该企业在经营中无法达到消费者预期，难以实现销售目标，原因之一是其强大的技术技能（该技术被证明是成功的高质耐用且独创的文字处理技术）使得工程技术人员在产品线的后续延伸中无视用户需要特征的变化，事实上，用户特征远比技术更为重要。原因之二是惯例具有自动性或者习惯性的特点，这一特点会阻碍企业变革创新。例如，惠普公司内部设置了 150 个项目部，为避免惯例影响产品创新，惠普公司推行工具性部门划分优势，形成跨部门产品设计惯例，采用跨部门合作，即产品设计人员依靠来自其他部门的同事来解决问题（如个人电脑部与高阶电脑部合作）。倘若惠普公司不推行其功能性产品，那么其现有的惯例势必影响产品创新性，因为设计者并非个人电脑用户的代表（Leonard-Barton，1992）。

然而，企业内部的惯例和标准的方法也会产生积极的效应，尤其对于战略定位变革而言，这种积极的作用更为突出。组织在进行战略定位变革时，往往遵循特定的工作流程，需要首先分析外部市场环境的变化，而组织中积累的如分析外部宏观和微观环境的工具和流程（PEST 分析、SWOT 分析、波士顿矩阵以及波特的五力模型等）将有助于组织快速准确地把握这些数据；随后，组织结合内部资源配置的情况，在以往工作流程的指导下快速精准地进行市场定位的调整和变革。所以说，组织内部过程性记忆的积累有助于战略变革的推进，这样惯例才能够带来财务上的成功。这一观点在演化模型（Nelson & Winter，1982），有限理性理论（Cyert & March，1963）和组织记忆的研究（Walsh & Ungson，1991）中都得到了证实。惯例也可以推进变革创新，因为它们提供了某种程度的工作结构，这种工作结构对于那些面临外部环境突然改变仍开展战略变革的组织而言尤为关键。当组织面临的是一个快速变化且高度不确定性的市场环境时，组织需要随时进行战略调整，惯例可以使人产生心理上的优势。"由于不确定性会使人对未来产生焦虑感，因此在这种情境下，形成类似惯例的结构性行为和激励行为也是十分重要的"（Eisenhardt & Tabrizi，1995）。

结合上述分析，这些观点表明，过程性记忆与战略变革呈现一种倒 U 形关系。过多的过程性记忆可能阻碍战略变革的推进；而过低的过程性记忆也可能会使战略变革处于低效率状态，使组织成员处于混乱之中，使组织工作陷于瘫痪。因此，适度水平的过程性记忆有助于推进战略变革。由此，本书提出以下假设：

H3c：适度水平的过程性记忆有助于战略观念变革的实施。

H3d：适度水平的过程性记忆有助于战略定位变革的实施。

（2）记忆类型对于战略变革的互补效应

除了上面提到的直接效应外，我们认为，陈述性记忆和过程性记忆的存储能够互补并抵消相互的缺陷。在描述有关互补关系的机制的过程中，我们首先探讨过程性记忆是如何促进陈述性记忆的价值发挥的，我们也提出组织可以利用过程性记忆来快速地应用陈述性记忆。学者们对于陈述性记忆促进组织的创新变革这一结论是基本赞同的，但是由于陈述性记忆可能散落分布在组织中，当组织进行信息搜索时，组织内部的过程性记忆有助于组织快速找到这些陈述性记忆，从而更好地发挥陈述性记忆对战略变革的积极效应。

那么，陈述性记忆是如何指导过程性记忆的创造性运用的呢？大量的理论研究就创新和组合能力主要是指现有知识和惯例全新组合展开争论（Nelson & Winter，1982）。这些组合呈现出多种形式——"将现有惯例应用于新的情境，在现有惯例中重新整合各个子部门，以及以全新的方式重新组合所有惯例"（Moorman & Miner，1998a）。比如，Quinn（1988）通过研究发现，具备从各种事件（陈述性记忆存储）中提炼某些模式化知识的能力的管理者往往更有可能表现突出，因为他们了解在特定的条件下，应该采用哪种过程和工具。这一点已为认知学者所证实，认知学者认为，拥有大量陈述性记忆的主体在操作者选择的抽象规划空间中更有可能表现突出，也就是在特定的条件下，知道该实施哪一种行为。尽管多数学者突出强调了过程性记忆对战略变革的阻碍作用，但是我们认为，组织中丰富的陈述性记忆会推动过程性记忆的灵活创造性使用，发挥惯例等过程性记忆对战略变革的积极作用。

基于上述分析，本书提出以下假设：

H3e：高水平的过程性记忆和陈述性记忆有助于战略变革的推进。

4.2.4 组织记忆传播过程对组织学习与战略变革关系的影响

本书第 3 章全面回顾了当前有关组织记忆传播过程的研究，并以此为基础，采用内容分析、因子分析等质化和量化研究相结合的方法，对组织记忆传播过程进行演绎法的量表开发。借鉴已有研究，结合研究实际，本书将组织记忆传播划分为 3 个有代表性的维度：组织记忆获得、组织记忆保持和组织记忆提取。因此,本书从这3个维度出发,试图探究记忆传播过程在组织学习和战略变革关系中的调节作用。

(1) 组织记忆传播过程

组织记忆传播过程是涉及组织记忆的获得以形成组织记忆库,以及组织成员保持和提取此类信息影响当前决策的过程。组织记忆对于绩效的效力不仅取决于组织中知识的储备数量,而且取决于记忆是否在需要时容易获得 (Sinkula,1994)。在组织学习和战略变革的过程中,组织已有记忆并不会顺畅地流向组织学习活动,组织必须建立一套组织记忆的获得、保持和提取机制,帮助组织成员有效保持和调用已有的知识,从而促进学习和变革。从某种意义上说,组织记忆的传播过程在一定程度上决定了组织选择哪种学习方式,以及影响学习的效果。

在深入分析组织记忆传播过程对组织学习和战略变革关系的影响之前,我们简要回顾组织记忆获得、保持和提取的内涵和操作性定义。组织记忆获得是指组织记忆产生和获得的过程、方法或工具。记忆的获得机制涉及个体的学习和培训、组织吸纳优秀人才、组织内部的交流和讨论等方面。组织记忆保持是组织记忆最重要和最广为认可的特征。Stein (1995) 认为,记忆有三种保持机制:模式、惯例和制度。Walsh & Ungson (1991) 指出了记忆保持的五个信息存储库 (个体、文化、流程、结构和生态系统) 和一个组织外部的信息源。我们认为组织记忆保持的操作性定义为记忆得以保存下来的过程、方法或工具。组织记忆提取是指组织记忆能够被提取并用于决策或解决问题的主要依靠,既包括组织内部设置的有助于信息积累和应用的实用机制,也包括一些无形的有助于记忆自动提取的文化环境。组织记忆在可获得性或者能够被提取使用的程度上也存在差异 (Day,1994;Garud & Nayyar,1994;Walsh & Ungson,1991)。正如 Day (1991) 所言,"缺乏设置实用的机制以'记住'曾经做过什么和为什么要做的组织,往往要重复它们的失败,并会反复追寻其成功的模式。记忆机制在确保有用的信息被获取、保持,在需要时可被及时提取方面十分必要"。

(2) 组织记忆传播过程对组织学习和战略变革关系的影响

组织学习与战略变革呈正相关关系,过去的研究对于这一结论是基本赞同的。然而，以往研究对于组织学习在影响战略变革过程中的其他影响因素的研究还十分欠缺。尽管一些研究涉及信息技术对组织学习的影响（Brown，1998；Zuboff，1988；Stein & Zwass，1995；Ramesh，1997；蔡雨阳等，2000；罗慧等，2004；张海波等，2005），并且作为组织记忆传播过程中的保持机制的信息技术与组织学习的关系已受到学者的广泛关注，如 Stein & Zwass（1995）提出信息技术通过加强组织成员之间的交流和讨论，而对组织学习具有促进作用，然而，单纯的信息技术仅仅是有助于陈述性记忆的保持和提取，而与过程性记忆的保持并无直接联系，目前的研究是从信息技术促进组织学习的角度展开的，并没有建立信息技术、组织学习和战略变革之间的关系，对于其他组织记忆传播过程维度在组织学习对战略变革影响过程中的调节作用更是存在理论空白。

组织记忆传播系统的信息化使得组织结构扁平化，加速了记忆在组织内部的传播，使得组织成为有机的柔性的组织，信息的可得性和共享性促进了组织的学习，并使得组织的诸多事务自动化和流程化，进而推进了战略变革的开展。

也有研究对组织记忆传播系统促进组织学习提出了质疑，他们认为当组织所处的外部环境是动态变化的时，组织记忆的提取机制可能制约组织的探索式学习，阻碍组织探索新的信息。而且，组织中的记忆保持机制如信息化的编码技术，从短期来看有利于组织记忆水平的提升，从长期来说由于限制了探索式学习，而不利于组织记忆内容的更新。同时，编码技术由于有助于组织快速提取记忆而过度使用利用式学习，进而影响了组织对新知识的探索，在此情形下，组织可能无视内部环境的变化，过分依赖组织中保持的记忆。Kingston（1990）认为，记忆保持机制有助于组织内部的知识快速达到一致，降低组织内部知识的异质性，进而降低组织对外部环境的知识变化的适应能力。这也反映了记忆保持机制对战略变革的阻碍作用，组织可能过分依赖记忆保持的系统，忽视甚至遗忘经验丰富的员工个体的记忆存储，在需要作出战略定位改变时，由于智能性惯例在计算机系统中嵌入很深，因此难以对现有的战略定位进行检查和调整。这样，记忆保持机制形成了一种刚性系统，阻碍了战略变革和组织学习。Gill（1995）运用案例研究法，详细分析了组织管理活动的自动化运行影响组织对环境的扫描以探测市场变化，最终导致组织市场份额的丧失。尽管记忆保持机制具有一定的负面作用，但是只要组织适当调节利用式学习和探索式学习的关系，是可以起到较大的积极作用的。因为一些研究表明，组织记忆之所以对战略变革产生阻碍作用，很大程度上是由于组织过分采用了利用式学习。

由此，本书提出以下假设：

H4：组织记忆的传播过程在组织学习和战略变革的关系间发挥一定的调节作用。

研究表明，记忆的获取创造了组织的知识基础、核心能力和日常程序，使得组织学习成为可能。通过从组织内部和外部获取知识，学习的知识基础得以形成（蔡雨阳等，2000）。企业外的学习和培训以及吸纳优秀员工的记忆获得机制将增加组织知识的异质性，从已有的和新加入的知识中通过处理获得新知识的能力将提高探索式学习的水平；而组织成员的经验总结、定期召开讨论会和跨部门交流会提高了信息的可用性和共享性，使得组织的知识更具柔性和有机性，更加丰富，从而大大促进了利用式学习的效果。组织内部的信息技术如 Lotus Notes，为成员间的交流提供了平台，并记录了决策的历史信息（张嵩等，2002）。有关记忆获得机制对战略变革的影响体现在以下几个方面：记忆获得加剧了组织定位和更新记忆库中特殊元素的问题，影响战略决策者对记忆的存储和提取，这些记忆既包括硬数据，还包括某些隐性记忆，如技巧、专长、偏好和传奇故事等。记忆获得机制使得组织能够较容易地编译、交流、吸收、存储和检索信息，极大地增强了组织获取和集成显性知识的能力，大大提高了组织将过去和现在的知识应用于解决组织目前面临问题的能力。

由此，本书提出以下假设：

H4a：记忆获得在利用式学习与战略变革的关系间发挥调节作用。

H4b：记忆获得在探索式学习与战略变革的关系间发挥调节作用。

Stein（1995）提出，各种记录（如文档、简单数据库）、分散的信息系统以及人工智能系统有助于和组织活动相关的记忆的保持。所谓记录，是将历史信息编码存储于某一媒介以长久保存。编码就是将概念编译进入物质结构，以备日后接收者解码。对记录加以复制并在现有或未来的组织成员中共享，是记录的最大优点。其缺点就是记录是静态的，记录的传递也是单向的，而且成员也必须了解如何对信息解码。当然，信息技术有助于规避记录的上述缺陷，促进信息的时空共享。诸如专家系统或案例推理系统等智能系统提供了经验型知识（experiential knowledge）的保持和扩散，而神经网络则是模式化（pattern）信息的最佳储存方式，且便于更新升级。对于那些程序性知识（procedural knowledge）则编码于机器人或自动化生产系统中。管理层需将先进的信息技术用于组织记忆的生产和存储，从而提升组织效力。

在组织利用已有知识开展学习的过程中，这些已有知识在组织的分布状况和保持形式将对利用式学习的效果产生影响（stein & Zwass，1995）。比如，组织中的文档、记录等有形记忆保持机制的丢失，或者组织中关键人员的离职，都会影响组织利用式学习的连续性，进而导致组织战略定位和观念的改变。当然，设计良好的组织记忆保持机制一方面使得组织知识更为连贯（Walsh & Ungson，1991），在组织学习需要时有案可查，比如一些有助于经验知识积累的专家系统或案例推理系统等智能系统对于组织学习和战略变革发挥正向调节作用；另一方面，良好的记忆保持机制（信息系统、人工智能等组织交流活动）还可增强组织成员之间的交流，促进信息流通的广度和深度（魏明、仲伟周、赵海峰，2005），提高组织和个人的学习效率，支持他们之间的讨论，从而有助于改善组织学习的效果，这种信息技术支持的记忆保持也提高了组织整体的沟通程度，在组织的日常运作中以及帮助组织成功应对环境的变化和挑战方面都具有重要的作用（Stein，1995；Huber，1991）。

同时，决策的过程和结果借助于保持机制存储在组织记忆库中，以备日后需要时检索，这样，组织的学习和认知能力得到了增强。Senge（1998）认为，信息化的记忆保持机制有助于团队学会如何进行学习，而反映专家评判观点的手动决策获取规则的人工智能系统则可以通过规范化处理，对规则再利用和解决新问题（Zhu，Prietula & Hsu，1997）。

组织记忆保持的方式和工具不论是对组织学习还是对战略变革，都具有促进作用。利用式学习强调组织已有知识的再利用,与以组织记忆为代表的组织已有知识具有紧密的联系;探索式学习也需要组织已有知识的积累和保持,组织学习对战略变革的影响关系是组织通过利用已有的技能和产品,在此基础上,对组织已有的内部资源配置乃至组织观念进行调整,并在改进和提升产品服务质量的同时对组织的市场进行再定位。因此,我们提出,记忆保持对组织学习和战略变革的关系起到正向调节作用。

由此,本书提出以下假设:

H4c:记忆保持在利用式学习与战略变革的关系间发挥调节作用。

H4d:记忆保持在探索式学习与战略变革的关系间发挥调节作用。

记忆提取机制减少了信息搜索的时间成本,推动了信息的共享,缩短了学习的积累周期,使得组织成员得以在不同的时空条件下,提取和使用已有的记忆。从这个意义上说,记忆提取机制影响了组织学习的速度,对于利用式学习而言表现得更为突出。记忆的可用性和分享程度越高,组织学习的能力越强。因为在组织学习过程中,组织将管理活动记录下来,留待日后需要时随时调用,这一方面提升了组织学习的速度,改善了学习的效果,另一方面也有助于组织战略变革过程中的记忆信息的搜索和提取。当然,组织支持记忆的提取将使组织结构趋于扁平化和网络化,而扁平化的组织更有利于积极组织文化的形成,因此,记忆传播的机制有助于组织结构的变革。

按照 Huber(1991)的理解,组织记忆必须存储在记忆中,为促进组织学习而能够从记忆库中提取。因此,早期的组织记忆研究的特点之一是集中于从信息技术的角度探讨组织记忆的运用(Hassell 2007;Martz & Shepherd 2001;Randal et al. 2001)。存储于组织记忆库中的有关行业信息、市场和客户信息以及组织内部运营的信息,借助于记忆提取机制能够被组织有效获取,被组织吸收并在商业上应用。在记忆传播过程中,各种计算机系统获得并储存市场和客户信息,信息技术软件提供传播和综合记忆的基础设施,成员之间如企业、供应商和顾客可以实现持续的跨越时空的交流和沟通,以增强记忆的使用价值,激发组织的创新潜能,使得新的想法能有效沟通。综上所述,记忆提取机制通过提升组织的吸收能力促进了组织学习，并改善了组织的工作效率和战略变革的能力。

如前所述，利用式学习是以组织记忆存量为基础的，当组织中的个体能够借助记忆提取机制快速从组织记忆库中提取相应的知识存储时，组织就会偏重于利用式学习（廖列法、王刊良，2008）。按照 March（1991）的观点，利用式学习凭借快速学习来完成，组织通过利用式学习可以快速提高组织记忆的水平，进而对战略变革产生影响。当组织面临突发事件需要借助利用式学习进行战略定位或观念调整时，组织记忆提取的速度将影响组织能否即时作出反应，并影响利用式学习的速度和效果，进而影响战略定位或观念的差异性。

记忆提取的机制不仅快速推动了记忆在组织成员之间的流动，打破了记忆沟通的时空界限，而且促进了成员的讨论交流，有助于组织记忆的记录和提取，这一点对于利用式学习来说非常重要。而且，随着组织规模的扩大和组织分布地域的分散，记忆提取机制对于组织学习的影响更为突出。当然，记忆提取机制也可以促进组织形成新的知识，而且记忆的传播越广泛，如局域网的记忆共享也可促进组织的学习，探索式学习的效果越好。所以，组织需要致力于建设记忆存储的机制，以对组织的知识进行存储和积累，达到促进组织学习、改善战略变革绩效的目的。

由此，本书提出以下假设：

H4e：记忆提取在利用式学习与战略变革的关系间发挥调节作用。

H4f：记忆提取在探索式学习与战略变革的关系间发挥调节作用。

4.3 研究模型设计

4.3.1 模型构建

基于相关理论研究基础，从组织记忆的研究视角，依据以上理论假设的推导，本书提出了一个关于组织学习、组织记忆水平、组织记忆传播过程与战略变革之间关系的模型，如图 4-8 所示，试图解释"组织记忆水平如何影响组织学习的效果进而影响战略变革，以及组织记忆传播过程对组织学习与战略变革关系的影响"。

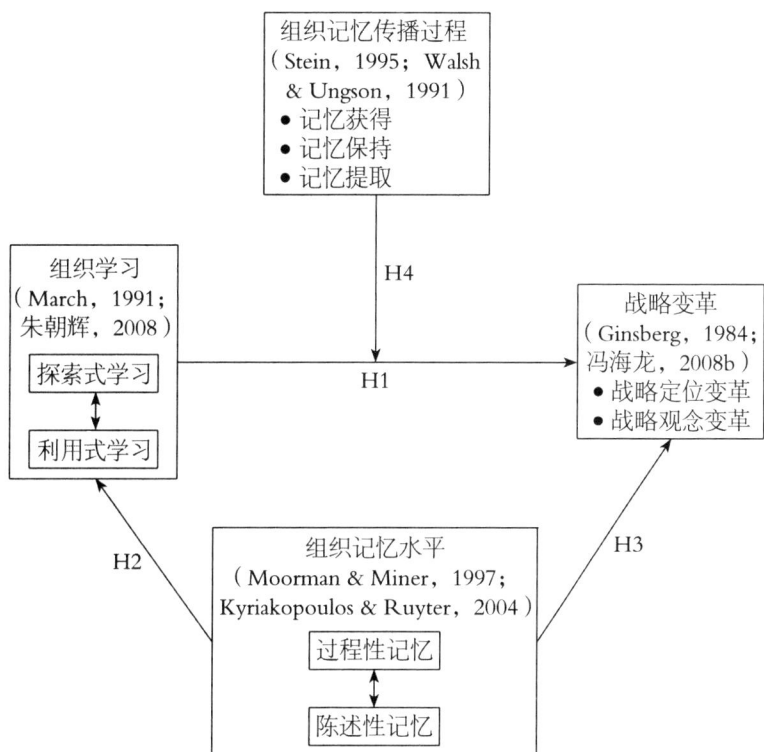

图 4-8　本书的实证研究模型

　　本书认为，利用式学习和探索式学习作为两种性质不同的学习方式，对组织战略变革具有不同的影响，二者之间平衡与否可能显著影响战略变革实践。因此，组织需要对这两种学习方式进行平衡。在组织学习的过程中，组织已有的知识、规则策略将影响组织学习的方式及其平衡，基于此，本书引入了组织记忆这一构念，深入探讨组织记忆的数量和类型对组织学习和战略变革的影响，而且，这种组织已有记忆在影响组织学习和战略变革的关系中，并不会顺畅地流向组织学习活动，组织内部的记忆传播过程将在一定程度上影响组织选择哪种学习方式，进而对二者的关系进行调节。

　　在实证研究模型中，组织记忆水平是组织学习和战略变革关系的前因变量，组织记忆水平包括陈述性记忆和过程性记忆；组织记忆传播过程是调节变量，包括组织记忆获得、保持和提取。这些变量之间相互作用、相互联系，共同形成了一个组织记忆视角下的组织学习与战略变革关系的作用机制模型。

4.3.2　理论假设与研究问题的对应

围绕研究问题以及相关要素之间的关系，本书共形成 24 个理论假设，见表 4-1。

表 4-1　　　　　　　　　　　　理论假设汇总

假设	假设内容
H1	组织学习对战略变革具有正向影响
H1a	利用式学习对战略变革具有正向影响
H1b	探索式学习对战略变革具有正向影响
H1c	探索式学习和利用式学习之间的平衡互动对战略变革具有正向影响
H1d	探索式学习和利用式学习之间的不平衡对战略变革具有负向影响
H2	组织记忆水平对组织学习具有影响
H2a	陈述性记忆对探索式学习具有正向影响
H2b	陈述性记忆对利用式学习具有正向影响
H2c	适度水平的过程性记忆有助于利用式学习的开展
H2d	适度水平的过程性记忆有助于探索式学习的开展
H2e	高水平的过程性记忆和陈述性记忆有助于促进组织学习
H3	组织记忆水平对战略变革具有影响
H3a	陈述性记忆对战略观念变革具有正向影响
H3b	陈述性记忆对战略定位变革具有正向影响
H3c	适度水平的过程性记忆有助于战略观念变革的实施
H3d	适度水平的过程性记忆有助于战略定位变革的实施
H3e	高水平的过程性记忆和陈述性记忆有助于战略变革的推进
H4	组织记忆的传播过程在组织学习和战略变革的关系间发挥一定的调节作用
H4a	记忆获得在利用式学习与战略变革的关系间发挥调节作用
H4b	记忆获得在探索式学习与战略变革的关系间发挥调节作用
H4c	记忆保持在利用式学习与战略变革的关系间发挥调节作用
H4d	记忆保持在探索式学习与战略变革的关系间发挥调节作用
H4e	记忆提取在利用式学习与战略变革的关系间发挥调节作用
H4f	记忆提取在探索式学习与战略变革的关系间发挥调节作用

其中，假设 H1a ~ 假设 H1d 主要考察的是在不考虑其他全变因素的情况下，组织学习与战略变革之间的关系，探讨两种学习方式及其平衡对组织战略变革的影响，这是本书第一个研究内容。假设 H2a ~ 假设 H2e 以及假设 H3a ~ 假设 H3e 分别考察组织记忆作为前因变量对组织学习和战略变革的影响，试图揭示不同类型和数量的组织记忆对组织方式与战略变革关系的影响，这是本书第二项研究内容。假设 H4a ~ 假设 H4f 主要考察组织记忆的传播过程如何调节组织学习对战略变革的影响，这是本书第三项研究内容。后文将通过实证研究来检验这些因素的相互关系。

第 5 章　研究设计与数据收集

本章主要介绍问卷设计、变量测量和分析方法等问题。作为企业层面的研究，有关组织记忆、组织学习和战略变革的数据将主要通过问卷调查的方式获得。本章还对数据收集的过程进行了描述，并对样本企业进行描述性分析，为后续实证研究奠定基础。

5.1　变量测量

5.1.1　组织记忆测量

从现有的有关组织记忆测量的研究文献来看，多数研究还缺乏一致性，在维度划分、测量内容、测量的操作性定义及样本选择方面还存在较大的差异。目前的实证研究中对组织记忆的测量，集中于对组织记忆内容和记忆信息系统等静态的组织记忆概念和数量进行衡量，以代表组织记忆变量。

Kyriakopoulos & Ruyter（2004）修正了 Moorman & Miner（1998b）的组织记忆水平的测量量表，见表 5-1。在文献回顾中，我们对组织记忆及其构成进行了界定，组织记忆水平的内涵与该量表的测量基本一致，而且该量表已被多次引用，具有较高的信度和效度。本书结合研究实际，拟借鉴并沿用这一成熟量表。该量表包括 6 个题项，分为过程性记忆和陈述性记忆 2 个维度。量表应用 Likert 5 点量表，1 代表非常不同意，5 代表非常同意。Cronbach's alpha 值为 0.850。

表 5-1　　　　　　　　　　组织记忆水平的测度指标列示

维度	指标题项描述
过程性记忆 （PM）	OMC1 精确的流程
	OMC2 标准化的方法
	OMC3 强大的技术
陈述性记忆 （DM）	OMC4 大量的知识
	OMC5 很多的经验
	OMC6 知识渊博的同事

资料来源　KYRIAKOPOULOS, RUYTER. Knowledge Stocks and Information Flows in New Product Development [J]. Journal of Management Studies, 2004, 41 (8)：1469-1498.

这种组织记忆构念静态方面的测量虽然为组织记忆的实证研究提供了有力的工具，并推动了组织记忆的深入研究，但由于缺乏动态的视角，因此使得现有实证研究对组织记忆的整个过程缺乏系统性的认识。因此，从动态视角开发组织记忆传播过程量表是目前组织记忆实证研究面临的首要和基础问题。具体而言，组织记忆传播过程的量表开发，能够从动态视角对组织记忆构念形成系统性认识，推进和夯实组织记忆的实证研究基础。基于此，我们在充分研读已有相关文献的基础上，积极与业界高管进行沟通，借鉴相关概念的测量量表，采用质、量相结合的方法自主开发了组织记忆传播过程的测量量表，见表 5-2。根据本书第 3 章的实证检验，该量表具有较好的信度和效度。量表包括 14 个题项，分为记忆获得、记忆保持和记忆提取 3 个维度，量表应用 Likert 5 点量表，1 代表非常不同意，5 代表非常同意。Cronbach's alpha 值为 0.942。

表 5-2   组织记忆传播过程的测度指标列示

维度	指标题项描述
记忆获得 （HD）	OMP1 企业常常选派员工参加企业外的学习和培训
	OMP2 企业成员经常将经验和学习后的总结进行分享
	OMP3 企业定期召开跨部门的交流会
记忆保持 （BC）	OMP4 企业曾受新闻媒体、研究机构、金融服务公司或政府管理部门的报道、研究或资料记载
	OMP5 企业建立了专家系统或案例系统等智能系统以保持组织经验型知识
	OMP6 企业建立了自动化生产系统或机器人系统以保持过程型知识
	OMP7 企业建立了神经网络系统以保持模块化知识
	OMP8 企业配备专家负责记忆数据库的维护和升级等服务
记忆提取 （TQ）	OMP9 企业支持知识提取
	OMP10 企业和员工经常本能或自动提取已有知识
	OMP11 企业经常从已有知识中提取信息
	OMP12 企业能够运用已有知识
	OMP13 企业能够利用有益的研究
	OMP14 企业调用知识的频率较高

资料来源　作者根据本研究整理.

5.1.2　组织学习测量

随着研究的深入，学者们开发了许多组织学习的测量量表，并且检验了这些量表的信度和效度。传统的组织学习测量多从组织学习过程的角度提出相应的量表，与此前的研究有所不同，Sinkula et al.（1997）则从认知角度分析提炼出了组织学习的促进因素，即组织价值、市场信息和组织行动，并以此框架为基础开发了组织学习能力量表。该量表由学习的承诺、分享愿景和开放心智 3 个维度构成。该量表中测量"学习的承诺"的指标有 4 个，测量"分享愿景"的指标有 3 个，测量"开放心智"的指标有 3 个，该量表主要用来衡量组织学习观念。随后，Baker & Sinkula（1999）进一步研究认为，组织价值影响了组织学习的导向，于是在原有量表的基础上进行修正，突出测量组织学习导向的功能，将每个维度扩展为 6 个题项，总共 18 个题项。该量表得到了学界的广泛应用，但是忽视信息分享和组织记忆是这个量表的固有缺陷。

基于 Baker & Sinkula 的量表中缺少组织记忆的维度，Hult（1997）开发的量表对此进行了修正和补充。Hult（1997）以世界 500 强之一的某企业的 179 个战略事业单位的采购活动为基础，结合组织学习的特性，从团队学习与组织学习的关系、学习和记忆的关系出发，系统分析了组织学习活动，开发了一个包括团队导向、系统导向、学习导向和记忆导向 4 个维度的组织学习能力测量量表。由于该量表的开发以市场采购活动为基础，其指标设计反映了组织具体的经营活动，因此其应用范围要明显窄于 Baker & Sinkula 的量表。

Jerez-Gomez（2005）开发了测量组织学习能力的量表，该量表包括管理承诺、系统视角、开放性和试验以及知识转移和整合 4 个维度。从其测量指标设计来看，这一量表主要是根据学习的过程、个体学习和组织学习之间的关系设计。Garvin et al.（2008）对于组织学习情况的测量是从组织学习和学习型组织的内涵出发，开发了包括支持性学习环境、学习实践过程和学习领导 3 个维度的组织学习测量量表，并通过实证研究检验了量表的信度与效度。

国内学者近年来也开展了大量的本土化组织学习测量研究，因为组织学习是一种与组织文化相联系的组织行为，所以结合国人的认知模式探究组织学习机理，开发本土化的组织学习量表就显得十分必要。在 Huber 的组织学习理论的基础上，赵海峰、程洁和万迪防（2003）通过实证研究开发了包括绩效认知度、实验认知度、培训持续性、运作多样性和系统性的五维量表，然而，由于各个维度之间存在重合且测量难度大，因此应用难度也很大。于海波（2007）根据组织学习层次的划分和 March 的组织学习两模式划分，开发了一个包括个体学习、群体学习、组织学习、组织间学习、探索式学习和利用式学习的六维量表。实证研究表明，该量表的信度和效度都较高。丁岳枫（2006）针对创业企业的组织学习，基于 March 的探索式学习和利用式学习开发了一个两维度的组织学习测量量表。杨建峰（2008）结合家族企业的组织学习特点，以 Garvin et al. 的量表为基础，增加了计划、监测和调整 3 个学习要素，进一步拓展了 Garvin 的五要素模型。云绍辉等（2007）在分析组织学习影响因素和组织学习风格的基础上发展了组织学习能力评价指标体系，该评价指标体系包括敏锐的环境洞察力、鼓励试验、信任与开放的交流环境、领导支持并参与学习、系统地解决问题、适宜的组织学习风格 6 个维度 24 个题项。

如前所述，尽管迄今为止学界出现了大量的组织学习测量量表，但学者们无不将组织学习视为一个整体，从认知角度、组织学习要素角度和组织学习过程角度展开了研究，这些研究有助于我们了解组织学习的过程黑箱，促进组织学习的实证测量的发展。

然而前文提到的组织学习的量表要么侧重于对组织学习能力的测度，要么侧重于从影响组织学习的因素出发测量组织学习的程度和特性，要么针对特定区域或者特定企业类型或者企业发展阶段开发有针对性的量表。因此，我们认为，直接借用国外量表可能出现"水土不服"的问题，针对特殊企业的组织学习开发的量表其普适性又值得商榷。所以，本书借鉴朱朝晖、陈劲团队开发的基于组织学习的量表来开展研究，该量表共 8 个题项。其中，探索式学习 4 个题项，利用式学习 4 个题项，具体见表 5-3。该量表突出了对组织知识利用和创新的测量，得到了学界的广泛应用。该量表应用 Likert 5 点量表，1 代表非常不同意，5 代表非常同意。Cronbach's alpha 值为 0.940。

5.1.3 战略变革测量

学术界对于战略变革的内涵并未形成一致的看法，对其的实证测量也是各有侧重，差异性体现在测量维度、测量内容和工具选择等方面。

杨林等（2008）在对国外战略变革的经验研究进行梳理的基础上，总结了理性视角、学习视角和认知视角的战略变革实证测量的区别。

"理性视角是从单一维度来定义企业战略变革的概念，根据业务、企业或集群战略的离散变化来考察并测度企业战略变革。其中，业务层

表 5-3　　　　　　　　　　　组织学习的测度指标列示

维度	指标题项描述
探索式学习 （TS）	TS1 企业可以快速有效地识别新领域知识
	TS2 企业能够有效地从内部创造或外部获得所需要的新领域知识
	TS3 企业可以有效地在公司内部共享所创造或获得的新领域知识
	TS4 企业能够有效地将所创造或获得的新领域知识整合并加以利用
利用式学习 （LY）	LY1 企业可以快速有效地识别现有领域知识
	LY2 企业能够有效地从内部创造或外部获得所需要的现有领域知识
	LY3 企业可以有效地在公司内部共享所创造或获取的现有领域知识
	LY4 企业能够有效地将所创造或获取的现有领域知识整合并加以利用

　　资料来源　朱朝晖．探索性学习与挖掘性学习和创新绩效 ［J］．科学学研究，2008（8）：860-867．

面的变革通常旨在提升企业各单项业务的竞争力；企业层面的变革一般关注企业业务的多样性；而集群层面的变革则探讨与竞争对手、供应商、分销商及其他企业建立关系的相对价值。其实证测量指标主要包括变革的可能性、变革的方向以及变革的规模和程度。将环境视为客观的，仅仅分析内部组织因素对战略变革的影响，并不考虑组织成员与环境之间的互动。"

　　"学习视角的战略变革测量将战略变革视为一个反复的过程，是战略内容变革和变革过程中管理者行为所引起的环境和组织要素变化的组合。环境和组织要素是动态的、不确定的，这种变化并非直接作用于战略变革，而是通过影响战略行为的学习和经验的积累过程使得战略内容发生变化。学习视角由于没有对战略变革内容作出明确的界定，大多采用案例分析法，并选用特殊的样本和不同的研究构念，因而难以对管理层行为与实际战略变革的方向和规模之间的因果关系作出恰当的评价。"

　　"认知视角也主要采用案例分析法考察战略变革与管理层认知以及

其他环境变量的关系。"

冯海龙（2008）在其博士论文中对现有战略变革的测量进行了全面回顾，将其划分为六大类：多业务、企业层面与业务层面战略、战略类型、战略定位、资源配置、战略集团。结合本书实证测量的实际，本书仅对其中的三种战略变革测量进行简要回顾。

（1）适用于多业务企业的战略变革测量

Jacquemin & Berry（1979）以及 Palepu（1985）等学者将战略变革视为企业多业务变革的变化，从企业层面和业务层面测量多业务企业的战略变革。Amburgy et al.（1994）将企业战略变革操作化为企业产品与市场多元化水平的变化，而对于多元化水平的测量则采用两个指标：一是优势业务比率，即最大单一业务的收入比例；二是相关业务比率，即最大一组相关业务的收入比例。这种测量方法仅对于开展多业务企业的战略变革适用，而对于开展单一业务企业的战略变革的测量，采用这一测量方法时，其适用对象存在一定的局限。

（2）企业/业务两层面的战略变革测量

一些学者从企业层面和业务层面的战略变革进行了测量，将战略变革操作化为产品数量的变化情况，战略变革程度的大小以产品数量变化的程度来测度（Kelly et al.，1991）。随后，在此研究基础上，结合 Ginsberg（1988）对战略变革的理解，Barker & Duhaime（1997）从企业和业务两个层面测量战略变革，开发了9个题项测量企业层面的战略变革，业务层面的战略变革的测量由4个维度19个题项构成。这4个维度包括：生产制造变革、研发变革、财务政策变革和市场变革。

（3）战略定位测量

学者们将战略定位的变革理解为战略变革，进一步将定位操作化为高层管理者对企业管理观念的变化。具体测量量表采用 Likert 7 级量表（Ginsberg & Buchholtz，1990），测量题项的获得主要来自前人研究的积累，包括 Khandwalla（1977）以及 Smart & Vertinsky（1984）对此的观点。还有学者利用纵向数据对企业战略变革的定位差异进行了测量（Feitler et al.，1997）。以往学者采用的战略定位的评价指标包括：成本、效率、价格、产品、风险、服务和规模。

上述战略变革的测量方法无疑为有效测量这一构念奠定了理论和实证基础，与以往多数研究者不同，Ginsberg（1984）并不是在已有的战略变革测量方法中直接选择，而是发现现有测量方法的不足（这些测量方法未能反映战略变革的全面性和动态性），并在前人测量方法的基础上，构建战略变革测量的分析框架。Ginsberg 把战略变革分解为战略和变化 2 个基本维度，再根据组织与外部环境和内部环境的关系进一步将战略划分为定位和观念 2 子维度。所谓定位，指的是企业的产品在顾客市场中的位置，是一种关注外部环境的竞争优势的反映（Bourgeois，1980）；而观念是涉及组织文化、范式和意识形态层面的集体思想（Mintzberg，1987）。变化维度分为幅度/大小（Miller & Friesen，1983）和状态/模式（Galbraith & Schendel，1983）。以此为基础，冯海龙（2008）结合战略变革的定义，以 Churchill（1979）量表开发程序为参照，从定位和观念 2 个维度自主开发战略变革测量量表，形成了包括 12 个问项的定位维度、8 个问项的观念维度的问卷，具有较好的信度和效度。结合研究实际，本书借鉴沿用了这一量表，见表 5-4。量表应用 Likert 5 点量表，1 代表非常不同意，5 代表非常同意。Cronbach's alpha 值为 0.963。

表 5-4 　　　　　　　　　　　**战略变革的测度指标列示**

维度	指标题项描述
定位差异（DW）	DW1 企业产品数量发生了变化
	DW2 企业目标市场发生了变化
	DW3 企业业务数量发生了变化
	DW4 企业对部分或全部产品资源的投入量发生了变化
	DW5 企业对部分或全部目标市场资源的投入量发生了变化
	DW6 企业对部分或全部业务资源的投入量发生了变化
	DW7 企业不同产品之间的关联程度发生了变化
	DW8 企业不同业务之间的关联程度发生了变化
	DW9 企业各项业务对企业的重要程度发生了相对变化
	DW10 企业不同产品之间的资源配置比例发生了变化
	DW11 企业不同目标市场之间的资源配置比例发生了变化
	DW12 企业不同业务之间的资源配置比例发生了变化

续表

维度	指标题项描述
观念差异 （GN）	GN1 决定企业业务范围的子价值与规范的作用强度发生了变化
	GN2 决定企业生产流程的子价值与规范的作用强度发生了变化
	GN3 决定企业管理制度的子价值与规范的作用强度发生了变化
	GN4 决定企业战略的战略管理者管理理念的作用强度发生了变化
	GN5 决定企业业务范围的子价值与规范的基本构成发生了变化
	GN6 决定企业生产流程的子价值与规范的基本构成发生了变化
	GN7 决定企业管理制度的子价值与规范的基本构成发生了变化
	GN8 决定企业战略的战略管理者管理理念的构成发生了变化

资料来源　冯海龙.战略变革与战略执行力的组织学习前因及对绩效的协同影响［D］.大连：大连理工大学，2008.

5.2　样本选择与数据收集

5.2.1　数据收集程序

实证研究是以高质量的数据为基础，科学有效的数据收集程序又直接影响数据的质量，进而影响研究结论的科学性。本书的研究对象是中国所有企业，但是囿于研究能力、时间和经费的限制，无法进行完全抽样。因此，本研究的调查采取便利抽样方式，具体的样本选择、问卷发放与回收说明如下：

第一，调研的地区为大连、北京、沈阳和上海等多个城市，包括大连 IBM、金蝶软件等多个企业集团，这主要是由于笔者的论文指导老师林忠教授常常受邀为 EMBA 和 MBA 授课，可以接触到企业高管及中层管理者，并在课堂上发放问卷，从而可以提高问卷的回收率和数据质量；另外，笔者同门时常为这些地区的企业进行培训，与这些企业有着紧密的联系，这些都有助于本研究获取大量的企业调查样本。

第二，具体的问卷发放方式包括到企业现场发放问卷、邮寄纸质问卷和网络问卷在线调查。一方面，笔者亲自到企业现场发放并回收问卷，主要限于大连的企业。另一方面，通过邮寄把纸质问卷发放给企业的高层管理者，这部分样本主要是一些 EMBA 和 MBA 学员所在的企业，在规定的时间内，企业管理人员填答问卷并将纸质问卷邮寄给作者。此外，笔者还通过电子邮件将网络问卷寄给企业中高层管理者，网上答卷后直接提交。通过以上的调查方式共发放 270 份问卷。

第三，在发放的 270 份问卷中，共回收 240 份，回收率为 88.9%，剔除答题不完整或多选的 24 份问卷，有效问卷有 216 份，有效率为 90%。

5.2.2 样本特征描述

本次调查的 216 个有效样本的总体特征如下：

（1）行业分布

样本企业的行业分布涵盖了农、林、牧、渔业，采矿业，制造业，金融业，信息传输、计算机服务和软件业，交通运输、仓储和邮政业，批发零售业，餐饮住宿业，建筑与房地产业等多个行业，行业分布较为广泛，见表5-5。从行业分布结构来看，样本企业具有一定的代表性。

表5-5　　　　　　　　有效问卷的样本企业行业分布

编码	行业	企业个数	所占比例
1	农、林、牧、渔业	2	0.9%
2	采矿业	3	1.4%
3	制造业	40	18.5%
4	金融业	50	23.1%
5	信息传输、计算机服务和软件业	37	17.1%
6	交通运输、仓储和邮政业	8	3.7%
7	批发零售业	17	7.9%
8	餐饮住宿业	8	3.7%
9	建筑与房地产业	17	7.9%
10	其他行业	34	15.8%
	合计	216	100.0%

（2）企业职工规模

样本企业的职工数量差异较大，包括 100 人以下到 1 000 人以上，其中 100 人以下的企业有 53 家，占 24.5%；100 ~ 500 人的企业有 48 家，占 22.2%；500 ~ 1 000 人的企业有 38 家，占 17.6%；1 000 人以上的企业有 77 家，占 35.6%。

（3）其他描述性特征

在 216 个有效样本中，在性别上，男性占 51.4%，女性占 48.6%；在年龄上，25 岁以下的占 11.6%，26 ~ 30 岁的占 32.9%，31 ~ 35 岁的占 37%，36 ~ 40 岁的占 12.5%，41 ~ 45 岁的占 5.1%，50 岁以上的占 1%；在文化程度上，本科生占 55.6%，硕士生占 34.3%，博士生占 2.3%，其他占 8%；在工作年限上，1 ~ 5 年的占 28.2%，6 ~ 10 年的占 38.9%，11 ~ 15 年的占 23.6%，16 ~ 20 年的占 5.1%，21 ~ 25 年的占 2.8%，26 ~ 30 年的占 0.5%，30 年以上的占 0.9%。

由以上描述性信息可见，这些样本企业并非同质性的企业组群，具有一定的代表性。

第6章　数据分析与假设检验

本章通过统计分析方法进行实证分析，以检验本书对于组织记忆视角下的组织学习对战略变革影响的相关假设。本研究首先应用AMOS17.0软件对组织学习、战略变革和组织记忆水平进行验证性因子分析，以检验本书应用问卷的有效性，并作为后文分析的基础。然后，本研究应用AMOS17.0软件对组织学习对战略变革的直接影响效应进行了结构方程分析，应用SPSS17.0软件进行多层回归分析，以检验组织学习的平衡对战略变革的影响效应。最后，本研究应用SPSS17.0软件进行多层回归分析，检验了组织学习对战略变革影响过程中的组织记忆水平的前因作用和组织记忆传播过程的调节作用。

6.1　验证性因子分析

该部分应用AMOS17.0软件，分别对组织学习、战略变革和组织记忆水平进行了验证性因子分析，一方面检验本书应用问卷的有效性，另一方面也作为后文实证分析的基础。

6.1.1　组织学习验证性因子分析

本研究用全部216个数据，应用AMOS17.0软件对组织学习进行验证性因子分析，结果见表6-1。从分析结果来看，该模型的各项拟合指标较好，GFI、NFI、RFI、IFI、CFI 都在 0.93 以上，但 X^2/df 为 3.309 大于 2，RMSEA 为 0.104 大于 0.08，仍不十分理想。因此，这里通过结构方程分析，依据修正指数提示（M.I. 值）对组织学习结构进行修正。根据修正指数提示，题项3 和题项7 误差项具有相关关系，根据问卷题项意义来看，题项3 为"企业可以有效地在公司内部共享所创造或获取的新领域知识"，题项7 为"企业可以有效地在公司内部共享所创造或获取的现有领域知识"，从题项意义上来看，两个问题都是对企业在公司内部共享所创造或获取的知识的有效利用水平的询问，两个题项也极为相似，具有很高的相关性，所以添加此相关关系路径，得到模型1。模型1 各拟合指数也进一步提高，GFI、NFI、RFI、IFI、CFI 均大于 0.96，X^2/df 为 1.802 处于 1~2，RMSEA 等于 0.061，各拟合指数都较好。模型1 为组织学习因子结构的最终模型（如图6-1 所示），各拟合指数见表6-1。

表6-1　　　　　　　　组织学习验证性因子分析拟合指数表

指标	df	X^2	X^2/df	P	GFI	NFI	RFI	IFI	CFI	RMSEA
Model 0	19	62.874	3.309	0.000	0.930	0.954	0.932	0.967	0.967	0.104
Model 1	18	32.443	1.802	0.000	0.962	0.976	0.963	0.989	0.989	0.061

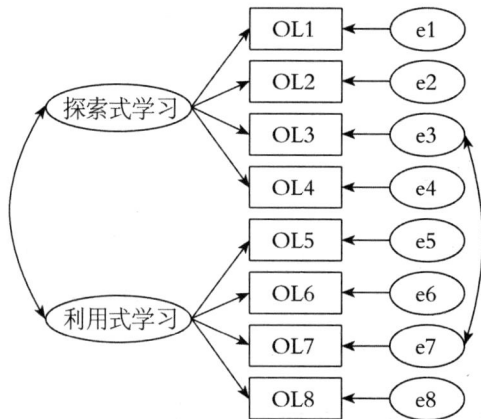

图6-1　组织学习验证性因子分析

6.1.2　战略变革验证性因子分析

本研究用全部 216 个数据，应用 AMOS17.0 软件对战略变革进行验证性因子分析，结果见表 6-2。从分析结果来看，该模型的各项拟合指标较好，NFI、RFI、IFI、CFI 都在 0.8 以上，GFI 接近 0.8，但 X^2/df 为 3.392 大于 2，RMSEA 为 0.105 大于 0.08，仍不十分理想。因此，这里通过结构方程分析，依据修正指数提示（M. I. 值）对战略变革结构进行修正。根据修正指数提示，题项 7 和题项 8 误差项具有相关关系，根据问卷题项的意义来看，题项 7 为"企业不同产品之间的关联程度发生了变化"，题项 8 为"企业不同业务之间的关联程度发生了变化"，从题项意义上来看，两个问题都是对企业不同物品之间的关联程度的变化的询问，具有很高的相关性，所以添加此相关关系路径，得到模型 1。

模型 1 各拟合指数也进一步提高，GFI、NFI、RFI、IFI、CFI 均在 0.8 左右，X^2/df 为 2.967 大于 2，RMSEA 为 0.096 大于 0.08，仍不十分理想。因此，这里通过结构方程分析，依据修正指数提示（M. I. 值）对战略变革结构进行修正。根据修正指数提示，题项 11 和题项 12 误差项具有相关关系，根据问卷题项意义来看，题项 11 为"企业不同目标市场之间的资源配置比例发生了变化"，题项 12 为"企业不同业务之间的资源配置比例发生了变化"，从题项意义上来看，两个问题都是对企业资源配置比例变化的询问，具有很高的相关性，所以添加此相关关系路径，得到模型 2。

模型 2 各拟合指数也进一步提高，GFI、NFI、RFI、IFI、CFI 均大于 0.8，X^2/df 为 2.803 大于 2，RMSEA 为 0.092 大于 0.08，仍不十分理想。因此，这里通过结构方程分析，依据修正指数提示（M. I. 值）对战略变革结构进行修正。根据修正指数提示，题项 4 和题项 9 误差项具有相关关系，根据问卷题项意义来看，题项 4 为"企业对部分或全部产品资源的投入量发生了变化"，题项 9 为"企业各项业务对企业的重要程度发生了相对变化"，从题项意义上来看，企业对产品资源投入量的变化可能是由于各业务对企业重要程度变化引起的资源重新分配，而企业资源重新分配也可能引发业务重要性的变化，因此两题项也具有很高的相关性，所以添加此相关关系路径，得到模型 3。

模型 3 各拟合指数也进一步提高，GFI、NFI、RFI、IFI、CFI 均大于 0.8，X^2/df 为 2.643 大于 2，RMSEA 为 0.087 大于 0.08，仍不十分理想。因此，这里通过结构方程分析，依据修正指数提示（M.I. 值）对战略变革结构进行修正。根据修正指数提示，题项 1 和题项 3 误差项具有相关关系，根据问卷题项意义来看，题项 1 为"企业产品数量发生了变化"，题项 3 为"企业业务数量发生了变化"，从题项意义上来看，对生产企业来说，其产出表现为产品，对服务企业来说，其产出表现为服务，所以两个问题都是对企业产出数量变化的询问，具有很高的相关性，所以添加此相关关系路径，得到模型 4。

模型 4 各拟合指数也进一步提高，GFI、NFI、RFI、IFI、CFI 均大于 0.8，X^2/df 为 2.521 大于 2，RMSEA 为 0.084 大于 0.08，仍不十分理想。因此，这里通过结构方程分析，依据修正指数提示（M.I. 值）对战略变革结构进行修正。根据修正指数提示，题项 17 和题项 18 误差项具有相关关系，根据问卷题项意义来看，题项 17 为"决定企业业务范围的子价值与规范的基本构成发生了变化"，题项 18 为"决定企业生产流程的子价值与规范的基本构成发生了变化"，从题项意义上来看，两个问题都是对企业子价值与规范的基本构成变化的询问，具有很高的相关性，所以添加此相关关系路径，得到模型 5。

模型 5 各拟合指数也进一步提高，GFI、NFI、RFI、IFI、CFI 均大于 0.8，X^2/df 为 2.411 大于 2，RMSEA 为 0.081 大于 0.08，仍不十分理想。因此，这里通过结构方程分析，依据修正指数提示（M.I. 值）对战略变革结构进行修正。根据修正指数提示，题项 10 和题项 11 误差项具有相关关系，根据问卷题项意义来看，题项 10 为"企业不同产品之间的资源配置比例发生了变化"，题项 11 为"企业不同目标市场之间的资源配置比例发生了变化"，从题项意义上来看，两个问题都是对企业资源配置比例变化的询问，具有很高的相关性，所以添加此相关关系路径，得到模型 6。

模型 6 各拟合指数也进一步提高，GFI、NFI、RFI、IFI、CFI 均在 0.9 左右，RMSEA 为 0.078，各拟合指数都较好。虽然 X^2/df 为 2.323，大于 2，但该指标受数据量影响较大，本研究只有 216 个数据，数据量较小，必然影响 X^2/df 的优度，因此可以接受。模型 6 为战略变革因子结构的最终模型（如图 6-2 所示），各拟合指数见表 6-2。

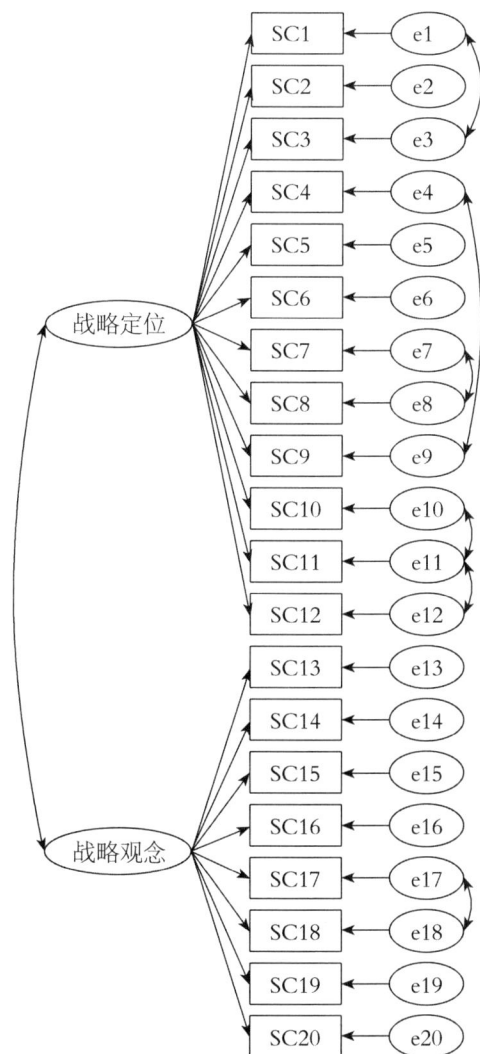

图 6-2　战略变革验证性因子分析

表6-2 战略变革验证性因子分析拟合指数表

指标	df	X^2	X^2/df	P	GFI	NFI	RFI	IFI	CFI	RMSEA
Model 0	169	573.218	3.392	0.000	0.774	0.849	0.830	0.888	0.888	0.105
Model 1	168	498.385	2.967	0.000	0.797	0.869	0.851	0.909	0.908	0.096
Model 2	167	468.138	2.803	0.000	0.810	0.877	0.860	0.917	0.916	0.092
Model 3	166	438.790	2.643	0.000	0.821	0.884	0.868	0.925	0.924	0.087
Model 4	165	415.991	2.521	0.000	0.831	0.890	0.874	0.931	0.930	0.084
Model 5	164	395.415	2.411	0.000	0.841	0.896	0.879	0.936	0.936	0.081
Model 6	163	378.631	2.323	0.000	0.846	0.900	0.884	0.941	0.940	0.078

6.1.3 组织记忆水平验证性因子分析

本研究用全部216个数据，应用AMOS17.0软件对组织记忆水平进行验证性因子分析，结果见表6-3。从分析结果来看，该模型的各项拟合指标较好，NFI、GFI、IFI、CFI都在0.9以上，RFI也大于0.8，但X^2/df为6.184大于2，RMSEA为0.155大于0.08，仍不十分理想。因此，这里通过结构方程分析，依据修正指数提示（M.I.值）对组织记忆水平结构进行修正。根据修正指数提示，题项OMC3对因子陈述性记忆也有贡献，因此添加陈述性记忆指向OMC3的路径，得到模型1。

模型1各拟合指数也进一步提高，GFI、NFI、RFI、IFI、CFI均大于0.9，X^2/df为2.429大于2，RMSEA为0.082大于0.08，仍不十分理想。因此，这里通过结构方程分析，依据修正指数提示（M.I.值）对组织记忆水平结构进行修正。根据修正指数提示，题项2和题项5误差项具有相关关系，根据问卷题项意义来看，题项2为"标准化的方法"，题项5为"很多的经验"，从题项意义上来看，标准化的方法是建立在诸多经验上的，是对经验的显性化，也是进一步形成经验的基础，两个问题具有很高的相关性，所以添加此相关关系路径，得到模型2。

模型2各拟合指数也进一步提高，GFI、NFI、RFI、IFI、CFI均大于0.9，RMSEA为0.069，明显小于0.08，各拟合指数都较好。虽然

X^2/df 为 2.015，略大于 2，但该指标受数据量影响较大，本研究只有 216 个数据，数据量较小，必然影响 X^2/df 的优度，因此可以接受。模型 2 为组织记忆水平因子结构的最终模型（如图 6-3 所示），各拟合指数见表 6-3。

表 6-3   组织记忆水平验证性因子分析拟合指数表

指标	df	X^2	X^2/df	P	GFI	NFI	RFI	IFI	CFI	RMSEA
Model 0	8	49.474	6.184	0.000	0.930	0.918	0.846	0.930	0.930	0.155
Model 1	7	17.005	2.429	0.000	0.975	0.972	0.940	0.983	0.983	0.082
Model 2	6	12.090	2.015	0.000	0.983	0.980	0.950	0.990	0.990	0.069

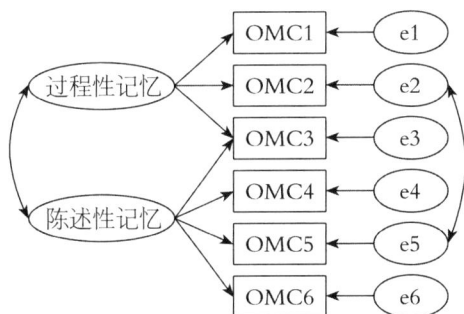

图 6-3   组织记忆水平验证性因子分析

6.2   组织学习对战略变革直接影响分析

根据既有理论和本书的研究假设，组织学习对战略变革具有直接影响。组织在运用利用式学习方式时，往往倾向选择已有的经验和方案，这些经验和方案在过去的实践中被证明是有效的，并在实践中持续改进既有的知识，完善这种方案，因此使得组织学习曲线得到稳步提升（朱朝晖，2009），进而促进了组织的渐进式战略变革。探索式学习可借助于搜索多渠道信息，比如通过和供应商以及顾客交流了解目标市场需要的改变，通过关注竞争者的产品信息，重新调整和整合组织知识和管理者心智模式以及组织观念，在此基础上尝试各种行动方案。通过吸收新知识，对既有的解决方案、产品或服务以及工作流程进行变革。这些变革既包括组织内部的战略观念层面，也包括面向市场的战略定位层面。已有研究显示，探索式学习是组织战略变革成功的决定因素之一（Vanhaverbeke et al.，2003）。

更有学者进一步指出，组织学习的两种方式是一种平衡关系，组织学习对战略变革的影响实际上是该平衡对它的影响。Zollo & Winter（2002）指出，探索式学习和利用式学习是一个循环的演化过程。在战略变革过程中，二者相互作用，共同演化，影响组织结构、惯例、领导者心智和组织文化，最终对战略变革产生影响，改变了战略定位和观念的幅度和模式。

因此，该部分首先应用 AMOS17.0 软件对组织学习对战略变革的直接影响进行结构方程分析，以对假设 H1a 和假设 H1b 进行检验。然后，应用 SPSS17.0 软件分别对探索式学习和利用式学习两种不同学习方式的平衡和不平衡对战略变革的影响进行多层回归分析，以对假设 H1c 和假设 H1d 进行验证。

6.2.1 组织学习对战略变革直接影响结构方程分析

（1）结构方程分析

本研究用全部 216 个数据，应用 AMOS17.0 软件对组织学习对战略变革的直接影响进行结构方程分析，结果见表 6-4。从分析结果来看，初始模型的各项拟合指标较好，NFI、GFI、IFI、CFI、RFI 都在 0.8 左右，但 X^2/df 为 3.027 大于 2，RMSEA 为 0.097 大于 0.08，仍不十分理想。因此，这里通过结构方程分析，依据提示对组织学习对战略变革的直接影响结构模型进行修正。根据点估计提示，利用式学习对战略观念的影响路径不显著，应该删除，故删除此路径，形成模型 1。

模型 1 各拟合指数进一步优化，GFI、NFI、RFI、IFI、CFI 均在 0.8 左右，X^2/df 为 3.018 大于 2，RMSEA 为 0.097 大于 0.08，仍不十分理想。因此，这里通过结构方程分析，依据提示对组织学习对战略变革的直接影响结构模型进行修正。根据点估计（estimates）提示，利用式学习对战略定位的影响路径不显著，应该删除，故删除此路径，形成模型 2。

模型 2 各拟合指数进一步优化，GFI、NFI、RFI、IFI、CFI 均在 0.8 左右，X^2/df 为 3.009 大于 2，RMSEA = 0.097 大于 0.08，仍不十分理想。因此，这里通过结构方程分析，依据修正指数提示（M. I. 值）对组织学习对战略变革直接影响效应结构模型进行修正。根据修正指数提示，探索式学习和利用式学习具有相关关系，因此添加二者的相关路径，得到模型 3。

模型 3 各拟合指数也进一步提高，GFI、NFI、RFI、IFI、CFI 均大于 0.8，RMSEA 为 0.078，明显小于 0.08，各拟合指数都较好。虽然 X^2/df 为 2.310，略大于 2，但该指标受数据量影响较大，本研究只有 216 个数据，数据量较小，必然影响 X^2/df 的优度，因此可以接受。模型 3 为组织学习对战略变革直接影响结构方程分析的最终模型（如图 6-4所示），各拟合指数见表 6-4。

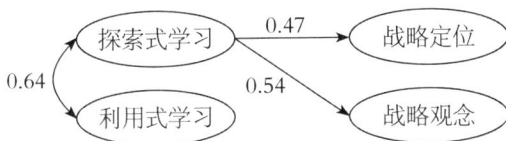

图 6-4　组织学习对战略变革直接影响结构模型

表 6-4　　组织学习对战略变革直接影响结构方程分析拟合指数表

指标	df	X^2	X^2/df	P	GFI	NFI	RFI	IFI	CFI	RMSEA
Model 0	339	1 026.002	3.027	0.000	0.782	0.813	0.791	0.866	0.865	0.097
Model 1	340	1 026.002	3.018	0.000	0.782	0.813	0.792	0.866	0.865	0.097
Model 2	341	1 026.003	3.009	0.000	0.782	0.813	0.792	0.867	0.866	0.097
Model 3	340	785.311	2.310	0.000	0.808	0.857	0.841	0.913	0.913	0.078

（2）假设检验

根据结构方程分析得到的结果，本研究假设 H1a 未通过假设检验，假设 H1b 得到了验证。

根据本研究上述结构方程分析结果，假设 H1a "利用式学习对战略变革具有正向影响"未通过假设检验，所以假设被拒绝。在上述结构方程分析中，由于利用式学习对战略定位的影响路径和对战略观念的影响路径都不显著而被删除，因此假设 H1a 被拒绝，证明利用式学习对战略变革并没有直接影响。

假设 H1b "探索式学习对战略变革具有正向影响"通过假设检验，假设得到支持。上述结构方程分析结果显示，探索式学习对战略定位具有正向影响，路径系数为 0.47；对战略观念具有正向影响，路径系数为 0.54（具体检验数据见表 6-5）。所以，假设 H1b 得到验证，说明探索式学习对战略变革具有正向影响。

因此，假设 H1a 未通过假设检验，假设 H1b 得到了验证。探索式学习对战略变革具有正向影响，而利用式学习对战略变革没有直接影响。

表 6-5   **组织学习对战略变革的直接影响假设检验**

路径	变量间关系	标准化路径系数	标准误	T	P	假设检验结果
1	探索式学习→定位	0.472	0.065	7.237	***	接受
2	探索式学习→观念	0.542	0.063	8.571	***	接受
3	利用式学习→定位	-0.003	0.049	-0.058	0.954	拒绝
4	利用式学习→观念	0.000	0.052	0.003	0.998	拒绝
添加	探索式学习↔利用式学习	0.642	0.077	8.304	***	添加

注：*** 表示 $P<0.001$。

6.2.2   探索式学习与利用式学习平衡对战略变革影响分析

He & Wong（2004）阐述了如何检验二元性假设即企业同时采用探索式学习和利用式学习的方法。假设组织在探索式学习和利用式学习间配置的资源分别是 a 和 1-a，用 (1-a) a 来衡量其平衡程度，借鉴 He & Wong 提出的方法，本研究对于利用式学习与探索式学习的平衡互动用两种学习方式的乘积来代表。

因此，该部分采用 He & Wong（2004）对平衡的测度方法，使用全部 216 个数据，应用 SPSS17.0 软件，分别对探索式学习与利用式学习平衡对战略定位和战略观念的影响进行多层回归分析，以对假设 H1c

进行检验。

（1）探索式学习与利用式学习平衡对战略定位影响分析

首先，本研究用全部216个数据，应用SPSS17.0软件，对探索式学习与利用式学习平衡对战略定位的影响进行多层回归分析。首先，对探索式学习、利用式学习与战略定位的均值、标准差及相关系数进行描述和分析；然后，对探索式学习与利用式学习平衡对战略定位的影响进行多层回归分析。

①相关分析

本研究应用SPSS17.0对探索式学习、利用式学习与战略定位进行了相关分析，分析结果显示，三者具有显著的相关性，探索式学习与利用式学习具有较高的正相关性（r=0.826，P<0.01），探索式学习与战略定位具有较高的正相关性（r=0.519，P<0.01），利用式学习与战略定位具有较高的正相关性（r=0.449，P<0.01），因此进一步探索三者之间的关系是极为可行的。探索式学习、利用式学习与战略定位的均值、标准差及相关系数阵见表6-6。

表6-6

探索式学习、利用式学习与战略定位的均值、标准差及相关系数阵

项目	M	SD	1	2	3
1. 探索式学习	3.45	0.90	1		
2. 利用式学习	3.62	0.88	0.826**	1	
3. 战略定位	3.46	0.76	0.519**	0.449**	1

注：** 表示 P <0.01。

②回归分析

本研究设计了3个模型，以应用SPSS17.0对探索式学习与利用式学习平衡对战略定位的影响进行多层回归分析。模型1设计为因变量战略定位对性别、年龄、文化程度、工作年限、单位性质、岗位属性、所属行业、企业规模8个控制变量的回归，以在回归分析中对相关影响变量进行控制。模型2设计为因变量战略定位对自变量探索式学习和利用式学习的回归，以检验探索式学习和利用式学习对战略定位的直接影响，并作为模型3分析比较的基础。模型3设计为因变量战略定位对探索式学习和利用式学习平衡（即探索式学习和利用式学习乘积项）的回归，以检验探索式学习和利用式学习平衡对战略定位的影响（具体回归结果见表6-7）。

表6-7

探索式学习与利用式学习平衡对战略定位影响的回归分析

模型	模型 1	模型 2	模型 3
因变量	战略定位	战略定位	战略定位
1. 控制变量			
性别	0.231*	0.172	0.171
年龄	0.087	0.015	0.025
文化程度	0.011	−0.015	−0.013
工作年限	−0.135	−0.052	−0.061
单位性质	−0.211	−0.152	−0.152
岗位属性	0.093	0.155*	0.158*
所属行业	−0.029	−0.025	−0.022
企业规模	0.025	0.037	0.037
2. 自变量			
探索式学习（TS）		0.362**	0.160
利用式学习（LY）		0.086	−0.092
3. 平衡水平			
TS×LY			0.055
R^2	0.068	0.322	0.327
ΔR^2	0.068	0.254	0.005
F	1.878	9.748**	9.005**

注：* 表示 $P<0.05$；** 表示 $P<0.01$。

在模型 1 中，因变量战略定位对性别、年龄、文化程度、工作年限、单位性质、岗位属性、所属行业、企业规模 8 个控制变量的回归结果表明，性别对战略定位具有正向的影响（$\beta=0.231$，$P<0.05$），其他控制变量对战略定位没有显著影响。

在模型 2 中，因变量战略定位对自变量探索式学习和利用式学习的回归结果显示，探索式学习对战略定位具有显著的正向影响（β = 0.362，P<0.01），但利用式学习对战略定位的影响不显著。

在模型3中，因变量战略定位对探索式学习和利用式学习平衡的回归结果显示，模型3的 R^2 高于模型2的 R^2，但模型3中探索式学习和利用式学习乘积项的路径系数不显著，因此探索式学习和利用式学习平衡对战略定位并没有显著影响。

（2）探索式学习与利用式学习平衡对战略观念影响分析

本研究用全部216个数据，应用SPSS17.0软件，对探索式学习与利用式学习平衡对战略观念的影响进行多层回归分析。首先，对探索式学习、利用式学习与战略观念的均值、标准差及相关系数进行描述和分析；然后，对探索式学习与利用式学习平衡对战略观念的影响进行多层回归分析。

①相关分析

本研究应用SPSS17.0对探索式学习、利用式学习与战略观念进行了相关分析，分析结果显示，三者具有显著的相关性，探索式学习与利用式学习具有较高的正相关性（r = 0.826，P<0.01），探索式学习与战略观念具有较高的正相关性（r = 0.524，P<0.01），利用式学习与战略观念具有较高的正相关性（r = 0.463，P<0.01），因此进一步探索三者之间的关系是极为可行的。探索式学习、利用式学习与战略观念的均值、标准差及相关系数阵见表6-8。

表6-8

探索式学习、利用式学习与战略观念的均值、标准差及相关系数阵

项目	M	SD	1	2	3
1. 探索式学习	3.45	0.90	1		
2. 利用式学习	3.62	0.88	0.826**	1	
3. 战略观念	3.32	0.78	0.524**	0.463**	1

注：** 表示 P <0.01。

②回归分析

研究设计了3个模型，以应用SPSS17.0对探索式学习与利用式学习平衡对战略观念的影响进行多层回归分析。模型1设计为因变量战略观念对性别、年龄、文化程度、工作年限、单位性质、岗位属性、所属行业、企业规模 8 个控制变量的回归，以在回归分析中对相关影响变量进行控制。模型 2 设计为因变量战略观念对自变量探索式学习和利用式学习的回归，以检验探索式学习和利用式学习对战略观念的直接影响，并作为模型 3 分析比较的基础。模型 3 设计为因变量战略观念对探索式学习和利用式学习平衡（即探索式学习和利用式学习乘积项）的回归，以检验探索式学习和利用式学习平衡对战略观念的影响（具体回归结果见表 6-9）。

表 6-9

探索式学习与利用式学习平衡对战略观念影响的回归分析

模型	模型 1	模型 2	模型 3
因变量	战略观念	战略观念	战略观念
1. 控制变量			
性别	0.118	0.058	0.057
年龄	0.194	0.121	0.143
文化程度	−0.007	−0.033	−0.028
工作年限	−0.203*	−0.120	−0.140
单位性质	−0.149	−0.091	−0.092
岗位属性	−0.104	−0.041	−0.035
所属行业	−0.022	−0.017	−0.012
企业规模	−0.036	−0.024	−0.024
2. 自变量			
探索式学习（TS）		0.380**	−0.046
利用式学习（LY）		0.073	−0.301
3. 平衡水平			
TS×LY			0.116*
R^2	0.048	0.295	0.314
ΔR^2	0.048	0.247	0.019
F	1.297	8.588**	8.505**

注：* 表示 $P<0.05$；** 表示 $P<0.01$。

在模型 1 中，因变量战略观念对性别、年龄、文化程度、工作年限、单位性质、岗位属性、所属行业、企业规模 8 个控制变量的回归结果表明，工作年限对战略观念具有负向的影响（β = −0.203，P<0.05），其他控制变量对战略观念没有显著影响。

在模型 2 中，因变量战略观念对自变量探索式学习和利用式学习的回归结果显示，探索式学习对战略观念具有显著的正向影响（β = 0.380，P<0.01），但利用式学习对战略观念的影响不显著。

在模型 3 中，因变量战略观念对探索式学习和利用式学习平衡的回归结果显示，模型 3 的 R^2 高于模型 2 的 R^2，且模型 3 中探索式学习和利用式学习乘积项的路径系数显著（β = 0.116，P<0.05），探索式学习和利用式学习平衡对战略观念具有正向的影响。

（3）探索式学习与利用式学习平衡对战略变革影响的假设检验

本研究根据 He & Wong（2004）对于两变量平衡对单变量影响的判断方法，对探索式学习和利用式学习平衡对战略变革的影响进行了回归分析，结果表明假设 H1c "探索式学习和利用式学习之间的平衡互动对战略变革具有正向影响" 得到了部分证实。

从探索式学习和利用式学习平衡对战略定位影响的回归分析结果来看，虽然模型 3 的 R^2 高于模型 2 的 R^2，但模型 3 中探索式学习和利用式学习乘积项的路径系数不显著，因此表明探索式学习和利用式学习平衡对战略定位并没有显著影响。

从探索式学习和利用式学习平衡对战略观念影响的回归分析结果来看，模型 3 的 R^2 高于模型 2 的 R^2，且模型 3 中探索式学习和利用式学习乘积项的路径系数显著，探索式学习和利用式学习平衡对战略观念具有显著的正向影响。

所以，假设 H1c "探索式学习和利用式学习之间的平衡对战略变革具有正向影响" 部分通过假设检验，探索式学习和利用式学习平衡对战略观念具有正向影响得到验证。

6.2.3 探索式学习与利用式学习不平衡对战略变革影响分析

He & Wong（2004）阐述了如何检验二元性假设，即企业同时采用探索式学习和利用式学习的方法。假设组织在探索式学习和利用式学习间配置的资源分别是 a 和 1-a，用 ABS（1-a）-a 来衡量其不平衡程度，借鉴 He & Wong 提出的方法，本研究对于利用式学习与探索式学习的不平衡采用两者之间的绝对差额来代表。

因此，该部分采用 He & Wong（2004）对于不平衡的测度方法，使用全部 216 个数据，应用 SPSS17.0 软件，分别对探索式学习与利用式学习不平衡对战略定位和战略观念的影响进行多层回归分析，以对假设 H1d 进行检验。

（1）探索式学习与利用式学习不平衡对战略定位影响分析

首先，本研究用全部 216 个数据，应用 SPSS17.0 软件，对探索式学习与利用式学习不平衡对战略定位的影响进行多层回归分析。首先，对探索式学习、利用式学习与战略定位的均值、标准差及相关系数进行描述和分析；然后，对探索式学习与利用式学习不平衡对战略定位的影响进行多层回归分析。

①相关分析

本研究应用 SPSS17.0 对探索式学习、利用式学习与战略定位进行相关分析，分析结果显示，三者具有显著的相关性，探索式学习与利用式学习具有较高的正相关性（r=0.826，P<0.01），探索式学习与战略定位具有较高的正相关性（r=0.519，P<0.01），利用式学习与战略定位具有较高的正相关性（r=0.449，P<0.01），因此进一步探索三者间的关系是极为可行的。探索式学习、利用式学习与战略定位的均值、标准差及相关系数阵见前文表 6-6。

②回归分析

研究设计了 3 个模型，以应用 SPSS17.0 对探索式学习与利用式学习不平衡对战略定位的影响进行多层回归分析。模型 1 设计为因变量战略定位对性别、年龄、文化程度、工作年限、单位性质、岗位属性、所属行业、企业规模 8 个控制变量的回归，以在回归分析中对相关影响变量进行控制。模型 2 设计为因变量战略定位对自变量探索式学习和利用式学习的回归，以检验探索式学习和利用式学习对战略定位的直接影响，并作为模型 3 分析比较的基础。模型 3 设计为因变量战略定位对探索式学习和利用式学习不平衡（即探索式学习和利用式学习差的绝对值）的回归，以检验探索式学习和利用式学习不平衡对战略定位的影响（具体回归结果见表6-10）。

表6-10

探索式学习与利用式学习不平衡对战略定位影响的回归分析

模型	模型1	模型2	模型3
因变量	战略定位	战略定位	战略定位
1. 控制变量			
性别	0.231*	0.172	0.169
年龄	0.087	0.015	0.017
文化程度	0.011	−0.015	−0.016
工作年限	−0.135	−0.052	−0.053
单位性质	−0.211	−0.152	−0.152
岗位属性	0.093	0.155*	0.155*
所属行业	−0.029	−0.025	−0.024
企业规模	0.025	0.037	0.037
2. 自变量			
探索式学习（TS）		0.362**	0.342**
利用式学习（LY）		0.086	0.107
3. 不平衡水平			
TS − LY			−0.05
R^2	0.068	0.322	0.326
ΔR^2	0.068	0.254	0.004
F	1.878	9.748**	8.962**

注：* 表示 $P<0.05$；** 表示 $P<0.01$。

在模型1中，因变量战略定位对性别、年龄、文化程度、工作年限、单位性质、岗位属性、所属行业、企业规模8个控制变量的回归结果表明，性别对战略定位具有正向的影响（$\beta=0.231$，$P<0.05$），其他控制变量对战略定位没有显著影响。

在模型2中，因变量战略定位对自变量探索式学习和利用式学习的回归结果显示，探索式学习对战略定位具有显著的正向影响（β=0.362,P<0.01），但利用式学习对战略定位的影响不显著。

在模型3中，因变量战略定位对探索式学习和利用式学习不平衡的回归结果显示，模型3的R^2高于模型2的R^2，但模型3中探索式学习和利用式学习的差的绝对值的路径系数不显著，因此探索式学习和利用式学习不平衡对战略定位并没有显著影响。

（2）探索式学习与利用式学习不平衡对战略观念影响的分析

本研究用全部216个数据，应用SPSS17.0软件，对探索式学习与利用式学习不平衡对战略观念的影响进行多层回归分析。首先，对探索式学习、利用式学习与战略观念的均值、标准差及相关系数进行描述和分析；然后，对探索式学习与利用式学习不平衡对战略观念的影响进行多层回归分析。

①相关分析

本研究应用SPSS17.0对探索式学习、利用式学习与战略观念进行相关分析，分析结果显示，三者具有显著的相关性，探索式学习与利用式学习具有较高的正相关性（r=0.826，P<0.01），探索式学习与战略观念具有较高的正相关性（r=0.524，P<0.01），利用式学习与战略观念具有较高的正相关性（r=0.463，P<0.01），因此进一步探索三者间的关系是极为可行的。探索式学习、利用式学习与战略观念的均值、标准差及相关系数阵见前文表6-8。

②回归分析

研究设计了3个模型，以应用SPSS17.0对探索式学习与利用式学习不平衡对战略观念的影响进行多层回归分析。模型1设计为因变量战略观念对性别、年龄、文化程度、工作年限、单位性质、岗位属性、所属行业、企业规模8个控制变量的回归，以在回归分析中对相关影响变量进行控制。模型2设计为因变量战略观念对自变量探索式学习和利用式学习的回归，以检验探索式学习和利用式学习对战略观念的直接影响，并作为模型3分析比较的基础。模型3设计为因变量战略观念对探索式学习和利用式学习不平衡（即探索式学习和利用式学习差的绝对值）的回归，以检验探索式学习和利用式学习不平衡对战略观念的影响（具体回归结果见表 6-11）。

表 6-11

探索式学习与利用式学习不平衡对战略观念影响的回归分析

模型	模型 1	模型 2	模型 3
因变量	战略观念	战略观念	战略观念
1. 控制变量			
性别	0.118	0.058	0.056
年龄	0.194	0.121	0.122
文化程度	−0.007	−0.033	−0.034
工作年限	−0.203 *	−0.120	−0.121
单位性质	−0.149	−0.091	−0.091
岗位属性	−0.104	−0.041	−0.041
所属行业	−0.022	−0.017	−0.016
企业规模	−0.036	−0.024	−0.024
2. 自变量			
探索式学习（TS）		0.380 **	0.365 **
利用式学习（LY）		0.073	0.088
3. 不平衡水平			
TS − LY			−0.037
R^2	0.048	0.295	0.295
ΔR^2	0.048	0.247	0
F	1.297	8.588 **	7.778 **

注：* 表示 $P<0.05$；** 表示 $P<0.01$。

在模型 1 中，因变量战略观念对性别、年龄、文化程度、工作年限、单位性质、岗位属性、所属行业、企业规模 8 个控制变量的回归结果表明，工作年限对战略观念具有负向的影响（$\beta=-0.203$，$P<0.05$），其他控制变量对战略观念没有显著影响。

在模型 2 中，因变量战略观念对自变量探索式学习和利用式学习的回归结果显示，探索式学习对战略观念具有显著的正向影响（$\beta=0.380$，$P<0.01$），但利用式学习对战略观念的影响不显著。

在模型 3 中，因变量战略观念对探索式学习和利用式学习不平衡的回归结果显示，模型 3 的 R^2 与模型 2 的 R^2 相等，且模型 3 中探索式学习和利用式学习差的绝对值的路径系数不显著，所以探索式学习和利用式学习不平衡对战略观念没有显著影响。

（3）探索式学习与利用式学习不平衡对战略变革影响的假设检验

本研究根据 He & Wong （2004） 对于两变量不平衡对单变量影响的判断方法，对探索式学习和利用式学习不平衡对战略变革的影响进行了回归分析，结果表明，假设 H1d "探索式学习和利用式学习之间的不平衡对战略变革具有负向影响" 未通过假设检验。

从探索式学习和利用式学习不平衡对战略定位影响的回归分析结果来看，模型 3 的 R^2 与模型 2 的 R^2 相等，且模型 3 中探索式学习和利用式学习的差的绝对值的路径系数不显著，因此探索式学习和利用式学习不平衡对战略定位并没有显著影响。

从探索式学习和利用式学习不平衡对战略观念影响的回归分析结果来看，模型 3 的 R^2 与模型 2 的 R^2 相等，且模型 3 中探索式学习和利用式学习的差的绝对值的路径系数不显著，所以探索式学习和利用式学习不平衡对战略观念也没有显著影响。

所以，假设 H1d "探索式学习和利用式学习之间的不平衡对战略变革具有负向影响" 未通过假设检验，该假设被拒绝，探索式学习和利用式学习不平衡对战略变革没有显著影响。

6.3 组织学习与战略变革的组织记忆水平前因分析

已有研究指出，过程性记忆和陈述性记忆对组织学习和战略变革的影响各有利弊，陈述性记忆与组织学习和战略变革呈现线性关系，而过程性记忆与组织学习和战略变革呈现倒 U 形关系。同时，两种记忆类型能够互补并抵消相互的缺陷，激发各自的优点。这种互动作用将对组织学习和战略变革产生影响。

因此，该部分使用全部 216 个数据，应用 SPSS17.0 软件，分别对组织记忆水平与组织学习和战略变革的前因关系进行多层回归分析，以对假设 H2 和 H3 进行检验。

6.3.1 组织学习的组织记忆水平前因分析

该部分使用全部 216 个数据进行多层回归分析，按照组织学习的探索式学习和利用式学习 2 个维度分两部分，分别讨论了探索式学习的组织记忆水平前因关系和利用式学习的组织记忆水平前因关系，检验了假设 H2a "陈述性记忆对探索式学习具有正向影响"，H2b "陈述性记忆对利用式学习具有正向影响"，H2c "适度水平的过程性记忆有助于利用式学习的开展"，H2d "适度水平的过程性记忆有助于探索式学习的开展"，H2e "高水平的过程性记忆和陈述性记忆有助于促进组织学习"的正确性。

（1）探索式学习的组织记忆水平前因分析

该部分对探索式学习的组织记忆水平前因进行多层回归分析。首先，对探索式学习、过程性记忆与陈述性记忆的均值、标准差及相关系数进行了描述和分析；然后，对过程性记忆与陈述性记忆对探索式学习的直接影响及二者互动对于探索式学习的影响进行了多层回归分析。

①相关分析

本研究应用 SPSS17.0 对探索式学习、过程性记忆与陈述性记忆进行了相关分析，分析结果显示，三者具有显著的相关性，探索式学习与过程性记忆具有较高的正相关性（$r = 0.555$，$P < 0.01$），探索式学习与陈述性记忆具有较高的正相关性（$r = 0.556$，$P < 0.01$），过程性记忆与陈述性记忆具有较高的正相关性（$r = 0.573$，$P < 0.01$），因此进一步探索三者间的关系是极为可行的。探索式学习、过程性记忆与陈述性记忆的均值、标准差及相关系数阵见表 6-12。

表 6-12

探索式学习、过程性记忆与陈述性记忆的均值、标准差及相关系数阵

项目	M	SD	1	2	3
1. 探索式学习	3.45	0.90	1		
2. 过程性记忆	3.58	0.91	0.555**	1	
3. 陈述性记忆	3.63	0.84	0.556**	0.573**	1

注：** 表示 $P < 0.01$。

②回归分析

研究设计了 3 个模型,以应用 SPSS17.0 对探索式学习的组织记忆水平前因关系进行多层回归分析。模型 1 设计为因变量探索式学习对性别、年龄、文化程度、工作年限、单位性质、岗位属性、所属行业、企业规模 8 个控制变量的回归,以在回归分析中对相关影响变量进行控制。模型 2 设计为因变量探索式学习对自变量过程性记忆和陈述性记忆的回归,以检验过程性记忆和陈述性记忆对探索式学习的直接影响,并作为模型 3 分析比较的基础。模型 3 设计为因变量探索式学习对过程性记忆和陈述性记忆互动(即过程性记忆和陈述性记忆乘积项)的回归,以检验过程性记忆和陈述性记忆互动对探索式学习的影响(具体回归结果见表 6-13)。

表 6-13 探索式学习的组织记忆水平前因回归分析

模型	模型 1	模型 2	模型 3
因变量	探索式学习	探索式学习	探索式学习
1. 控制变量			
性别	0.143	0.009	0.014
年龄	0.160	−0.016	−0.018
文化程度	0.062	0.062	0.064
工作年限	−0.170	0.004	0.009
单位性质	−0.114	−0.088	−0.089
岗位属性	−0.144	−0.041	−0.048
所属行业	−0.019	−0.010	−0.010
企业规模	−0.014	−0.011	−0.013
2. 自变量			
过程性记忆(PM^2)		0.049**	0.072
陈述性记忆(DM)		0.392**	0.535*
3. 交互影响			
PM×DM			−0.044
R^2	0.038	0.399	0.400
ΔR^2	0.038	0.361	0.001
F	1.032	13.606**	12.366**

注:* 表示 $P<0.05$;** 表示 $P<0.01$。

在模型1中，因变量探索式学习对性别、年龄、文化程度、工作年限、单位性质、岗位属性、所属行业、企业规模8个控制变量的回归结果表明，8个控制变量对探索式学习都没有显著影响。

在模型2中，因变量探索式学习对自变量过程性记忆和陈述性记忆的回归结果显示，过程性记忆的平方项对探索式学习具有显著的正向影响（$\beta = 0.049$，$P<0.01$），陈述性记忆对探索式学习具有显著的正向影响（$\beta = 0.392$，$P<0.01$）。

在模型3中，因变量探索式学习对过程性记忆和陈述性记忆互动的回归结果显示，模型3的R^2比模型2的R^2大，但模型3中过程性记忆和陈述性记忆乘积项的路径系数不显著，所以过程性记忆和陈述性记忆互动对探索式学习没有显著影响。

（2）利用式学习的组织记忆水平前因分析

该部分对利用式学习的组织记忆水平前因进行多层回归分析。首先，对利用式学习、过程性记忆与陈述性记忆的均值、标准差及相关系数进行描述和分析；然后，对过程性记忆与陈述性记忆及二者平衡对利用式学习的影响进行多层回归分析。

①相关分析

本研究应用SPSS17.0对利用式学习、过程性记忆与陈述性记忆进行相关分析，分析结果显示，三者具有显著的相关性，利用式学习与过程性记忆具有较高的正相关性（$r = 0.484$，$P<0.01$），利用式学习与陈述性记忆具有较高的正相关性（$r = 0.549$，$P<0.01$），过程性记忆与陈述性记忆具有较高的正相关性（$r = 0.573$，$P<0.01$），因此进一步利用三者间关系是极为可行的。利用式学习、过程性记忆与陈述性记忆的均值、标准差及相关系数阵见表6-14。

表6-14

利用式学习、过程性记忆与陈述性记忆的均值、标准差及相关系数阵

项目	M	SD	1	2	3
1. 利用式学习	3.62	0.88	1		
2. 过程性记忆	3.58	0.91	0.484**	1	
3. 陈述性记忆	3.63	0.84	0.549**	0.573**	1

注：** 表示 $P<0.01$。

②回归分析

研究设计了 3 个模型，以应用 SPSS17.0 对利用式学习的组织记忆水平前因关系进行多层回归分析。模型 1 设计为因变量利用式学习对性别、年龄、文化程度、工作年限、单位性质、岗位属性、所属行业、企业规模 8 个控制变量的回归，以在回归分析中对相关影响变量进行控制。模型 2 设计为因变量利用式学习对自变量过程性记忆和陈述性记忆的回归，以检验过程性记忆和陈述性记忆对利用式学习的直接影响，并作为模型 3 分析比较的基础。模型 3 设计为因变量利用式学习对过程性记忆和陈述性记忆互动（即过程性记忆和陈述性记忆乘积项）的回归，以检验过程性记忆和陈述性记忆互动对利用式学习的影响（具体回归结果见表 6-15）。

表 6-15　　　　利用式学习的组织记忆水平前因回归分析

模型	模型 1	模型 2	模型 3
因变量	利用式学习	利用式学习	利用式学习
1. 控制变量			
性别	0.082	-0.039	-0.032
年龄	0.159	-0.003	-0.006
文化程度	0.032	0.035	0.037
工作年限	-0.251*	-0.090	-0.084
单位性质	-0.202	-0.177	-0.179
岗位属性	-0.117	-0.027	-0.034
所属行业	0.027	0.032	0.033
企业规模	-0.086	-0.084	-0.085*
2. 自变量			
过程性记忆（PM^2）		0.036**	0.063
陈述性记忆（DM）		0.404**	0.569*
3. 交互影响			
PM×DM			-0.051
R^2	0.075	0.383	0.385
ΔR^2	0.075	0.308	0.002
F	2.086*	12.743**	11.605**

注：* 表示 $P<0.05$；** 表示 $P<0.01$。

在模型 1 中，因变量利用式学习对性别、年龄、文化程度、工作年限、单位性质、岗位属性、所属行业、企业规模 8 个控制变量的回归结果表明，工作年限对利用式学习影响显著（β = −0.251，P<0.01），其他控制变量对利用式学习没有显著影响。

在模型 2 中，因变量利用式学习对自变量过程性记忆和陈述性记忆的回归结果显示，过程性记忆的平方项对利用式学习具有显著的正向影响（β = 0.036，P<0.01），陈述性记忆对利用式学习具有显著的正向影响（β = 0.404，P<0.01）。

在模型 3 中，因变量利用式学习对过程性记忆和陈述性记忆互动的回归结果显示，模型 3 的 R^2 比模型 2 的 R^2 大，但模型 3 中过程性记忆和陈述性记忆乘积项的路径系数不显著，所以过程性记忆和陈述性记忆互动对利用式学习没有显著影响。

（3）组织学习的组织记忆水平前因分析假设检验

本研究应用 SPSS17.0 软件对组织学习的组织记忆水平前因关系进行回归分析，结果表明，假设 H2a "陈述性记忆对探索式学习具有正向影响"，H2b "陈述性记忆对利用式学习具有正向影响"，H2c "适度水平的过程性记忆有助于利用式学习的开展"，H2d "适度水平的过程性记忆有助于探索式学习的开展" 通过假设检验，假设得到验证，但假设 H2e "高水平的过程性记忆和陈述性记忆有助于促进组织学习" 未通过假设检验，假设 H2e 被拒绝。

上述回归分析结果显示，陈述性记忆对探索式学习和利用式学习都具有显著的正向影响，表明假设 H2a 和 H2b 得到验证。这说明陈述性记忆能够促进组织学习，陈述性记忆越高，组织学习水平越高。

回归分析也表明，过程性记忆的平方项对探索式学习和利用式学习都具有显著的正向影响。这表明适度水平的过程性记忆有助于利用式学习和探索式学习的开展，因此假设 H2c 和 H2d 得到验证。适度水平的过程性记忆有助于组织学习，组织学习与过程性记忆呈倒 U 形关系。

探索式学习和利用式学习对过程性记忆和陈述性记忆互动的回归结果表明，过程性记忆和陈述性记忆乘积项对探索式学习和利用式学习的影响都不显著，说明二者互动对探索式学习和利用式学习都没有影响，即高水平的过程性记忆和陈述性记忆对组织学习没有显著影响，假设H2e被拒绝。

所以，假设 H2a、H2b、H2c、H2d 通过假设检验，假设 H2e 未通过假设检验。陈述性记忆对组织学习有正向影响，过程性记忆与组织学习呈倒 U 形关系，而过程性记忆和陈述性记忆平衡对组织学习的影响不显著。

6.3.2 战略变革的组织记忆水平前因分析

该部分使用全部 216 个数据进行多层回归分析，按照战略变革的定位和观念 2 个维度分两部分，分别讨论了战略定位的组织记忆水平前因关系和战略观念的组织记忆水平前因关系，检验了假设 H3a "陈述性记忆对战略观念变革具有正向影响"，H3b "陈述性记忆与战略定位变革具有正向影响"，H3c "适度水平的过程性记忆有助于战略观念变革的实施"，H3d "适度水平的过程性记忆有助于战略定位变革的实施"，H3e "高水平的过程性记忆和陈述性记忆有助于战略变革的推进" 的正确性。

（1）战略定位的组织记忆水平前因分析

该部分对战略定位的组织记忆水平前因进行多层回归分析。首先，对战略定位、过程性记忆与陈述性记忆的均值、标准差及相关系数进行描述和分析；然后，对过程性记忆与陈述性记忆及二者平衡对战略定位的影响进行多层回归分析。

①相关分析

本研究应用 SPSS17.0 对战略定位、过程性记忆与陈述性记忆进行了相关分析，分析结果显示，三者具有显著的相关性，战略定位与过程性记忆具有较高的正相关性（$r=0.435$，$P<0.01$），战略定位与陈述性记忆具有较高的正相关性（$r=0.484$，$P<0.01$），过程性记忆与陈述性记忆具有较高的正相关性（$r=0.573$，$P<0.01$），因此进一步探索三者间的关系是极为可行的。战略定位、过程性记忆与陈述性记忆的均值、标准差及相关系数阵见表 6-16。

表 6-16

战略定位、过程性记忆与陈述性记忆的均值、标准差及相关系数阵

项目	M	SD	1	2	3
1. 战略定位	3.46	0.76	1		
2. 过程性记忆	3.58	0.91	0.435**	1	
3. 陈述性记忆	3.63	0.84	0.484**	0.573**	1

注: ** 表示 $P < 0.01$。

②回归分析

研究设计了 3 个模型,以应用 SPSS17.0 对战略定位的组织记忆水平前因关系进行多层回归分析。模型 1 设计为因变量战略定位对性别、年龄、文化程度、工作年限、单位性质、岗位属性、所属行业、企业规模 8 个控制变量的回归,以在回归分析中对相关影响变量进行控制。模型 2 设计为因变量战略定位对自变量过程性记忆和陈述性记忆的回归,以检验过程性记忆和陈述性记忆对战略定位的直接影响,并作为模型 3 分析比较的基础。模型 3 设计为因变量战略定位对过程性记忆和陈述性记忆互动(即过程性记忆和陈述性记忆乘积项)的回归,以检验过程性记忆和陈述性记忆互动对战略定位的影响(具体回归结果见表 6-17)。

在模型 1 中,因变量战略定位对性别、年龄、文化程度、工作年限、单位性质、岗位属性、所属行业、企业规模 8 个控制变量的回归结果表明,性别对战略定位影响显著($\beta = 0.231$,$P < 0.05$),其他控制变量对战略定位没有显著影响。

在模型 2 中,因变量战略定位对自变量过程性记忆和陈述性记忆的回归结果显示,过程性记忆的平方项对战略定位具有显著的正向影响($\beta = 0.029$,$P < 0.01$),陈述性记忆对战略定位具有显著的正向影响($\beta = 0.326$,$P < 0.01$)。

在模型 3 中,因变量战略定位对过程性记忆和陈述性记忆互动的回归结果显示,模型 3 的 R^2 比模型 2 的 R^2 大,但模型 3 中过程性记忆和陈述性记忆乘积项的路径系数不显著,所以过程性记忆和陈述性记忆互动对战略定位没有显著影响。

表 6-17   战略定位的组织记忆水平前因回归分析

模型	模型 1	模型 2	模型 3
因变量	战略定位	战略定位	战略定位
1. 控制变量			
性别	0.231*	0.134	0.139
年龄	0.087	−0.044	−0.046
文化程度	0.011	0.012	0.014
工作年限	−0.135	−0.006	−0.001
单位性质	−0.211	−0.190	−0.192
岗位属性	0.093	0.165*	0.158*
所属行业	−0.029	−0.025	−0.025
企业规模	0.025	0.027	0.025
2. 自变量			
过程性记忆（PM^2）		0.029**	0.052
陈述性记忆（DM）		0.326**	0.472*
3. 交互影响			
PM×DM			−0.045
R^2	0.068	0.332	0.334
ΔR^2	0.068	0.264	0.002
F	1.878	10.186**	9.282**

注：* 表示 $P<0.05$；** 表示 $P<0.01$。

（2）战略观念的组织记忆水平前因分析

该部分对战略观念的组织记忆水平前因进行多层回归分析。首先，对战略观念、过程性记忆与陈述性记忆的均值、标准差及相关系数进行描述和分析；然后，对过程性记忆与陈述性记忆及二者平衡对战略观念的影响进行多层回归分析。

①相关分析

本研究应用 SPSS17.0 对战略观念、过程性记忆与陈述性记忆进行相关分析，分析结果显示，三者具有显著的相关性，战略观念与过程性记忆具有较高的正相关性（r=0.464，P<0.01），战略观念与陈述性记忆具有较高的正相关性（r=0.470，P<0.01），过程性记忆与陈述性记忆具有较高的正相关性（r=0.573，P<0.01），因此进一步探索三者间的关系是极为可行的。战略观念、过程性记忆与陈述性记忆的均值、标准差及相关系数阵见表6-18。

表6-18

战略观念、过程性记忆与陈述性记忆的均值、标准差及相关系数阵

项目	M	SD	1	2	3
1. 战略观念	3.32	0.78	1		
2. 过程性记忆	3.58	0.91	0.464**	1	
3. 陈述性记忆	3.63	0.84	0.470**	0.573**	1

注：** 表示 P <0.01。

②回归分析

研究设计了3个模型，以应用SPSS17.0对战略观念的组织记忆水平前因关系进行多层回归分析。模型1设计为因变量战略观念对性别、年龄、文化程度、工作年限、单位性质、岗位属性、所属行业、企业规模8个控制变量的回归，以在回归分析中对相关影响变量进行控制。模型2设计为因变量战略观念对自变量过程性记忆和陈述性记忆的回归，以检验过程性记忆和陈述性记忆对战略观念的直接影响，并作为模型3分析比较的基础。模型3设计为因变量战略观念对过程性记忆和陈述性记忆互动（即过程性记忆和陈述性记忆乘积项）的回归，以检验过程性记忆和陈述性记忆互动对战略观念的影响（具体回归结果见表6-19）。

在模型1中，因变量战略观念对性别、年龄、文化程度、工作年限、单位性质、岗位属性、所属行业、企业规模8个控制变量的回归结果表明，工作年限对战略观念影响显著（β=-0.203，P<0.05），其他控制变量对战略观念没有显著影响。

在模型2中，因变量战略观念对自变量过程性记忆和陈述性记忆的回归结果显示，过程性记忆的平方项对战略观念具有显著的正向影响（β=0.037，P<0.01），陈述性记忆对战略观念具有显著的正向影响（β=0.271，P<0.01）。

表 6-19   **战略观念的组织记忆水平前因回归分析**

模型	模型 1	模型 2	模型 3
因变量	战略观念	战略观念	战略观念
1. 控制变量			
性别	0.118	0.021	0.013
年龄	0.194	0.067	0.070
文化程度	−0.007	−0.008	−0.010
工作年限	−0.203*	−0.078	−0.085
单位性质	−0.149	−0.131	−0.129
岗位属性	−0.104	−0.030	−0.021
所属行业	−0.022	−0.015	−0.015
企业规模	−0.036	−0.034	−0.031
2. 自变量			
过程性记忆（PM^2）		0.037**	0.005
陈述性记忆（DM）		0.271**	0.073
3. 交互影响			
PM×DM			0.061
R^2	0.048	0.299	0.302
ΔR^2	0.048	0.251	0.003
F	1.297	8.763**	8.035**

注：* 表示 $P<0.05$；** 表示 $P<0.01$。

在模型 3 中，因变量战略观念对过程性记忆和陈述性记忆互动的回归结果显示，模型 3 的 R^2 比模型 2 的 R^2 大，但模型 3 中过程性记忆和陈述性记忆乘积项的路径系数不显著，所以过程性记忆和陈述性记忆互动对战略观念没有显著影响。

（3）战略变革的组织记忆水平前因分析假设检验

本研究应用 SPSS17.0 软件对战略变革的组织记忆水平前因关系进行了回归分析，结果表明，假设 H3a "陈述性记忆对战略观念变革具有正向影响"，H3b "陈述性记忆与战略定位变革具有正向影响"，H3c

"适度水平的过程性记忆有助于战略观念变革的实施"，H3d "适度水平的过程性记忆有助于战略定位变革的实施" 得到验证，但假设 H3e "高水平的过程性记忆和陈述性记忆有助于战略变革的推进" 被拒绝。

上述回归分析结果显示，陈述性记忆对战略定位和战略观念都具有显著的正向影响，表明假设 H3a 和 H3b 得到验证。这说明，陈述性记忆能够促进战略变革，陈述性记忆水平越高，战略变革越可能发生。

回归分析也表明，过程性记忆的平方项对战略定位和战略观念具有显著的正向影响。这表明，适度水平的过程性记忆有助于战略定位和战略观念变革的实施，因此假设 H3c 和 H3d 得到验证，说明适度水平的过程性记忆有助于战略变革的推进，战略变革与过程性记忆呈现倒 U 形关系。

战略定位和战略观念对过程性记忆和陈述性记忆互动的回归结果表明，过程性记忆和陈述性记忆乘积项对战略定位和战略观念的影响都不显著，说明过程性记忆和陈述性记忆乘积项对战略定位和战略观念都没有影响，即高水平的过程性记忆和陈述性记忆对战略变革没有显著影响，假设 H3e 被拒绝。

所以，假设 H3a、H3b、H3c、H3d 通过假设检验，假设 H3e 未通过假设检验。陈述性记忆对战略变革有正向影响，过程性记忆与战略变革呈倒 U 形关系，而过程性记忆和陈述性记忆的互动作用对战略变革的影响不显著。

6.4 组织记忆传播过程对组织学习与战略变革关系的调节作用分析

Muller、Judd & Yzerbyt（2005）对于调节效应成立的判断标准被管理学界的诸多学者广泛使用和接受，他们用带有乘积项的回归模型，做层次回归分析，以判断调节变量成立，具体步骤如下：第一，做因变量对自变量的回归，自变量回归系数显著；第二，做因变量对自变量和调节变量的回归，得到调节变量的偏回归系数，得测定系数 $R1^2$；第三，做因变量对自变量、调节变量和自变量与调节变量乘积项的回归，得

$R2^2$。若 $R2^2$ 显著高于 $R1^2$，或自变量与调节变量乘积项的偏回归系数显著，则调节效应显著。若第二步中得到的调节变量的偏回归系数显著，则调节变量为半调节变量；若不显著，则调节变量为纯调节变量。

因此，本研究按照此判断方法，使用全部 216 个数据，应用 SPSS17.0 软件，按照战略变革的战略定位和战略观念 2 个维度，分别对组织记忆传播过程对组织学习与战略定位关系的调节效应，和组织记忆传播过程对组织学习与战略观念关系的调节效应进行多层回归分析，以对假设 H4 进行检验。

6.4.1 组织记忆传播过程对组织学习与战略定位关系的调节作用分析

该部分使用全部 216 个数据进行多层回归分析，分析了组织记忆传播过程对组织学习与战略定位关系的调节效应。首先，对战略定位、组织学习与组织记忆传播过程的均值、标准差及相关系数进行描述和分析；然后，对组织记忆传播过程对组织学习与战略定位关系的调节效应进行多层回归分析。

（1）相关分析

本研究应用 SPSS17.0 对战略定位、组织学习与组织记忆传播过程进行相关分析，分析结果显示，组织学习和组织记忆传播过程都与战略定位有显著的相关性，探索式学习与战略定位有显著的正相关性（$r=0.519$，$P<0.01$），利用式学习与战略定位有显著的正相关性（$r=0.449$，$P<0.01$），获得与战略定位有显著的正相关性（$r=0.539$，$P<0.01$），保持与战略定位有显著的正相关性（$r=0.585$，$P<0.01$），提取与战略定位有显著的正相关性（$r=0.618$，$P<0.01$）。战略定位、组织学习与组织记忆传播过程的均值、标准差及相关系数阵见表 6-20。

（2）回归分析

研究设计了 4 个模型，以应用 SPSS17.0 对组织记忆传播过程对组织学习与战略定位关系的调节效应进行多层回归分析。模型 1 设计为因变量战略定位对性别、年龄、文化程度、工作年限、单位性质、岗位属性、所属行业、企业规模 8 个控制变量的回归，以在回归分析中对相关

表 6-20　　战略定位、组织学习与组织记忆传播过程的均值、

标准差及相关系数阵

项目	M	SD	1	2	3	4	5	6
1. 战略定位	3.46	0.76	1					
2. 探索式学习	3.45	0.90	0.519 **	1				
3. 利用式学习	3.62	0.88	0.449 **	0.826 **	1			
4. 获得	3.33	0.90	0.539 **	0.604 **	0.504 **	1		
5. 保持	3.10	1.03	0.585 **	0.592 **	0.450 **	0.654 **	1	
6. 提取	3.42	0.86	0.618 **	0.662 **	0.654 **	0.670 **	0.743 **	1

注: ** 表示 $P < 0.01$。

影响变量进行控制。模型 2 设计为因变量战略定位对自变量探索式学习和利用式学习的回归，并作为模型 4 分析比较的基础。模型 3 设计为因变量战略定位对自变量探索式学习和利用式学习，以及调节变量获得、保持和提取的回归，并作为模型 4 分析比较的基础。模型 4 设计为因变量战略定位对自变量探索式学习和利用式学习，调节变量获得、保持和提取，以及调节变量与自变量乘积项的回归，以检验组织记忆传播过程对组织学习与战略定位关系的调节效应（具体回归结果见表 6-21）。

在模型 1 中，因变量战略定位对性别、年龄、文化程度、工作年限、单位性质、岗位属性、所属行业、企业规模 8 个控制变量的回归结果表明，性别对战略定位影响显著（$\beta = 0.231$，$P < 0.05$），其他控制变量对战略观念没有显著影响。

在模型 2 中，因变量战略定位对自变量探索式学习和利用式学习的回归结果显示，探索式学习对战略定位具有显著的正向影响（$\beta = 0.362$，$P < 0.01$），利用式学习对战略定位影响不显著。

在模型 3 中，因变量战略定位对自变量探索式学习和利用式学习，以及调节变量获得、保持和提取的回归结果显示，保持对战略定位具有显著的正向影响（$\beta = 0.171$，$P < 0.01$），提取对战略定位具有显著的正向影响（$\beta = 0.254$，$P < 0.01$），获得对战略定位的影响不显著。

表6-21

组织记忆传播过程对组织学习与战略定位关系的调节作用回归分析

模型	模型1	模型2	模型3	模型4
因变量	战略定位	战略定位	战略定位	战略定位
1. 控制变量				
性别	0.231*	0.172	0.174*	0.173*
年龄	0.087	0.015	0.020	0.019
文化程度	0.011	−0.015	−0.004	−0.003
工作年限	−0.135	−0.052	−0.068	−0.071
单位性质	−0.211	−0.152	−0.151	−0.155
岗位属性	0.093	0.155*	0.182**	0.184**
所属行业	−0.029	−0.025	−0.024	−0.020
企业规模	0.025	0.037	0.023	0.024
2. 自变量				
探索式学习（TS）		0.362**	0.083	−0.066
利用式学习（LY）		0.086	0.013	−0.055
3. 调节变量				
获得（HD）			0.103	−0.033
保持（BC）			0.171**	0.084
提取（TQ）			0.254**	0.224
4. 调节效应				
TS×HD				0.186
TS×BC				−0.067
TS×TQ				−0.078
LY×HD				−0.137
LY×BC				0.083
LY×TQ				0.084
R^2	0.068	0.322	0.493	0.506
ΔR^2	0.068	0.254	0.171	0.013
F	1.878	9.748**	15.105**	10.555**

注：* 表示 $P<0.05$；** 表示 $P<0.01$。

在模型4中，模型4的 R^2 比模型3的 R^2 大，但调节变量与自变量乘积项对战略定位影响的路径系数都不显著，所以获得、保持和提取3个组织记忆传播过程的维度对组织学习和战略定位变革的关系没有调节作用。

6.4.2 组织记忆传播过程对组织学习与战略观念关系的调节作用分析

该部分使用全部216个数据进行多层回归分析，分析了组织记忆传播过程对组织学习与战略观念变革关系的调节效应。首先，对战略观念、组织学习与组织记忆传播过程的均值、标准差及相关系数进行了描述和分析；然后，对组织记忆传播过程对组织学习与战略观念关系的调节效应进行了多层回归分析。

（1）相关分析

本研究应用SPSS17.0对战略观念、组织学习与组织记忆传播过程进行了相关分析，分析结果显示，组织学习与组织记忆传播过程都和战略观念具有显著的相关性，探索式学习与战略观念有显著的正相关性（r＝0.524，P<0.01），利用式学习与战略观念有显著的正相关性（r＝0.463，P<0.01），获得与战略观念有显著的正相关性（r＝0.552，P<0.01），保持与战略观念有显著的正相关性（r＝0.592，P<0.01），提取与战略观念有显著的正相关性（r＝0.639，P<0.01）。战略观念、组织学习与组织记忆传播过程的均值、标准差及相关系数阵见表6-22。

表6-22 **战略观念、组织学习与组织记忆传播过程的均值、标准差及相关系数阵**

项目	M	SD	1	2	3	4	5	6
1. 战略观念	3.32	0.78	1					
2. 探索式学习	3.45	0.90	0.524**	1				
3. 利用式学习	3.62	0.88	0.463**	0.826**	1			
4. 获得	3.33	0.90	0.552**	0.604**	0.504**	1		
5. 保持	3.10	1.03	0.592**	0.592**	0.450**	0.654**	1	
6. 提取	3.42	0.86	0.639**	0.662**	0.654**	0.670**	0.743**	1

注：** 表示 P <0.01。

（2）回归分析

研究设计了 4 个模型，以应用 SPSS17.0 对组织记忆传播过程对组织学习与战略观念变革关系的调节效应进行多层回归分析。模型 1 设计为因变量战略观念对性别、年龄、文化程度、工作年限、单位性质、岗位属性、所属行业、企业规模 8 个控制变量的回归，以在回归分析中对相关影响变量进行控制。模型 2 设计为因变量战略观念对自变量探索式学习和利用式学习的回归，并作为模型 4 分析比较的基础。模型 3 设计为因变量战略观念对自变量探索式学习和利用式学习，以及调节变量获得、保持和提取的回归，并作为模型 4 分析比较的基础。模型 4 设计为因变量战略观念对自变量探索式学习和利用式学习，调节变量获得、保持和提取，以及调节变量与自变量乘积项的回归，以检验组织记忆传播过程对组织学习与战略观念关系的调节效应（具体回归结果见表 6-23）。

在模型 1 中，因变量战略观念对性别、年龄、文化程度、工作年限、单位性质、岗位属性、所属行业、企业规模 8 个控制变量的回归结果表明，工作年限对战略观念影响显著（$\beta = -0.203$，$P<0.05$），其他控制变量对战略观念没有显著影响。

在模型 2 中，因变量战略观念对自变量探索式学习和利用式学习的回归结果显示，探索式学习对战略观念具有显著的正向影响（$\beta = 0.380$，$P<0.01$），利用式学习对战略观念的影响不显著。

在模型 3 中，因变量战略观念对自变量探索式学习和利用式学习，以及调节变量获得、保持和提取的回归结果显示，获得对战略观念具有显著的正向影响（$\beta = 0.139$，$P<0.05$），保持对战略观念具有显著的正向影响（$\beta = 0.142$，$P<0.05$），提取对战略观念具有显著的正向影响（$\beta = 0.294$，$P<0.01$）。

在模型 4 中，模型 4 的 R^2 明显比模型 3 的 R^2 大，调节变量与自变量乘积项中，探索式学习与保持乘积项对战略观念影响显著（$\beta = -0.313$，$P<0.05$），利用式学习与保持乘积项对战略观念影响显著（$\beta = 0.282$，$P<0.05$），其他乘积项对战略观念影响的路径系数都不显著。结合模型 2 和模型 3，得出保持对探索式学习和战略观念的关系发挥调节作用。

表 6-23

组织记忆传播过程对组织学习与战略观念关系的调节作用回归分析

模型	模型 1	模型 2	模型 3	模型 4
因变量	战略观念	战略观念	战略观念	战略观念
1. 控制变量				
性别	0.118	0.058	0.054	0.037
年龄	0.194	0.121	0.127	0.147*
文化程度	−0.007	−0.033	−0.023	−0.032
工作年限	−0.203*	−0.120	−0.138	−.152*
单位性质	−0.149	−0.091	−0.092	−.066
岗位属性	−0.104	−0.041	−0.023	−.025
所属行业	−0.022	−0.017	−0.017	−.014
企业规模	−0.036	−0.024	−0.035	−.035
2. 自变量				
探索式学习（TS）		0.380**	0.086	−0.218
利用式学习（LY）		0.073	−0.016	−0.260
3. 调节变量				
获得（HD）			0.139*	−0.087
保持（BC）			0.142*	0.112
提取（TQ）			0.294**	−0.023
4. 调节效应				
TS×HD				0.085
TS×BC				−0.313*
TS×TQ				0.278
LY×HD				−0.016
LY×BC				0.282*
LY×TQ				−0.149
R^2	0.048	0.295	0.478	0.524
ΔR^2	0.048	0.247	0.183	0.046
F	1.297	8.588**	14.202**	11.365**

注：* 表示 $P<0.05$；** 表示 $P<0.01$。

6.4.3 组织记忆传播过程对组织学习与战略变革关系的调节作用假设检验

本研究应用SPSS17.0软件对组织记忆传播过程对组织学习与战略变革关系的调节作用进行了回归分析，结果表明，假设H4"组织记忆的传播过程在组织学习和战略变革的关系之间发挥一定的调节作用"得到了部分支持。

上述回归分析结果表明，假设H4c"记忆保持在利用式学习与战略变革关系间发挥调节作用"和H4d"记忆保持在探索式学习与战略变革的关系间发挥调节作用"得到部分验证，即记忆保持对探索式学习与战略观念的关系具有调节作用，但是假设H4a"记忆获得在利用式学习与战略变革的关系间发挥调节作用"，H4b"记忆获得在探索式学习与战略变革的关系间发挥调节作用"，H4e"记忆提取在利用式学习与战略变革的关系间发挥调节作用"，H4f"记忆提取在探索式学习与战略变革的关系间发挥调节作用"被拒绝。

上述回归分析结果显示，记忆保持的偏回归系数为显著（$\beta = 0.142$，$P < 0.05$），记忆保持和自变量乘积项的偏回归系数（$\beta = -0.313$，$P < 0.05$）和（$\beta = 0.282$，$P < 0.05$）也显著，按照Muller et al.（2005）对于调节效应成立的判断标准，记忆保持是半调节变量。记忆保持在探索式学习与战略观念变革的影响关系中发挥负向调节作用，在利用式学习与战略观念变革的影响关系中发挥正向调节作用。这表明，假设H4c和H4d得到部分验证，说明组织记忆保持越好，越不利于探索式学习对战略观念变革的影响，而有利于利用式学习对战略观念变革的影响。

所以，假设H4c和H4d部分通过了验证，而假设H4a、H4b、H4e、H4f未通过假设检验。记忆保持在组织学习和战略观念变革的关系间发挥调节作用。记忆获得在组织学习和战略变革的关系间不具有调节作用，记忆提取在组织学习和战略变革的关系间不具有调节作用。

6.5　本章小结

　　本章在前文的理论模型建构的基础上，通过实证研究探索了组织记忆视角下的组织学习和战略变革的影响关系，得到如下研究发现：

　　第一，探索式学习对战略变革具有显著的正向影响。从本书的实证研究结果看，探索式学习对战略定位具有正向影响，路径系数为 0.47。同时，探索式学习对战略观念也具有正向影响，路径系数为 0.54。这一方面说明了组织学习对战略变革是有直接的正向影响的；另一方面也说明了探索式学习对战略观念的影响大于对战略定位的影响。此外，实证研究还显示，探索式学习和利用式学习的平衡对战略观念变革具有正向影响。

　　第二，组织记忆水平对组织学习具有影响。从本书的实证研究结果看，陈述性记忆对探索式学习和利用式学习都具有正向影响，过程性记忆与探索式学习和利用式学习呈倒 U 形关系，而过程性记忆和陈述性记忆平衡对探索式学习和利用式学习影响不显著。

　　第三，组织记忆水平对战略变革具有影响。从本书的实证研究结果看，陈述性记忆对战略观念和战略定位有正向影响，过程性记忆与战略观念和战略定位呈倒 U 形关系，而过程性记忆和陈述性记忆平衡对战略观念和战略定位影响不显著。

　　第四，组织记忆传播过程在组织学习和战略变革的关系间发挥一定的调节作用。从本书的实证研究结果看，记忆保持在探索式学习与战略观念的影响关系中发挥负向调节作用，在利用式学习与战略观念的影响关系中发挥正向调节作用。而记忆获得在组织学习和战略变革的关系间不具有调节作用，记忆提取在组织学习和战略变革的关系间也不具有调节作用。

第 7 章　研究结论与展望

7.1　主要结论与发现

　　组织学习和战略变革的关系研究是战略管理研究从"外部观"向"内部观"和"过程观"转变趋向的体现，它不仅是近年来战略变革乃至战略过程研究领域的一个重要议题，也是企业在实践中亟须突破的研究课题。

　　但是，以往的研究成果在学习能力和过程的探讨上较为一致，而在组织学习和战略变革的复杂关系上却争议颇多。这主要是由于，一方面，组织学习方式存在多样化的类型，比较典型的有探索式学习和利用式学习，对于战略变革的影响有所差异，而将不同学习方式与战略变革进行理论整合和测量的研究尚十分薄弱；另一方面，更为重要的是，从知识角度来看，战略变革过程涉及组织知识复杂的变化过程，这些新旧知识变化的不同要素的交互作用往往决定了组织学习能力的水平，进而影响了战略变革的有效性（effectiveness），组织学习对于战略变革的价值更多体现的是"新知识的创造和增加"，但对于代表"旧知识的保存和减少"——组织记忆，这一重要知识变化变量却往往被忽视了。而且，组织记忆对于变革并不是简单的正向或负向关系，过多的记忆或过少的记忆可能对企业的发展都是不好的。古语中，"革故而鼎新"（《周易·杂卦》）和"温故而知新"（《论语·为政》）的矛盾就反映出了记忆对于变革和创新的复杂性。

因此，本书在对组织学习与战略变革的关系进行深入梳理基础上，从组织记忆视角解析了组织学习和战略变革的影响关系。具体研究就是将组织记忆分为组织记忆水平和组织记忆传播过程两个操作变量，不仅探究了组织记忆水平对组织学习和战略变革的影响，亦考察了组织记忆传播过程对组织学习和战略变革关系的调节作用。

综合前面的系统研究和实证测量，本书的主要结论可以归纳为以下几个方面：

7.1.1 结论一：作为组织记忆的重要构成，组织记忆传播过程是包含获得、保持和提取的三维结构变量

这一结论建立在以下发现基础上：

第一，无论在理论建构还是实证测量上，本书完善了组织记忆关于"组织记忆水平"和"组织记忆传播过程"的两维度的构念划分。Moorman & Miner（1997）在探讨组织记忆对新产品开发的影响中，曾将组织记忆水平和组织记忆传播过程作为研究中组织记忆的两个可衡量的性质。其中，组织记忆数量或水平维度的测量指标设置是从不同组织记忆的内容来开发的，此后的研究者们将之理解为组织记忆的水平维度，主要体现的是组织记忆的静态角度或内容角度；而组织记忆传播过程更多地反映了组织记忆的发生过程，体现的是组织记忆的动态角度或过程角度。这样的划分从理论上来看是较为全面的。但是，从 Moorman & Miner（1997）研究中的测量题项来看，其主要关注的仍是组织记忆共享的程度或结果，而未能真正度量组织记忆传播的过程。这也是引起后续研究争议的重要原因之一。而且，组织记忆传播过程本身在内涵上也不明晰，很难判定记忆信息的相关机制和形式，这也影响了实证测量和实践指导。因此，本书在组织记忆水平的测量上借鉴 Moorman et al. 的成熟量表，该量表经实证研究检验具有良好的信效度。而在而组织记

忆传播过程的研究上，采用理论分析和量表开发，并进行了细致检验，为组织记忆构念完善奠定了基础。

第二，组织记忆传播过程划分为获得、保持和提取 3 个维度进行测量更为合适。国内外学者对于组织记忆传播过程的研究存在争议，在很大程度上是由于：一方面，主要集中于理论探讨（Walsh & Ungson，1991；Stein，1995），理论性的概念推演一直很难获得统一，导致组织记忆传播的内涵更加模糊；另一方面，在实证测量上较为匮乏，Moorman & Miner（1997）提出了组织记忆包含组织记忆水平和组织记忆传播 2 个因子，Kyriakopoulos & Ruyter（2004）则提出组织记忆包括过程性记忆和陈述性记忆 2 个因子，这些研究都更侧重从静态角度测量组织记忆的水平或者程度，而从动态角度测量组织记忆传播过程的分析还相对薄弱（潘陆山等，2010）。

本书首先通过文献回顾和内容分析法，将组织记忆传播过程划分为获得、保持和提取 3 个因子，逐一进行理论完善。其中，获得指的是记忆产生和获得的工具和方式，保持是指记忆在组织中存储的方式和工具，提取是指组织支持记忆提取的工具和制度规定。

其次，以此操作性定义为基础，按照科学程序，进行组织记忆传播过程的量表开发。新开发的量表强调从记忆传播过程角度测量组织记忆，实证分析表明（见第 3 章），该量表在维度划分和题项设定上优于以往的量表，使得组织记忆测量和实践管理得到了较好的匹配。我们认为通过 3 个维度的管理，组织能够较好地控制组织记忆，进而提升组织的核心竞争力和组织学习力，改善组织自治程度进而降低交易成本，提高组织的运转效率。由此看来，此项研究不仅丰富了动态的组织记忆视角，同时完善了组织记忆实证测量的内容。

最后，实证研究表明，组织记忆可以从过程视角划分为记忆获得、记忆保持和记忆提取 3 个维度。组织记忆获得这一因子主要包括组织层面的企业外学习、组织内部正式和非正式的信息交流和沟通等要素；组织记忆保持主要包括组织外部信息记录和组织内部记忆信息系统的建立等要素；组织记忆提取包括组织支持记忆提取的技术和制度以及记忆提取的速度和频率等要素。通过对这些要素的实证测量，进一步探究这些要素对于组织学习与战略变革关系的调节作用，着重研究组织记忆传播的机制和工具对于这一关系的调节，按照调节效应的结论，指导组织从这3个维度管理组织记忆，改进和完善组织内部记忆传播机制，从而有效控制组织记忆。

7.1.2 结论二：探索式学习和利用式学习的影响机理存在明显差异，在战略变革中应予以平衡

第一，探索式学习和利用式学习对战略变革有着不同的影响机理。本书认为，探索式学习对于战略观念和定位的变革都具有显著的正向促进作用，研究假设 H1b 得到了样本数据的支持；而利用式学习对于战略观念和定位的变革没有直接影响，样本数据拒绝了假设 H1a。这一发现反映了理论和情境两个方面的一些原因：

从理论本身来看，战略变革本身就是一个蕴含变化要求的研究变量，探索式学习是指组织通过搜索、试验和开发创新等方式主动创造新知识、寻找新策略和发现新规则，这种学习方式有助于组织把握环境中的机会，识别环境中的威胁，使组织具有一定的灵活性和创新性，进而更好地应对环境的变化。借助于多渠道信息搜索，探索式学习强调获得新知识，通过吸取外部新知识或者创造新知识改变管理者心智模式和组织观念，并对之进行重新整合，从而改变战略观念。在观念转变的基础上，变革已有的业务范围、资源配置以及战略内容变化的产生和运行过程。而利用式学习建立在对已有知识提炼、选择和再利用的基础上，这种学习方式对于外部环境的变化缺乏动态的关注，难以判断环境因素的变化，也就无法结合环境变化进行开创式学习。McGrath（1995）也曾指出，利用式学习是一种有目标的搜索方式，注重聚焦，避免变化。因而，在构念本身的匹配上，探索式学习与战略变革更具有一致性的倾向。

从情境而言，本书采用的数据均来自中国本土企业，在中国转型经济的背景下，组织面临的外部环境可谓瞬息万变，技术升级换代日益加剧，目标市场的需要也在不断变化，组织内部已有的知识和技术更新加快。组织借助探索式学习方式，变革管理者心智和组织观念等战略观念

层面的要素，通过与顾客、分销商和供应商交流，搜索多渠道的信息，快速获悉竞争者以及整个市场的信息，从而推进战略定位层面的有效变革。因此，在转型经济的背景下，探索式学习相对利用式学习更能有效促进战略变革。Vanhaverbeke et al.（2003）的研究也表明，探索式学习是组织战略变革成功的决定因素之一。所以，得出利用式学习对战略变革没有直接影响也是具有一定合理性的。

第二，协调和平衡探索式学习和利用式学习，更有助于促进战略变革。以往一些学者过多关注两种学习方式可能争夺组织的稀缺资源，二者根本无法兼顾（March，1991），甚至有学者认为二者具有不可调和的矛盾，实践中极少有企业能够兼顾这两种学习方式（Tushman et al.，1986）。但我们通过研究发现，合理的资源分配和制度设计是能够在组织内部实现探索式学习和利用式学习的协调和平衡的，亦会促进战略变革。

一方面，不能忽视利用式学习与探索式学习的联系。从实证结果看，尽管实证研究显示，利用式学习较探索式学习对战略变革的影响并不显著，但我们不能据此就认为利用式学习对战略变革毫无助益。因为从逻辑联系上看，探索式学习方式效果的体现离不开利用式学习的运用，利用式学习有助于将探索式学习获得的知识加以提炼和深化直至沉淀，使得探索式学习的效用得到发挥；相反，倘若我们在企业的学习实践中，过分强调探索式学习而忽视利用式学习，组织就会持续试验产品和观念，极易陷入"创新怪圈"，造成来自探索式学习的经验结果难以积累，使得真正有助于促进组织战略变革的组织核心能力未能在探索式学习的过程中得到提升。由此看来，即便利用式学习对战略观念和定位的变革没有直接影响，在实践中我们还是要注重两种学习方式的平衡。这也印证了 March（1996）提出的"组织繁荣发展的关键是利用式学习和探索式学习的平衡"的观点。

另一方面，需要关注探索式学习和利用式学习的平衡对战略变革的促进作用。本研究结果表明，尽管两种学习方式的平衡互动对战略定位变革没有显著影响，但对战略观念变革具有正向影响，假设 H1c 得到部分验证。其可能的原因在于，战略定位变革着眼于组织外部的市场环境，组织通过对顾客需求、竞争者情况等外部环境进行考察后，结合内部资源进行战略定位，引发组织战略定位变革的因素主要来自企业外部的新知识，从某种程度上说，擅长吸收外部新知识的探索式学习在其中发挥了主要作用，导致两种学习方式平衡的关系并不显著。

国外学者 Van de Ven & Pool（1995）以及国内学者芮明杰（2005）指出，范式、文化意识等战略观念的变革是影响涉及业务范围、生产流程等战略内容变革的决定因素。实际上，由于战略观念变革和战略定位变革这 2 个维度之间具有一定的因果关系，战略观念的改变可能会引发战略定位的调整，这从侧面反映了需要辩证综合地考虑探索式学习和利用式学习之间的联系性。因此，两种学习方式的平衡对于战略变革具有正向影响。从前面的研究结果看，本书也支持这一思想，认为战略变革内部属于因果关系结构，并非简单的因子结构。

同时，实证结果显示，两种学习方式的不平衡对战略变革具有一定的负向影响，尽管这种影响关系并不显著。所以，总体看来，组织应该注意两种学习方式的平衡互动，不应偏重其中任何一种学习方式，尤其在当前高速变化和高度竞争的市场环境下，组织需要应对来自竞争对手的压力，交互使用利用式学习和探索式学习将有助于改善组织运行的范式、组织文化和意识形态层面的集体思想，使之与外部环境相一致，快速适应外部市场环境的变化，这也印证了早期学者对探索式学习和利用式学习关系的研究。March（1991）强调二者之间的平衡而非矛盾，两种学习方式不仅可能争夺组织的稀缺资源，还可能调整组织的观念和结构。所以，管理者需要在两种学习方式之间进行平衡互动，避免偏重任何一种学习方式。

由此分析可以看出，两种学习方式的平衡性较高将更有助于推进组织的战略变革，如果不能协调两种学习方式，而使之处于不平衡的状态，则不利于组织的战略变革，进而影响组织的长远发展。因而，组织在从事学习的过程中应高度重视两种学习方式的协调和平衡，那么实现两种学习方式的协调和平衡的具体途径和方法以及二者的关系，就成为未来研究的重要方向。

7.1.3 结论三：战略变革中需要考虑组织记忆水平类型的差异性和适度性

本书认为，无论在发生机理抑或积累程度上，两种组织记忆水平类型——陈述性记忆和过程性记忆，对组织学习和战略变革的影响都迥然相异。

第一，陈述性记忆对组织学习和战略变革都具有正向影响。其有助于提升组织的吸收能力，具备建立概念与行为之间联系的潜能，因而促进了探索式学习和利用式学习，也有助于战略观念和战略定位的变革。在动态环境下，标准化的工作模式难以适用于组织的所有情境，而作为组织中原理性知识的陈述性记忆，其积累越多，组织越有可能利用先前的知识积累进行探索式学习和创新，正如 Cohen & Levinthal（1990）所观察到的，重视基础研究和开发等陈述性记忆积累的组织能够更有效地发现、认同和利用外部知识。另外，使用者可以利用陈述性记忆分析全新问题，其重要性体现在解读新环境和运用原理预测结果，有助于战略变革者准确了解和识别外部环境因素，成功开展战略变革。因此，战略变革中的陈述性记忆"多多益善"，组织需要加强基础研究和研发投入，增多组织内部陈述性记忆的积累，从而提升组织获取外部新信息的能力，保持组织的"先动"战略。

第二，对于过程性记忆，本书认为，过多或过少的过程性记忆的积累都不利于组织学习和战略变革的推进。为什么反差会如此之大？这是因为，当组织内部缺少一定的惯例和标准等过程性记忆时，会降低组织中工作结构的形成，而这种工作结构推进了组织的认知，促进了信息的交换和理解，对于处于环境动荡背景下的企业的组织学习而言，更加意义非凡。

因此，组织需要过程性记忆的积累来推进学习。但是如果组织中存在大量的可自动提取的过程性记忆，就会影响组织发掘和利用已有的知识，阻碍有效获取新知识，进而限制探索式学习和利用式学习的开展，因此本文得出过程性记忆与利用式学习、探索式学习之间呈倒 U 形关系的分析结果，从实证结果看，"适度水平的过程性记忆将有助于利用式学习和探索式学习的开展”这一结论得到证明。

同时，适度水平的过程性记忆有助于战略观念和定位的变革。过多的过程性记忆导致惯例刚性、核心刚性等问题，妨碍组织针对市场需要和竞争者变化开展变革；与之相反，过少的过程性记忆使得组织缺少来自以往工作流程和分析工具的借鉴，尤其当组织面临高度不确定的环境时，建立在过程性记忆基础上的工作结构将有助于组织顺利开展战略变革，否则就可能导致组织工作陷于低效率甚至瘫痪的状态。

总之，组织记忆水平对组织学习和战略变革的影响需要视不同的记忆类型的水平而定，陈述性记忆越多，对两种组织学习方式和战略变革越具有促进作用；过多和过少的过程性记忆都不利于组织学习和战略变革的推进，组织需要把握组织内部过程性记忆的存储数量，使之处于最佳水平，以发挥过程性记忆的积极效应，推进组织学习和战略变革的开展。那么到底过程性记忆处于哪一种水平是适度的，便成为未来研究的重要方向。

另外，需要补充一点，本书提出的“高水平的过程性记忆和陈述性记忆互动有助于促进组织学习”以及“高水平的过程性记忆和陈述性记忆互动有助于战略变革的推进”这两个假设未得到实证数据的支持，而且其影响为负值，当然这种负向影响并不显著，均未达到最低0.1的显著水平。从理论上看，过程性记忆与陈述性记忆具有互补效应，可以相互促进各自价值的发挥，认知学者对陈述性记忆有助于推动过程性记忆的创造性使用方面已经达成共识，换句话说，也就是陈述性记忆弥补了惯例等过程性记忆对管理者思维的限制作用，发挥了惯例等过程性记忆对组织学习和战略变革的积极作用。但是对于“高水平的过程性记忆帮助组织迅速查找需要的陈述性记忆，以更好地发挥陈述性记忆的积极作用”需要视具体情境而论，在中国发生转型的情境下，高水平的过程性记忆可能会使一些过时的陈述性记忆依然保持并影响到组织学习和战略变革的实践。因此，在动态环境中，陈述性记忆和过程性记忆的双高平衡对组织学习和战略变革没有直接影响，此时，组织需要更多投入陈述性记忆的积累，并保持适度水平的过程性记忆，只有如此，才更有利于促进组织学习和战略变革。

7.1.4 结论四：组织记忆传播的保持机制更容易调适组织学习和战略变革的关系

本书认为，组织记忆传播的"获得—保持—提取"3 个机制中，组织记忆保持在组织学习和战略变革的影响关系间发挥了相对明显的调节作用。

第一，组织记忆的获得和提取机制对于组织学习和战略变革的影响关系不具有调节作用。其可能的原因在于，组织记忆内部的 3 个维度之间具有一定的因果关系，组织记忆的获得代表了组织获取并共享组织外部知识的工具和机制，由于记忆的获得从时间上来看属于过去的学习行为，而这种行为对当下管理实践的影响还在于其在组织中的保持和易于提取的程度，或者说受到保持机制和提取机制的重要影响。同时，组织记忆的提取机制也在一定程度上受到组织记忆保持机制的影响，只有过去的学习结果在组织中得到较好的保持，才能保证日后需要时在组织各部门间通畅地流动。因此，组织记忆传播过程这 3 个维度中处于核心地位的是组织记忆的保持维度，那么在实证数据上支持"记忆保持机制对组织学习和战略变革的关系起到调节作用"也是可以理解的。

第二，组织记忆的保持机制对组织学习和战略变革的关系体现了部分调节作用。首先，组织记忆保持能调节组织学习和战略观念变革的关系，但对组织学习和战略定位变革的影响关系不具有调节作用。研究表明，组织对过去记忆的保持越多，探索式学习对战略观念变革的正向影响越弱，利用式学习对战略观念变革的正向影响越强，假设 H4c 和 H4d 得到部分验证。已有的一些研究亦显示，与组织记忆保持相关的组织内部的信息流等知识资源有助于组织创新学习活动（Allen，1971；Cohen & Levinthal，1990；Henard & Szymanksi，2001；March，1991；Moorman & Miner，1997；Starbuck，1992）。实践中，企业不遗余力地投入资金建设信息技术系统、知识中心、国际标准化组织或者标准化流程管理以更好地利用自身的经验以及获取市场信息（Hammer & Stanton，1999；Olivera，2000）。这些实践也反映出，组织记忆的保持机制对于不同的组织学习方式影响作用不同，进而调节组织学习和战略观念变革的关系。

与此相反，在组织学习与战略定位的关系上，组织记忆保持并没有产生影响。其可能的原因在于，战略定位变革的关键在于组织对于外部市场环境的清晰把握，组织通过多种途径开展市场调查，得知目标市场的变化或者发现新的目标市场，进而对战略定位作出调整，在这个过程中，组织主要开展探索式学习来了解整个市场的变化，而组织内部的记忆保持机制并未发生影响作用。

其次，针对具体调节作用而言，本书认为，组织记忆的保持机制一方面影响组织记忆获得的知识的保存情况，另一方面会影响组织内部的记忆在组织学习影响战略变革的过程中是否能够畅通地流向组织学习活动。当然，记忆保持情况在一定程度上也会影响组织学习方式的选择，并进一步影响两种学习方式与战略变革的关系。从本书的实证研究可以看出，在探索式学习影响战略观念变革的过程中，组织记忆的保持机制起到负向调节作用，也就是说，组织记忆保持机制和工具越多，探索式学习越难以改变组织的意识文化等观念范式。利用式学习主要依靠组织已有的资源进行学习，因此，组织记忆的保持机制会正向调节利用式学习对战略观念的积极影响。那么，组织应该如何协调这种不同的调节作用呢？本书认为，在高度变化的市场环境下，组织应该适度建设其组织记忆的保持机制，组织记忆的保持机制越多，探索式学习对战略观念变革的影响作用越受到影响，尽管记忆的保持机制可能强化利用式学习对战略观念变革的影响，但是由于环境高度变化，组织会尽可能平衡和协调两种组织学习方式。从两种学习方式发挥作用的时间阶段看，组织在战略变革的发起阶段会更多地采用探索式学习，多方面搜索信息，倘若组织内部的保持机制过多，就可能会限制组织探索式学习的效果。而在战略变革的中后期，组织会将探索式学习的结果保持在组织中，借助利用式学习来发挥作用，由此看来，组织内部的记忆保持机制应该处于最适当的水平，从而发挥组织学习方式对战略变革的积极影响。

另外，本书认为，组织记忆保持机制的建立还需要强调通过更新已有记忆，保证记忆在组织间的传播，保证组织更好地存储和运用学习的效果，更好地学习新知识，提升战略变革的实践。倘若组织缺乏有效的记忆更新机制，组织就会在战略变革的过程中，不断运用过时的方法和流程应对新环境，从而失去竞争优势。

同时，以往的研究常常将市场和技术波动性等环境变量作为组织记忆影响其他结果变量如组织绩效和组织创新的调节变量。研究结论认为，当市场和技术波动程度低时，环境变量对组织记忆和组织绩效与创新关系的调节作用弱；当市场和技术的波动程度高时，这种调节作用就比较显著。本书并未对环境变量进行测量，而是假定组织所处的环境皆是高速变化，按照以往的研究结论，在此背景下，似乎组织已有的知识积累对战略变革的影响会减弱甚至阻碍战略变革的推进，然而本书认为，当前企业所处的环境已是急剧动荡，在此背景下研究环境变量的调节作用以提醒企业关注学习导向，似乎已经不应该作为研究的重点，因为今天的企业早已认识到学习的重要性，所以将视角转向企业内部，探讨企业如何识别外部环境的变化并将之纳入组织的知识体系似乎变得更为迫切。

7.2 研究启示

7.2.1 组织需要通过探索式学习和利用式学习的平衡与协调，构建"双元组织能力"推动战略变革

双元组织能力（organizational ambidexterity）最早由 Duncan（1976）提出，主要借以隐喻组织所具有的既能适应渐进性变革又能适应突变性变革的特征。后来被学者们从战略管理、技术创新、组织学习、组织设计等多个领域进行应用并深化。

战略变革中面临大量的"双元"取舍，如适应还是选择，渐进还是突变，效率还是灵活，因此，双元能力是提升战略变革的重要基础。而只有清晰理解不同组织学习方式的关系，才能构建良好的双元能力（March，1991）。以往针对战略变革的讨论一直停留在理论思考层面，而且针对组织学习与战略变革关系的研究，多数都笼统地认为组织学习方式在影响战略变革的过程中表现为积极的作用。例如，组织学习改善

管理者心智模式，影响组织惯例、组织结构和企业文化，提升组织动态能力（Zollo & Winter，2002；冯海龙，2008；汪克夷等，2009；Lee，1993；Deusen et al.，1999）。这种对两种学习方式不加细分地探讨组织学习对战略变革影响的研究，难以指导组织的管理决策和资源分配，造成了组织稀缺资源的浪费。

本书的研究发现，探索式学习视野开阔，能够全面动态地获悉内外部的信息，紧跟市场需求，不断试验新产品的观念，从而转变组织观念和范式，推动组织战略变革。这说明，在中国企业处于转型过程中的市场环境下，成功开展战略变革需要组织采用探索式学习。不过，虽然来自中国企业的实证数据表明，利用式学习对战略观念和定位的变革都没有直接影响，但是从探索式学习和利用式学习之间的关系来看，组织通过探索式学习获得的新知识需要通过利用式学习凭借以往的知识记忆来审视，对这些新知识进行选择并加以利用。由此我们认为，探索式学习需要利用式学习的辅助，实现资源的提炼和能力的改善，使组织不仅能够获得许多新的创意，而且能够形成动态能力，最终顺利开展战略变革。利用式学习所依托的知识储备需要通过探索式学习获得的知识进行注入和不断丰富，因此，探索式学习和利用式学习这两种学习方式的互动将激发各自的效用，组织学习需要平衡二者的关系，任何偏向一种学习方式的组织都可能带来资源浪费和能力削弱，很难赢得战略变革的成功，难以在竞争中占据主动并获得利益。

从本书的研究结果看，尽管学界对两种学习方式在组织中能否实现平衡以及如何实现平衡还存在争议，但对二者的平衡协调关系将有助于管理决策的作出和组织资源的高效利用，进而推进战略变革已经得出了一致的结论。也有人认为，在战略变革的不同阶段，组织需要采取不同的组织学习方式，促进战略变革的推进（王敏丽，2011）。按照Tushman & O'Reilly（1996）的观点，有能力在新兴市场展开竞争，快速开发新的产品和服务，同时通过降低成本、提升效率应对来自成熟市场的竞争的企业组织就具备双元能力。其关键是探索式学习和利用式学习的协调平衡，然而，现实中只有为数很少的企业能够很好地管理这种双元性。倘若组织无法管理好两种学习方式之间的对立竞争，探索式学习和利用式学习之间就可能出现负向的影响。

因此，未来研究的重点将落在对探索式学习和利用式学习之间的平衡机制的探讨上。基于开放式网络的探索式学习可以使组织有效获得外部环境中的外部资源，并结合组织已有的资源，构建组织内外部的知识交易网，提升组织的竞争能力，这一点对当下处于转型时期的中国企业而言尤为重要。我国企业目前普遍存在对探索式学习重视不够的问题，但是无论是从理论上还是实证分析上看来，探索式学习对战略变革都具有正向的影响作用，因此组织应重视对探索式学习的利用，同时兼顾作为探索式学习能力基础的利用式学习。唯有实现两种学习方式的长期协同，才能构建组织竞争优势的基础。

7.2.2 组织既要增强对陈述性记忆的积累，亦要对记忆进行差别化管理

在组织记忆研究领域，学者们对组织记忆进行了不同的类型划分。其中，Anderson（1983）按照记忆内容的特征将组织记忆分为陈述性记忆和过程性记忆，得到了众多学者的赞同。陈述性记忆对组织学习和战略变革等管理实践的积极作用一直以来都受到学者们的广泛认可。首先，陈述性记忆提升了组织的吸收能力（Cohen & Levinthal，1990），促进了组织学习，尤其有助于探索式学习的开展；其次，Cohen & Levinthal（1994）经过研究发现，注重研发的组织在认同、解读和发现利用组织外部的知识方面更为有效，由此提出"机遇青睐有准备的组织"。而过程性记忆对组织学习和战略变革的影响却呈现出两面性，本书认为，过程性记忆与组织学习、战略变革的关系呈倒 U 形曲线，也就是说，组织内部的过程性记忆应该处于适度水平，存在一个合理的范围，过多或过少的过程性记忆都将对组织学习和战略变革造成负面影响，适度水平的过程性记忆将有助于促进组织学习和战略变革。

这些学者的理论分析以及本书的实证结果都充分说明，由于不同类型的组织记忆对组织学习和战略变革的影响存在差异，因此组织需要学会对组织记忆进行差别化管理。

基于此，在当今竞争日益激烈和瞬息万变的市场环境下，组织要注

重对组织记忆的管理，强调组织记忆的更新和升级，注重引入信息技术，重视社会网络建设，及时更新和升级已有的信息储备。同时，组织应重视和加强基础研究和开发研究，强化陈述性记忆的产生，并借助于组织内部适度水平的过程性记忆，实现陈述性记忆的有效存储和合理传播。当然，在信息化的今天，组织亦不可过分依赖组织记忆，在组织文化中要倡导创新精神，以适应组织持续发展和变革的需要。

7.2.3 组织需要随时关注组织记忆保持机制的"适度性"才能事半功倍

本书的研究证实，组织记忆保持机制在探索式学习与战略观念变革间发挥负向调节作用，在利用式学习与战略观念变革间发挥正向调节作用。虽然实证研究表明组织记忆保持对两种学习方式和战略观念变革的关系具有调节作用，但是这种调节作用并非一致，这就需要组织建立"适度"的组织记忆保持机制，尽可能发挥组织记忆保持机制的积极作用。

本书虽然没有取得组织记忆获得和提取对组织学习与战略变革关系具有调节作用的支持，但是一些研究（Moorman & Miner, 1997）也指出，组织记忆的保持情况将在很大程度上影响日后组织记忆的提取以及新的记忆的获得，因此组织记忆传播过程中的记忆保持作为核心维度，对于组织学习和战略变革影响关系的调节作用最为显著也是符合已有理论的。在企业实践中，组织记忆的保持机制要有助于组织随时更新已有的过时的记忆系统，而不仅仅是很好地保持已有的组织记忆。此外，组织记忆保持机制的建立要考虑适度的问题，现实中有些企业投入大量的资金建设记忆保持信息技术等工具，但这些记忆保持机制并未取得相应的成效，主要原因还在于，组织记忆保持机制在不同的学习方式下对战略变革的调节作用不同。因此，组织记忆保持机制的合理构建是组织学习促进战略变革时需要考虑的重要方面。企业要视其所处的市场环境，建立与两种学习方式相适应的记忆保持机制，从而更好地影响战略变革。

7.3 局限与未来研究展望

7.3.1 研究局限

学界对组织学习与战略变革的影响关系已开展了理论和实证研究，但对于组织学习方式对战略变革影响的分析还停留在理论层面，实证研究的成果也不多见。从组织记忆的角度解读组织学习对战略变革影响的研究更是鲜见。虽然本书围绕组织记忆、组织学习和战略变革的关系进行了细致的探索，取得了一些有价值的结论，但由于研究论题的复杂性，笔者研究能力所限，因此研究中还存在诸多局限和不足：

首先，在研究样本方面，本书主要采用方便取样原则，样本来源主要局限在东北地区的企业单位，虽然样本涉及了多种所有制形式和多个行业，样本数量基本满足了实证分析的需要，但限于研究经费和研究时间，所以还不是真正的"大样本"。本书的结论能否推广到其他地区，也就是研究结论的适用性等问题还有待日后深入研究。此外，本书研究的问题不论是战略变革、组织学习，还是组织记忆及其影响关系，都或多或少地体现了动态演化的思想，但本书的实证数据主要为截面数据，难以准确反应组织记忆传播过程对组织学习和战略变革关系的调节作用。

其次，在变量测量方面，本书自行开发了组织记忆传播过程的测量量表，尽管该量表的开发采用了科学的研究方法，而且实证研究检验量表也具有良好的信效度，但是在形成该量表测量项目的过程中，难免遗漏组织记忆相关研究的文献，从而影响了本书对组织记忆传播过程操作性定义的界定。而组织记忆水平的量表主要借鉴了国外成熟的量表，虽然为保证该量表的准确性，我们采用了中英互译的方式得到本书采用的量表，但该量表未能兼顾中西方文化的差异，同时被调查者在答题过程中需要凭借对以往工作实践的记忆方能作答，因此每一个答题者都可能具有主观的偏差，从而使得以此量表获得的数据在一定程度上削弱了其准确性和可靠性。有关组织学习和战略变革的测量工具均借鉴了国内学者开发的具有较高信度和效度的量表，但因为在数据收集过程中，答题者往往对组织学习和战略变革这类复杂变量难以给予客观的评价，所以势必影响研究数据的准确性。

再次，在控制变量的选择方面，本书为凸显主要变量关系，仅引入了企业规模、所属行业等几个常用的控制变量。但是在企业战略变革的过程中，除了组织学习、组织记忆和本书所采用的控制变量外，还存在诸多其他影响因素，因此本书的控制变量数量不足。此外，本书简化处理了控制变量的影响，没有分析控制变量对组织记忆、组织学习及其对二者关系的影响，仅仅分析了其对战略变革的影响。

最后，在分析框架方面，学界对于将组织学习和战略变革相结合的研究才刚刚起步，虽然取得了一定的研究积累，但是鉴于组织学习和战略变革的实践相当复杂，因此本书从组织记忆视角对二者关系提出的理论分析框架还是初步的，有待日后研究的系统和深化。

7.3.2　未来研究展望

鉴于本书依然存在诸多不足之处，为进一步深入和完善相关研究，未来的研究可从以下几个方面展开：

第一，应该尽可能扩大样本量，利用更多的样本对新开发的量表进行再检验和修正，并对本书研究结论的正确性进行验证，提高研究结果的显著性水平；同时扩大取样的地域范围，采用分层抽样等方法兼顾多个区域，保证样本的代表性；尽量开展纵向研究或案例跟踪调研，通过深度分析个案或者跨案例研究，对实证结论加以检验，以提升实证研究的科学性和研究结论的普适性，更好地剖析组织学习如何影响战略变革的机理。

第二，对组织记忆传播过程的测量题项作进一步地信效度检验，对组织学习、战略变革以及组织记忆水平的已有量表进行修正和完善，以保证实证研究所获得数据的准确性和可靠性。在后续研究中，我们将以已有的量表为基础，通过对相关文献的梳理，结合探索性调研和专家访谈，修正已有的量表。在今后的研究中，我们将增加一些重要的控制变量，如企业年限、产业技术特征等环境变量，深入分析控制变量对组织学习、组织记忆和战略变革及它们之间关系的影响。

第三，研究表明，两种组织学习方式的平衡对战略变革具有重要作用，由此我们认为，在实践中，企业应该强调两种组织学习方式的平衡和协调。当然，March 早在其开创性的研究中提出了二者平衡的重要性，即解决二元性悖论。但是，在组织学习实践中，实现二者平衡的方法和途径是什么以及如何验证这些途径和方法的有效性，依然是未来研究亟待解决的重点和难点问题。

第四，在后续研究中，我们将进一步细分组织记忆、组织学习和战略变革的维度，并加入组织记忆分布等内容，以实现该研究的深化和细化。另外，本书仅仅将战略变革作为因变量，从组织记忆角度探究了组织学习对战略变革的影响，只分析了战略变革的前向因素，而没有考虑组织绩效这一结果变量。但实际上，任何管理实践的有效性验证最终的落脚点都应该由组织绩效进行评判，因此，在未来的研究中可以考虑将组织绩效纳入分析框架，深入分析战略变革与组织绩效之间的影响关系，以提升该项研究工作的价值和意义。

附录

附录 1：组织记忆传播过程量表开发的反向归类问卷

本问卷旨在对基于文献描述的组织记忆传播过程各维度归类适当性进行检验。在此之前，研究者通过文献描述收集了 22 个陈述句，并对此陈述句在记忆获得、记忆保持和记忆提取 3 个范畴上进行编码和归类，最终获得 15 个典型短语。为测试该归类的正确性，恳请您将下述 15 个典型短语归类到记忆获得、记忆保持和记忆修复 3 个范畴上。相关概念如下：

组织记忆传播过程：组织内部设置的有助于信息积累和应用的组织结构设计和活动安排，包括获得、保持和提取的过程。

组织记忆获得：组织记忆产生和获得的过程、方法或工具。

组织记忆保持：获得的组织记忆保存下来的过程、方法或工具。

组织记忆提取：组织记忆能够被回忆起来并用于决策或解决问题的主要依靠。

请您根据您对典型短语的理解，思考该短语描述了 3 个范畴的哪一个，只能选择 3 个范畴中的一个，并在该行右边相应空格打里画"√"。

典型短语	记忆获得	记忆保持	记忆提取
1. 组织学习	3		
2. 保存的记录	1	2	
3. 人力资本（新员工的加入）	3		
4. 个体学习总结（学习经验的分享）	3		
5. 组织遗忘（遗忘以学习新知识）	3		
6. 外部资源（政府管理部门的备案、媒体报道资料等）	1	2	
7. 文档符号（文件、档案、记录、符号等）		3	
8. 信息系统（数据库、决策支持系统、企业信息系统）		3	
9. 沟通网络（小道消息、社交网络）	3		
10. 组织支持知识提取			3
11. 本能或自动提取已有知识			3
12. 基于已有知识提取信息			3
13. 运用已有知识			3
14. 利用有益的研究			3
15. 调用知识的频率			3

附录2：组织学习、组织记忆和战略变革调查问卷

尊敬的先生/女士：

　　您好！

　　本调查问卷是为了对组织学习、组织记忆和战略变革的相关关系进行学术研究。您提供的回答会对我们的研究非常有帮助。本调查问卷仅作学术研究之用，问卷中不涉及您单位机密或个人隐私，也不需要署

名。我们保证本问卷不会对您有任何负面影响，并承诺对您所答的内容绝对保密。请您不要有任何顾虑，所作答案没有对错、好坏之分，旨在收集真实的数据信息。衷心感谢您的支持和帮助！

敬祝

身体健康，万事如意！

东北财经大学工商管理学院

一、背景信息

为了便于我们的研究分析，请您填写以下信息：

1. 性别：□男　□女

2. 年龄：□25 岁以下　□26～30 岁　□31～35 岁　□36～40 岁　□41～45 岁　□46～50 岁　□50 岁以上

3. 文化程度：□本科　□硕士　□博士　□其他

4. 工作年限：□1～5 年　□6～10 年　□11～15 年　□16～20 年　□21～25 年　□26～30 年　□30 年以上

5. 单位性质：□企业单位　□事业单位　□公务员系统

6. 岗位属性：□基层员工　□中层管理者　□高层管理者

7. 企业主导业务所属行业：□农、林、牧、渔业　□采矿业　□制造业　□金融业　□信息传输、计算机服务和软件业　□交通运输、仓储和邮政业　□批发零售业　□住宿餐饮业　□建筑与房地产业　□其他行业

8. 您所在企业的职工规模：□100 人以下　□100～500 人　□500～1 000 人　□1 000 人以上

二、组织学习、组织记忆和战略变革问卷

下面是关于组织学习、组织记忆和战略变革的描述，请您根据贵企业的实际情况和您的体验，按同意程度在相应数字后面的"□"画"√"。数字的具体含义说明：1. 完全不同意；2. 较不同意；3. 中等同意；4. 很同意；5. 非常同意。

(一) 组织学习问卷

组织学习：组织对现有知识进行开发和利用，同时不断追求新知识的过程。

1. 企业可以快速有效地识别新领域知识	1 □ 2 □ 3 □ 4 □ 5 □
2. 企业能够有效地从内部创造或外部获取所需要的新领域知识	1 □ 2 □ 3 □ 4 □ 5 □
3. 企业可以有效地在公司内部共享所创造或获取的新领域知识	1 □ 2 □ 3 □ 4 □ 5 □
4. 企业能够有效地将所创造或获取的新领域知识整合并加以利用	1 □ 2 □ 3 □ 4 □ 5 □
5. 企业可以快速有效地识别现有领域知识	1 □ 2 □ 3 □ 4 □ 5 □
6. 企业能够有效地从内部创造或外部获取所需要的现有领域知识	1 □ 2 □ 3 □ 4 □ 5 □
7. 企业可以有效地在公司内部共享所创造或获取的现有领域知识	1 □ 2 □ 3 □ 4 □ 5 □
8. 企业能够有效地将所创造或获取的现有领域知识整合并加以利用	1 □ 2 □ 3 □ 4 □ 5 □

（二）组织记忆问卷

组织记忆：组织存储的集体性信念、行为惯例、知识和经验，以及组织成员获取、保存和提取此类信息影响当前决策的过程。

a. ［组织记忆水平问卷］	
在日常工作中，企业的工作大多依赖于：	
1. 精确的流程	1 □ 2 □ 3 □ 4 □ 5 □
2. 标准化的方法	1 □ 2 □ 3 □ 4 □ 5 □
3. 强大的技术	1 □ 2 □ 3 □ 4 □ 5 □
4. 大量的知识	1 □ 2 □ 3 □ 4 □ 5 □
5. 很多的经验	1 □ 2 □ 3 □ 4 □ 5 □
6. 知识渊博的同事	1 □ 2 □ 3 □ 4 □ 5 □
b. ［组织记忆传播过程问卷］	
1. 企业常常选派员工参加企业外的学习和培训	1 □ 2 □ 3 □ 4 □ 5 □
2. 企业成员经常将经验和学习后的总结进行分享	1 □ 2 □ 3 □ 4 □ 5 □
3. 企业定期召开跨部门的交流会	1 □ 2 □ 3 □ 4 □ 5 □

续表

4. 企业曾受新闻媒体、研究机构、金融服务公司或政府管理部门的报道、研究或资料记载	1 □ 2 □ 3 □ 4 □ 5 □
5. 企业建立了专家系统或案例系统等智能系统以保持组织经验型知识	1 □ 2 □ 3 □ 4 □ 5 □
6. 企业建立了自动化生产系统或机器人系统以保持过程型知识	1 □ 2 □ 3 □ 4 □ 5 □
7. 企业建立了神经网络系统以保持模块化知识	1 □ 2 □ 3 □ 4 □ 5 □
8. 企业配备专家负责记忆数据库的维护和升级等服务	1 □ 2 □ 3 □ 4 □ 5 □
9. 企业支持知识提取	1 □ 2 □ 3 □ 4 □ 5 □
10. 企业和员工经常本能或自动提取已有知识	1 □ 2 □ 3 □ 4 □ 5 □
11. 企业经常从已有知识中提取信息	1 □ 2 □ 3 □ 4 □ 5 □
12. 企业能够运用已有知识	1 □ 2 □ 3 □ 4 □ 5 □
13. 企业能够利用有益的研究	1 □ 2 □ 3 □ 4 □ 5 □
14. 企业调用知识的频率较高	1 □ 2 □ 3 □ 4 □ 5 □

（三）战略变革问卷

战略变革：随着企业所处外部环境或者企业自身实力的变化，为了维持或提升组织绩效，企业需要动态调整战略，即完全或部分地否定先前的战略逻辑与框架，进而重新确立当前的战略。

1. 企业产品数量发生了变化	1 □ 2 □ 3 □ 4 □ 5 □
2. 企业目标市场发生了变化	1 □ 2 □ 3 □ 4 □ 5 □
3. 企业业务数量发生了变化	1 □ 2 □ 3 □ 4 □ 5 □
4. 企业对部分或全部产品资源投入量发生了变化	1 □ 2 □ 3 □ 4 □ 5 □
5. 企业对部分或全部目标市场资源投入量发生了变化	1 □ 2 □ 3 □ 4 □ 5 □
6. 企业对部分或全部业务资源投入量发生了变化	1 □ 2 □ 3 □ 4 □ 5 □
7. 企业不同产品之间的关联程度发生了变化	1 □ 2 □ 3 □ 4 □ 5 □
8. 企业不同业务之间的关联程度发生了变化	1 □ 2 □ 3 □ 4 □ 5 □
9. 企业各项业务对企业的重要程度发生了相对变化	1 □ 2 □ 3 □ 4 □ 5 □
10. 企业不同产品之间的资源配置比例发生了变化	1 □ 2 □ 3 □ 4 □ 5 □

11. 企业不同目标市场之间的资源配置比例发生了变化	1 □ 2 □ 3 □ 4 □ 5 □
12. 企业不同业务之间的资源配置比例发生了变化	1 □ 2 □ 3 □ 4 □ 5 □
13. 决定企业业务范围的子价值与规范的作用强度发生了变化	1 □ 2 □ 3 □ 4 □ 5 □
14. 决定企业生产流程的子价值与规范的作用强度发生了变化	1 □ 2 □ 3 □ 4 □ 5 □
15. 决定企业管理制度的子价值与规范的作用强度发生了变化	1 □ 2 □ 3 □ 4 □ 5 □
16. 决定企业战略的战略管理者管理理念的作用强度发生了变化	1 □ 2 □ 3 □ 4 □ 5 □
17. 决定企业业务范围的子价值与规范的基本构成发生了变化	1 □ 2 □ 3 □ 4 □ 5 □
18. 决定企业生产流程的子价值与规范的基本构成发生了变化	1 □ 2 □ 3 □ 4 □ 5 □
19. 决定企业管理制度的子价值与规范的基本构成发生了变化	1 □ 2 □ 3 □ 4 □ 5 □
20. 决定企业战略的战略管理者管理理念的构成发生了变化	1 □ 2 □ 3 □ 4 □ 5 □

问卷到此结束,请您再检查一下是否有遗漏的题目,以免造成废卷。再次感谢您对我们研究的参与和帮助!

主要参考文献

［1］蔡雨阳，黄丽华，黄岩，等．组织学习：影响因子和信息技术的冲击［J］．中国软科学，2000（10）：96-100.

［2］陈传明．企业战略调整的路径依赖特征及其超越［J］．管理世界，2002（6）：94-101.

［3］陈传明，刘海建．企业战略变革：内涵与测量方法论探析［J］．科研管理，2006（3）：67-74.

［4］陈国权，马萌．组织学习的过程模型研究［J］．管理科学学报，2000（3）：15-25.

［5］戴万稳．组织学习理论研究视角综述［J］．南大商学评论，2006（11）：156-166.

［6］丁岳枫．创业组织学习与绩效关系研究［D］．杭州：浙江大学，2006.

［7］冯海龙．企业战略变革：概念、整合理论模型与测量方法［J］．经济管理，2007（5）：34-38.

［8］冯海龙．组织学习、动态能力与企业战略变革［J］．华东经济管理，2008，22（10）：104-108.

［9］冯海龙．战略变革与战略执行力的组织学习前因及对绩效的

协调影响 [D]. 大连：大连理工大学，2008.

[10] 冯海龙. 企业战略变革的定义比较、测量述评及量表开发——兼对笔者原战略变革定义的修正与操作化 [J]. 管理学报，2010（4）：499-508.

[11] 傅慧，朱仁宏，代吉林. 基于知识和学习能力的企业竞争优势研究 [M]. 北京：经济科学出版社，2009.

[12] 何爱琴，任佩瑜. 组织学习能力对企业战略变革速度的影响关系研究——以352个企业调研数据的实证分析检验为例 [J]. 情报杂志，2010（9）：124-132.

[13] 何爱琴. 组织学习能力对企业战略变革的作用和作用路径实证分析 [J]. 图书情报工作，2010（22）：70-74.

[14] 黄国群. 新创企业组织学习及其与创业绩效关系研究——以服务业为例 [D]. 杭州：浙江大学，2008.

[15] 黄健. 造就组织学习力 [M]. 上海：上海三联书店，2003.

[16] 黄旭，程林林. 透视战略变革——困难、方法与步骤 [J]. 经济体制改革，2004（2）：93-95.

[17] 贾建锋，赵希男. 组织学习模型及其应用研究 [J]. 中国软科学，2006（3）：151-157.

[18] 柯江林，孙健敏，李永瑞. 心理资本：本土量表的开发及中西比较 [J]. 心理学报，2009（9）：875-888.

[19] 赖明正. 组织变革中利益冲突与组织学习相关之实证研究 [D]. 上海：复旦大学，2005.

[20] 李正卫. 动态环境条件下的组织学习与企业绩效 [D]. 杭州：浙江大学，2003.

[21] 廖列法，王刊良. 知识管理策略与组织知识水平关系研究——探索式与利用式学习的视角 [J]. 科学学研究，2008（5）：1037-1045.

[22] 刘海潮，李垣. 动态环境下战略管理研究的新趋势 [J]. 科学学研究，2004（22）：64-69.

[23] 刘俊英. 组织学习、战略变革与组织绩效关系的实证分析

[J]．经济问题探索，2010（10）：53-59．

[24] 刘顺忠．组织学习能力对新服务开发绩效的影响机制研究[J]．科学学研究，2009（3）：411-417．

[25] 罗慧，万迪昉，仲伟周，等．信息技术与组织学习关系的理论综述[J]．中国管理科学，2004（10）：426-430．

[26] 罗珉．组织设计的知识配置原则[J]．经济管理，2003（14）：10-15．

[27] 潘安成．企业战略变革动因理论的述评与展望[J]．预测，2009（1）：1-8．

[28] 潘陆山，孟晓斌．组织记忆研究前沿探析、多重存储模型构建与未来研究展望[J]．外国经济与管理，2010（2）：24-31．

[29] 蒲明．组织即兴、组织学习和组织记忆三者关系的研究[J]．科学学与科学技术管理，2007（9）：154-157．

[30] 芮明杰，胡金星，张良森．企业战略转型中组织学习的效用分析[J]．研究与发展管理，2005（2）：99-104．

[31] 施瑞龙．组织学习、战略执行力与企业绩效关系研究——基于长三角地区制造业企业的实证研究[D]．杭州：浙江大学，2009．

[32] 田也壮，方淑芬．针对于个体的以知识为表征形态的组织记忆复制过程[J]．情报科学，2001（03）：256-257．

[33] 田也壮，张莉，方淑芬，等．组织记忆创新过程研究[J]．管理工程学报，2003（3）：31-34．

[34] 田也壮，张莉，杨洋．组织记忆的复制过程与全息性特征[J]．管理学报，2004（2）：142-167．

[35] 田也壮，张莉，方淑芬．组织记忆传递与复制的基本特征及实证研究[J]．高技术通讯，2005（3）：39-43．

[36] 汪克夷，冯海龙．组织学习、惯例演化和企业战略变革[J]．经济经纬，2009（5）：92-95．

[37] 王国荣．组织学习视角：公司核心竞争力与组织学习方式相关性研究[D]．上海：复旦大学，2008．

[38] 王益民．基于多维视角的组织战略变革理论透视与整合[J]．

现代管理科学，2008（9）：58-59.

[39] 魏明，仲伟周，赵海峰. 组织学习中的信息技术的功能 [J]. 科学学与科学技术管理，2005（1）：133-137.

[40] 吴明隆. 问卷统计分析实务——SPSS 操作与应用 [M]. 重庆：重庆大学出版社，2010.

[41] 项国鹏. 知识视角的企业战略变革研究：兼论浙商企业战略变革管理 [M]. 北京：经济管理出版社，2007.

[42] 项国鹏. 西方企业战略变革理论述评及其对我国的启示 [J]. 外国经济与管理，2002（7）：2-13.

[43] 项国鹏. 知识和公司战略的结构化分析及启示 [J]. 管理科学，2003（4）：32-37.

[44] 项国鹏、陈传明. 知识经济条件下的企业战略变革 [J]. 南京社会科学，2003（5）：14-21.

[45] 肖红军. 不同视角下的企业战略变革 [J]. 北京工商大学学报（社会科学版），2006（4）：59-63.

[46] 杨建峰. 家族企业的组织学习及其形成机制研究 [D]. 杭州：浙江大学，2008.

[47] 杨林，张敏. 国外企业战略变革理论和经验研究综述 [J]. 外国经济与管理，2008（5）：56-64.

[48] 杨艳，吴贵生. 组织记忆文献综述：概念、分类和结构 [J]. 科学学与科学技术管理，2006（4）：144-148.

[49] 杨智，刘新燕，万后芬. 国外组织学习研究综述 [J]. 外国经济与管理，2004（12）：15-20.

[50] 于海波，方俐洛，凌文辁. 组织学习及其作用机制的实证研究 [J]. 管理科学学报，2007（5）：48-61.

[51] 云绍辉，郑丕谔. 基于组织学习风格和促进因素的组织学习评价指标体系的研究 [J]. 西安科技大学学报（社会科学版），2007（1）：6-10.

[52] 韵江，鞠蕾. 转型背景下中国企业战略研究：特征、方法及主题分析——基于英文文献的探讨 [J]. 南开管理评论，2010（5）：

131-143.

［53］张钢，熊立．交互记忆系统研究回顾与展望［J］．心理科学进展，2007（5）：840-845.

［54］张海波，谢康．信息技术提升组织学习能力的模式研究［J］．现代管理科学，2005（1）：18-19.

［55］张莉，田也壮，齐中英．基于知识的组织记忆框架研究［J］．情报科学，2005（9）：1297-1301.

［56］张琳．中小企业组织学习力与企业绩效关系实证研究——基于江西省的调研［D］．武汉：华中农业大学，2008.

［57］张嵩，黄立平．论信息技术在组织记忆中的地位［J］．同济大学学报（社会科学版），2002（1）：52-55.

［58］赵海峰，程洁，万迪防．组织学习测度的研究述评［J］．经济理论与经济管理，2003（3）：69-72.

［59］周晓东．国外战略变革前因后果实证研究述评［J］．南华大学学报（社会科学版），2004（3）：40-42.

［60］朱朝晖，陈劲，陈钰芬．探索性技术学习和挖掘性技术学习及其机理［J］．科研管理，2009（3）：23-31.

［61］朱朝晖，陈劲．探索性学习与挖掘性学习及其平衡研究［J］．外国经济与管理，2007（10）：54-59.

［62］朱朝晖．探索性学习与挖掘性学习和创新绩效［J］．科学学研究，2008（8）：860-867.

［63］朱廷柏．企业联盟内的组织间学习研究［D］．济南：山东大学，2006.

［64］ACKERMAN M S. Definitional and Contextual Issues in Organizational and Group Memories［J］. Information Technology and People，1996，9（1）：10-24.

［65］ACKERMAN M S. Answer Garden：A Tool for Growing Organizational Memory［D］. USA：Massachusetts Institute of Technology，1993.

［66］ACKERMAN M S，HALVERSON C. Re - Examining

Organizational Memory［J］. Communications of the ACM, 2000, 43（1）: 58-63.

［67］ ACKERMAN M S, HALVERSON C. Organizational Memory as Objects, Processes, and Trajectories: An Examination of Organizational Memory in Use［J］. Computer Supported Cooperative Work, 2000, 13: 155-189.

［68］ ACKERMAN M S, PALEN L. The Zephyr Help Instance: Promoting Ongoing Activity in a CSCW System［C］// Proceedings of ACM Conference on Human Factors in Computing Systems（CHI'96）. Vancouver. New York: ACM Press, 1996: 268-275.

［69］ ACKERMAN M S, MALONE T W. Answer Garden: A Tool for Growing Organizational Memory［C］//In Proceedings of ACM Conference on Office Information Systems. Cambridge, MA. New York: ACM Press, 1990: 31-39.

［70］ ALLEN T J. Communication Networks in R&D Labs［J］. R&D Management, 1971, 1: 14-21.

［71］ AMBURGEY T L, TINA D. As the Left Foot Follows the Right? The Dynamics of Strategic and Structural Change［J］. Academy of Management Journal, 1994, 37: 1427-1452.

［72］ AMIT R, SCHOEMAKER P J. Strategic Assets and Organizational Rent［J］. Strategic Management Journal, 1993, 14: 33-46.

［73］ ANAND, MANZ. An Organizational Memory Approach to Information Management［J］. Academy of Management Review, 1998, 23（4）: 796-809.

［74］ ANCONA D G, CALDWELL D F. Bridging the Boundary: External Activity and Performance in Organizational Teams［J］. Administrative Science Quarterly, 1992, 37（4）: 634-65.

［75］ ANDERSON J R. Cognitive Psychology and Its Implications［M］. San Francisco: Freeman and Company, 1980.

［76］ ANDERSON J R. The Architecture of Cognition ［M］. Cam-bridge, MA: Harvard University Press, 1983.

［77］ ANDERSON R C, PICHERT J W. Recall of Previously Unrecallable Information Following a Shift in Perspective ［J］. Journal of Verbal Learning and Verbal Behavior, 1978, 17: 1-12.

［78］ ANDREAS A, STEFAN D. Organizational Memory: Knowledge Acquisition, Integration, and Retrieval Issues ［J］. Working paper, 2000.

［79］ ANDREWS K. The Concept of Corporate Strategy ［M］. Homewood: Richard D Irwin, 1987.

［80］ ANSOFF H I. Corporate Management ［M］. New York: McGraw-Hill, 1965.

［81］ ANSOFF H I. Strategic Management ［M］. New York: John Wiley and Sons, 1979.

［82］ ARGOTE L. Organizational Learning Curves: Persistence, Transfer and Turnover ［J］. International Journal of Technology Management, 1996, 11: 759-769.

［83］ ARGYRIS C, SCHON D A. Organizational Learning: A Theory of Action Perspective ［M］. Reading, MA: Addision-Wesley, 1978.

［84］ Baker W E, Sinkula J M. The Synergistic Effect of Market Orientation and Learning Orientation on Organizational Performance ［J］. Journal of the Academy of Market Science, 1999, 27 (4): 411-427.

［85］ BARKEMA H G, BELL J H, PENNINGS J M. Foreign Entry, Culture Barriers and Learning ［J］. Strategic Management Journal, 1996, 17: 151-166.

［86］ BARKER V L, DUHAIME I M. Strategic Change in the Turnaround Process: Theory and Empirical Evidence ［J］. Strategic Management Journal, 1997, 18: 13-38.

［87］ BARNEY J B. Firm Resources and Sustained Competitive Advantage ［J］. Journal of Management, 1991, 17 (1): 99-120.

［88］ BATESON G. Steps to An Ecology of Mind ［M］. New York:

Ballantine Books, 1972.

[89] BENNER M J, TUSHMAN M L. Exploitation, Exploration, and Process Management: The Productivity Dilemma Revisited [J] . Academy of Management Review, 2003, 28 (4): 238-56.

[90] BERLINER P F. Thinking in Jazz: The Infinite Art of Improvisation [M] . Chicago: University of Chicago Press, 1994.

[91] BERTHON, LEYLAND, MICHAEL. Corollaries of the Collective: The Influence of Organizational Culture and Memory Development on Perceived Decision – Making Context [J] . Journal of the Academy of Marketing Science, 2000, 29 (2): 135-150.

[92] BIERLY P, CHAKRABARTI A. Generic Knowledge Strategies in the US Pharmaceutical Industry [J] . Strategic Management Journal, 1996: 123-35.

[93] BJURWILL C. Read and React: The football formula [J] . Perceptual and Motor Skills, 1993, 76: 1383-1386.

[94] BOEKER W. Strategic Change: The Effects of Founding and History [J] . Academy of Management Journal, 1989, 32 (3): 489-515.

[95] BOEKER W, GOODSTEIN J. Organizational Performance and Adaptation: Effects of Environment and Performance on Changes in Board Composition [J] . Academy of Management Journal, 1991, 36: 172-186.

[96] BOOTZ. Strategic Foresight and Organizational Learning: A Survey and Critical Analysis [J] . Technological Forecasting and Social Change, 2010, 77 (9): 1588-1594.

[97] BOURGEOIS L J. Strategy and Environment: A Conceptual Integration [J] . Academy of Management Review, 1980, 5: 25-39.

[98] Boyle R D, Desai H B. Turnaround Strategies for Small Firms [J] . Journal of Small Business Management, 1991, 29 (3): 33-43.

[99] BROEHL W G. John Deere's Company: A History of Deere & Company and Its Times [M] . Chicago: Ferguson, 1984.

[100] BROWN A D, STARKEY K. Organizational Identity and Learning: A Psychodynamic Perspective [J]. Academy of Management Review, 2000, 25 (1): 102-120.

[101] BROWN S L, EISENHARDT K M. The Art of Continuous Change: Linking Complexity Theory and Time - paced Evolution in Relentlessly Shifting Organizations [J]. Administrative Science Quarterly, 1997, 42: 1-34.

[102] BROWN, JOHN. Internet Technology in Support of the Concept of "Communities - of - Practice": The Case of Xerox [J]. Accounting, Management and Information Technologies, 1998, 8: 227-236.

[103] BURGELMAN R A. Strategy as Vector and The Inertia of Co - evolutionary Lock - in [J]. Administrative Science Quarterly, 2002, 47: 325-357.

[104] BURGELMAN, ROBERT A. A Process Model of Internal Corporate Venturing in the Diversified Major Firm [J]. Administrative Science Quarterly, 1983, 28 (6): 223-244.

[105] CANGELOSI V E, DILL W R. Organizational Learning: Observations Towards Theory [J]. Administrative Science Quarterly, 1965, 17: 1-25.

[106] CANNON M D, EDMONDSON A C. Failing to Learn and Learning to Fail: How Great Organizations Put Failure to Work to Innovate and Improve [J]. Long Range Planning, 2005, 38 (3): 299-319.

[107] CANTOR N, MISCHEL W. Traits as Prototypes: Effects of Recognition Memory [J]. Journal of Personality and Social Psychology, 1977, 35: 38-48.

[108] CHASE W G, SIMON H. Perception in Chess [J]. Cognitive, 1973.

[109] CHI T H, GLASER R, REES E. Expertise in Problem Solving [J] //Advances in the Psychology of Human Intelligence [M]. Hillsdale, NJ: Lawrence Erlbaum Associates, 1981: 7-15.

[110] CHILD J. Organizational Structures, Environment, and Performance: The Role of Strategic Choice [J]. Sociology, 1972, 6: 1-22.

[111] CHURCHILL G A. Paradigm for Developing Better Measures of Marketing Constructs [J]. Journal of Marketing Research, 1979, 16 (2): 64-73.

[112] COHEN M D, BACDAYAN P. Organizational Routines are Stored as Procedural Memory: Evidence from A Lab-oratory Study [J]. Organization Science, 1994, 4: 554-568.

[113] COHEN M D, SPROULL L S. Editors' Introduction to The Special Issue on Organizational Learning [J]. Organization Science, 1991, 2 (1): 25-36.

[114] COHEN, MICHAEL D. Individual Learning and Organizational Routine: Emerging Connections [J]. Organization Science, 1991, 2: 135-139.

[115] COHEN W M, LEVINTHAL D A. Absorptive Capacity: A New Perspective on Learning and Innovation [J]. Administrative Science Quarterly, 1990, 35 (1): 128-152.

[116] COHEN W M, LEVINTHAL D A. Fortune Favors the Prepared Firm [J]. Management Science, 1994, 40: 227-251.

[117] CONKLIN J, BEGEMAN M L. GIBIS: A Hypertext Tool for Exploratory Policy Discussion [C] //Proceedings of ACM Conference on Computer Supported Cooperative Work, Portland, OR. New York: ACM Press, 1988: 140-152.

[118] CONKLIN, JEFF. Corporate Memory [M] //Proceedings of Groupware ' 92, San Jose, CA. San Mateo: Morgan-Kaufmann, 1992: 131-137.

[119] COVINGTON C R. The Presidency as A Learning Organization: The Development of Organizational Memory within Presidential Agencies [D]. Dissertation, University of Illinois at Urbana-Champaign, 1981.

［120］COVINGTON C R. Development of Organizational Memory in Presidential Agencies ［J］. Administration and Society, 1985, 17（2）: 171-196.

［121］CROSS R, BAIRD L. Technology is Not Enough: Improving Performance by Building Organizational Memory ［J］. Sloan Management Review, 2000, 41（3）: 69-78.

［122］CROSSAN M, CUNHA M, VERA D. Time and Organizational Improvisation ［J］. Academy of Management Review, 2005, 30（1）: 129-145.

［123］CROSSAN M, LANE H N, WHITE R E, et al. The Improvising Organization: Where Planning Meets Opportunity ［J］. Organizational Dynamics, 1996, 24（4）: 20-35.

［124］CROSSAN M M, BERDROW I. Organizational Learning and Strategic Renewal ［J］. Strategic Management Journal, 2003, 24（11）: 1087-1105.

［125］CROSSAN M, LANE H W, WHITE R E. An Organizational Learning Framwork: From Intuition to Institution ［J］. Academy of Management Review, 1999, 24（3）: 522-537.

［126］CUNHA M P, CUNHA V J, KAMOCHE K. Organizational Improvisation: What, When, How and Why ［J］. International Journal of Management Reviews, 1999, 1（3）: 299-341.

［127］CYERT R M, MARCH J G. A Behavioral Theory of the Firm. NJ: Prentice Hall, 1963.

［128］DAFT R L, WEICK K E. Towards Model of Organizations as Interpretation System ［J］. Academy of Management Review, 1984, 9（2）: 284-295.

［129］DAY, GEORGE S. The Capabilities of Market - Driven Organizations ［J］. Journal of Marketing, 1994, 58（10）: 37-52.

［130］DAY, GEORGE S. Learning about Markets ［M］//Marketing Science Institute Report, Cambridge, MA: Marketing Science Institute,

1991: 91-117.

[131] Holan P M, Phillips N. Remembrance of Things Past? The Dynamics of Organizational Forgetting [J] . Management Science, 2004, 50: 1603-1613.

[132] DEGEUS A. Planning as Learning [J] . Harvard Business Review, 1988, 66 (2): 70-74.

[133] DENIS J, LAMOTHE L, LANGLEY A. The Dynamics of Collective Leadership and Strategic Change in Pluralistic Organizations [J] . Academy of Management Journal, 2001, 44 (4): 809-837.

[134] DESHPANDE, FARLEY, FREDERICK E. Corporate Culture, Customer Orientation, and Innovativeness in Japanese Firms: A Quadrad Analysis [J] . Journal of Marketing, 1993, 52 (1): 23-36.

[135] DICKSON, PETER R. Toward a General Theory of Competitive Rationality [J] . Journal of Marketing, 1992, 56 (1): 69-83.

[136] DIXON N M. Perspectives on Dialogue: Making Talk Developmental for Individuals and Organizations [J] . Center for Creative Leadership, 1996.

[137] DODGSON M. Organizational Learning: A Review of Some Literature [J] . Organization Studies, 1993, 14: 375-394.

[138] DOUGHERTY. Interpretive Barriers to Successful Product Innovation in Large Firms [J] . Organization Science, 1992, 3 (5): 179-202.

[139] DOUGLAS M T. How Institutions Think [M] . Syracuse, NY: Syracuse University Press, 1986.

[140] DOZ Y, SHUEN A. From Intent to Outcome: A Process Framework for Partnership [J] . INSEAD working paper, 1990.

[141] DUNCAN R B, WEISS A. Organizational Learning: Implications for Organizational Design [M] //Staw B M, Research in Organizational Behavior, Greenwich, CT: JAI Press, 1979: 75-124.

[142] DURKHEIM E. The Rules of Sociological Method [M] . New

York: Free Press, 1895/1938.

[143] DURSTEWITZ M. Newsletter on Corporate Memory [C].
Report from the Toulouse Workshop, 1994.

[144] DUTTA D, CROSSAN M. The Nature of Entrepreneurial
Opportunities: Understanding the Process Using the 4I Organizational
Learning Framework [J]. Entrepreneurship Theory and Practice, 2005, 29
(4): 425-449.

[145] DUTTON J E, DUNCAN R B. The Influence of the Strategic
Planning Process on Strategic Change [J]. Strategic Management Journal,
1987, 8 (2): 103-116.

[146] EDMONDSON A C, Moingeon B. From Organizational
Learning to the Learning Organization [J]. Management Learning, 1998,
29 (3): 5-20.

[147] EDMONDSON A C. Speaking Up in the Operating Room: How
Team Leaders Promote Learning in Interdisciplinary Action Teams [J].
Journal of Management Studies, 2003, 40 (6): 1419-1452.

[148] EISENHARDT, TABRIZI. Accelerating Adaptive Processes:
Product Innovation in the Global Computer Industry [J]. Administrative
Science Quarterly, 1995: 84-110.

[149] EISENHARDT K. Building Theories from Case Study Research
[J]. The Academy of Management Review, 1989, 14 (4): 532-550.

[150] SAWY O A, GOMES G M, GONZALEZ M V. Preserving
Institutional Memory: The Management of History as An Organizational
Resource [J]. Academy of Management Best Paper Proceedings, 1986,
37: 118-122.

[151] EPPLE, ARGOTE, DEVADAS. Organizational Learning
Curves: A Method for Investigating Intraplant Transfer of Knowledge
Acquired Through Learning by Doing [J]. Organ. Sci., 1991: 258-270.

[152] FEITLER, CORSI, GRIMM. Measuring Firm Strategic Change
in the Regulated and Deregulated Motor Carrier Industry: An 18 Year

Evaluation ［J］. Logistics and Transportation Review, 1997, 33 （3）: 159-169.

［153］Feldman M, March J G. Information as Signal and Symbol ［J］. Administrative Science Quarterly, 1981, 26: 171-186.

［154］FIOL C M, LYLES M A. Organizational Learning ［J］. Academy of Management Review, 1985, 10 （4）: 803-813.

［155］FLIER B, BOSCH F, VOLBERDA H. Co - evolution in Strategic Renewal Behavior of British, Dutch and French Financial Incumbents: Interaction of Environmental Selection, Institutional Effects and Managerial Intentionality ［J］. Journal of Management Studies, 2003, 40 （8）: 2163-2187.

［156］FLOYD S W, LANE P J. Strategizing Throughout the Organization: Managing Role Conflict in Strategic Renewal ［J］. Academy of Management Review, 2000, 25 （1）: 154-177.

［157］FOMBRUN C J. Envisioning Strategic Change ［M］// SHRIVASTAVA, HUFF, DUTTON. Advances in Strategic Management. Greenwich, CT: JAI Press, 1993, 9: 157-188.

［158］WIJNHOVEN. Development Scenarios for Organizational Memory Information System ［J］. Journal of Management Information Systems, 1999, 16 （1）: 121-146.

［159］FORNELL, LARCKER. Evaluating Structural Equation Models with Unobservable and Measurement Errors ［J］. Journal of Marketing Research, 1981, 18: 39-50.

［160］FULMER R M. A Model for the Way Organization learn ［J］. Planning Review, 1994, 22: 20-24.

［161］GALBRAITH, SCHENDEL. An Empirical Analysis of Strategy Types ［J］. Strategis Management Journal, 1983, 4: 153-173.

［162］GALBRAITH J R. Organizational Design ［M］. Reading, MA: Addison-Wesley, 1977.

［163］RAGHU, NAYYAR. Transformative Capacity: Continual

Structuring by Intertemporal Technology Transfer ［J］. Strategic Management Journal, 1994, 15 (6): 365-85.

［164］ GARVIN D A, EDMONDSON A C. Is Yours A Learning Organization ［J］. Harvard Business Review, 2008, 86 (3): 109-116.

［165］ GAVETTI G, LEVINTHAL D. Looking Forward and Looking Backward: Cognitive and Experiential Search ［J］. Administrative Science Quarterly, 2000, 45 (1): 113-137.

［166］ Gersick J C. Revolutionary Change Theories: A Multilevel Exploration of the Punctuated Equiblum Paradigm ［J］. Academy of Management Review, 1991, 16: 10-36.

［167］ Ghemawat. Commitment: The Dynamic of Strategy ［M］. New York: The Free Press, 1991.

［168］ GHERARDI S, NICOLINI D, ODELLA F. Toward A Social Understanding of How People Learn in Organizations ［J］. Management Learning, 2000, 29 (3): 272-297.

［169］ GHERARDI S, NICOLINI D. The Organizational Learning of Safety in Communities of Practice ［J］. Journal of Management, 2000, 9 (1): 7-18.

［170］ GIBBS, P A. Determinants of Corporate Restructuring: The Relative Importance of Corporate Governance, Takeover Threat, and Free Cash Flow ［J］. Strategic Management Journal, 1993: 51-68.

［171］ GINSBERG A, BUCHHOLTZ A. Converting to For – profit Status: Corporate Responsiveness to Radical Change ［J］. Academy of Management Journal, 1990, 3: 445-477.

［172］ GINSBERG A. Measuring and Modelling Changes in Strategy: Theoretical Foundations and Empirical Directions ［J］. Strategic Management Journal, 1988, 9 (6): 559-575.

［173］ GOH S, RICHARDS G. Benchmarking the Learning Capabilities of Organizations ［J］. European Management Journal, 1997, 15 (5): 575-583.

［174］GOODHUE D L, WYBO M D, KIRSCH L J. The Impact of Data Integration on the Costs and Benefits of Information Systems ［J］. MIS Quarterly, 1992, 16: 293-311.

［175］GRANT R. Toward a Knowledge-based Theory of the Firm ［J］. Strategic Management Journal, 2006, 17: 109-122.

［176］GUPTA A K, SMITH K G, SHALLEY C E. The Interplay Between Exploration and Exploitation ［J］. Academy of Management Journal, 2006, 49 (4): 693-706.

［177］BOHMAN, LINDFORS. Management for Changes: On Strategic Change During Recession ［J］. Journal of Business Research, 1998, 41: 57-70.

［178］Hall R I. The Natural Logic of Management Policy Making: Its Implications for the Survival of An Organization ［J］. Management Science, 1984, 30: 905-927.

［179］HAMBRICK D C, MASON P A. Upper Echelons: The Organization as A Reflection of Its Top Managers ［J］. Academy of Management Review, 1984, 9: 193-206.

［180］HAMMER M, STANTON S. How Process Enterprises Really Work ［J］. Harvard Business Review, 1999, 77 (6): 108-118.

［181］HANNAN M T, FREEMAN J H. Organizational Ecology ［M］. Cambridge MA: Harvard University Press, 1989.

［182］Hansen, Chesbrough, Nohria, et al. Networked Incubators: Hothouses of the New Economy ［J］. Harvard Business Review, 2000, 78: 74-83.

［183］HANVANICH, SIVAKUMAR, HULT. The Relationship of Learning and Memory with Organizational Performance: The Moderating Role of Turbulence ［J］. Journal of the Academy of Marketing Science, 2006, 34 (4): 600-612.

［184］HARGADON A, SUTTON R I. Technology Brokering and Innovation in Product Development Firm ［J］. Administrative Science

Quarterly, 1997, 42 (4): 716–749.

[185] HAVEMAN H A. Between a Rock and a Hard Place: Organizational Change and Performance Under Conditions of Fundermental Environmental Transformation [J]. Administrative Science Quarterly, 1992, 37: 48–75.

[186] HE Z L, WONG P K. Exploration vs Exploitation: An Empirical Test of the Ambidexterity Hypothesis [J]. Organizational Science, 2004, 15: 481–494.

[187] HEDBERG B, WOLFF R. Organizing, Learning, and Strategizing: from Construction to Discovery [M] //Handbook of Organizational Learning and Knowledge. Oxford: Oxford University Press, 2001: 535–556.

[188] HEDBERG B. How Organizations Learn and Unlearn [M] // Nystrom P C, Starburk W H. Handbook of Organizational Design. New York: Oxford University Press, 1981.

[189] HELFAT C E, PETERAF M A. The Dynamic Resource–based View: Capability Lifecycles [J]. Strategic Management Journal, 2003, 24: 997–1010.

[190] HENARD D H, SZYMANSKI D M. Why Some New Products are More Successful Than Others [J]. Journal of Marketing Research, 2001, 38 (3): 362–375.

[191] HENDERSON R M, CLARK K B. Architectural Innovation: The Reconfiguration of Existing Product Technologies and the Failure of Established Firms [J]. Administrative Science Quarterly, 1990, 35 (3): 9–30.

[192] HOLAN P M, PHILLIPS N. Remembrance of Things Past? The Dynamics of Organizational Forgetting [J]. Management Science, 2004, 50: 1603–1613.

[193] HUBER G. Organizationl Learning: The Contributing Processes and the Literature [J]. Organizational Sciences, 1991, 2 (1): 88–115.

［194］HUBER G P. A Theory of the Effects of Advanced Information Technologies on Organizational Design, Intelligence, and Decision Making ［J］. Academy of Management Review, 1990, 15 (1): 47-71.

［195］HULT et al. Global Organizational Learning Capacity in Purchasing: Construct and Measurement ［J］. Journal of Business Research, 1997, 40: 97-111.

［196］JACQUEMIN A P, BERRY C H. Entropy Measure of Diversification and Corporate Growth ［J］. The Journal of Industrial Economics, 1979, 27: 359-370.

［197］JELINEK M. Institutionalizing Innovation ［M］. New York: Praeger, 1979.

［198］JENNEX M E, OLFMAN L. Organizational Memory Knowledge Effects on Productivity: A Longitudinal Study ［C］//Proceedings of Hawaii International Conference on System Sciences (HICSS). Piscataway, NJ: IEEE Press, 2002: 1029-1038.

［199］Jerez - Gomez, et al. Organizational Learning Capability: A Proposal of Measurement ［J］. Entrepreneurship Theory and Practice, 2005, 19 (3): 137-168.

［200］AUSTIN. Transactive Memory in Organizational Groups: The Effects of Content, Consensus, Specialization, and Accuracy on Group Performance ［J］. Journal of Applied Psychology, 2003, 88 (5): 866-878.

［201］JOHNSON, SCHOLES. Exploring Coporate Strategy Text and Cases ［M］. Prentice-Hall, Hemel Hempstead, 1993.

［202］KAISER H F. A Index of Factorial Simplicity ［J］. Psychometrika, 1974, 39: 18-35.

［203］KAMOCHE K, CUNHA M, CUNHA J. Towards A Theory of Organizational Improvisation: Looking Beyond the Jazz Metaphor ［J］. Journal of Management Studies, 2003, 40 (8): 2023-2051.

［204］KANTROW. The Constraints of Corporate Tradition: Doing the

Correct Thing, Not Just What the Past Dictates. New York: Harper & Row, 1987.

[205] KATZ R, TUSHMAN M L. An Investigation into the Managerial Roles and Career Paths of Gatekeepers and Project Supervisors in A Major R&D Facility [J]. R&D Management, 1981, 11: 103–109.

[206] KELLY D, AMBURGY T L. Organizational Inertia and Momentum: A Dynamic Model of Strategic Change [J]. Academy of Management Journal, 1991, 34: 591–612.

[207] KHANDWALLA P N. The Design of Organizations. New York: Harcourt Brace Jovanovich, 1977.

[208] KIESLER S, SPROULL L. Managerial Response to Changing Environments: Perspectives on Problem Sensing from Social Cognition [J]. Administrative Science Quarterly, 1982, 27: 548–570.

[209] KIM D H. The Link between Individual and Organizational Learning [J]. Sloan Management Review, 1993.

[210] KINGSTON I. Knowledge Management through Multi-perspective Modeling: Representing and Distributing Organizational Memory [J]. Knowledge-Based System, 1990, 13: 121–131.

[211] KOGUT B, ZANDER U. Knowledge of the Firm, Combinative Capabilities, and the Replication of Technology [J]. Organization Science, 1992, 3: 383–397.

[212] KRAATZ M S, ZAJAC E J. How Organizational Resources Affect Strategic Change and Performance in Turbulent Environments: Theory and Evidence [J]. Organization Science, 2001, 12 (5): 632–657.

[213] KRANSDORRF. Organizational Memory Lapse [J]. Workforce Magazine, 1997, 9.

[214] KRIPPENDORFF K. Some Principles of Information Storage and Retrieval in Society [J]. General Systems, 1997, 20: 15–35.

[215] KUWADA K. Strategic Learning: The Continuous Side of Discontinuous Strategic Change [J]. Organization Science, 1998, 9:

699-719.

[216] LEWIS. Measuring Transactive Memory Systems in the Field: Scale Development and Validation [J]. Journal of Applied Psychology, 2003, 88 (4): 587-604.

[217] KYRIAKOPOULOS K, RUYTER R D. Knowledge Stocks and Information Flows in New Product Development [J]. Journal of Management Studies, 2004, 41 (8): 1469-1498.

[218] LAUDON K C, LAUDON J P. Management Information Systems [M]. Upper Saddle River, NJ: Prentice-Hall, 1996.

[219] COURTNEY J, O'KEEFE R A. System of Organizational Learning Using Cognitive Maps [J]. International Journal of Management Science, 1992, 20 (1): 23-26.

[220] LEONARD-BARTON, DOROTHY. Core Capabilities and Core Rigidities: A Paradox in Managing New Product Development [J]. Strategic Management Journal, 1992, 13: 111-125.

[221] LEVINTHAL D, MYATT J. Co-evolution of Capabilities and INDUSTRY: The Evolution of Mutual Fund Processing [J]. Strategic Management Journal, 1994, 15: 45-62.

[222] LEVINTHAL D A, MARCH J C. The Myopia of Learning [J]. Strategic Management Journal, 1993, 14: 95-112.

[223] LEVITT B, MARCH J. Organizational Learning [J]. Annual Review of Sociology, 1988, 4: 319-340.

[224] LEVY, MERRY. Organizational Transformation [M]. New York: Prefer Publisher, 1986.

[225] LOFTUS G R, LOFTUS E F. Human Memory: The Processing of Information, Hillsdale, NJ: Erlbaum, 1976.

[226] LOVAS B, GHPSHAL S. Strategy as Guided Evolution [J]. Strategic Management Journal, 2000, 21: 875-896.

[227] LYLES M. Learning among Joint Venture Sophisticated Firms [J]. Management International Review, 1988, 28: 85-98.

［228］LYNN G S, AKGÜN A E. A New Product Development Learning Model: Antecedents and Consequences of Declarative and Procedural Knowledge ［J］. International Journal of Technology Management, 2000, 20: 490-510.

［229］PORTER M E. Towards the Dynamic Theory of Strategy ［J］. Strategic Management Journal, 1991, 12: 95-117.

［230］MARCH J G, SEVON G. Gossip, Information and Decision-making ［M］//Sproull. Advances in Information Processing in Organizations. Hillsdale, NJ: Erlbaum, 1984, 1: 95-107.

［231］MARCH J G. Exploration and Exploitation in Organization Learning ［J］. Organization Science, 1991, 2 (1): 77-87.

［232］MARCH J G, SIMON H. Organizations ［J］. Blackwell Business, 1958.

［233］MARCH J G, OLSEN J P. Ambiguity and Choice in Organizations ［M］. Bergen, Norway: Univeritets-forlaget, 1976.

［234］Marina Fiedler, Isabell Welpe. How Do Organizations Remember? The Influence of Organizational Structure on Organizational Memory ［J］. Organization Studies, 2010, 31: 381-407.

［235］MARKUS M L. Toward A Theory of Knowledge Reuse: Type of Knowledge Reuse Situations and Factors in Reuse Success ［J］. Journal of Management Information Systems, 2001, 18 (1): 57-93.

［236］MARQUARDT M J. Building A Learning Organization: A Systems Approach to Quantum Improvement And Global Success ［M］. US: McGraw-Hill, 2002: 185-201.

［237］MATLAY H. Organizational Learning in Small Learning Organizations ［J］. Education Training, 2000, 42 (4/5): 202-210.

［238］MCCABE D. Taking the Long View: A Cultural Analysis of Memory as Resisting and Facilitating Organizational Change ［J］. Journal of Organizational Change Management, 2010, 23 (3): 230-250.

［239］MCDONOUGH E F. Fast New Product Development:

Investigating the Effects of Technology and Characteristics of the Project Leader and Team [J]. Journal of the Product Innovation Management, 2003, 10 (3): 241-250.

[240] MEAD G H. Mind, Self, and Society [M]. Chicago: The University of Chicago Press, 1962.

[241] MEYERS P W. Non-linear Learning in Technological Firms [J]. Research Policy, 1990, 19: 97-115.

[242] MILLER, FRIESEN. Strategy-makig and Environment: The Third Link [J]. Strategic Management Journal, 1983, 4: 221-235.

[243] MILLER J G. Living Systems [M]. New York: McGraw-Hill, 1978.

[244] MILLER D. Configurations Revisited [J]. Strategic Management Journal, 1996, 17 (7): 505-512.

[245] MILLER G A. The Magic Number Seven Plus or Minus Two: Some Limits on Our Capacity for Processing Information [J]. Psychological Review, 1956, 64: 81-97.

[246] MINER A, BASSOFF P, MOORMAN C. Organizational Improvisation and Learning: A Field Study [J]. Administrative Science Quarterly, 2001, 46 (2): 304-337.

[247] MINER. Structural Evolution Through Idiosyncratic Jobs: The Potential for Unplanned Learning [J]. Organization Science, 1990, 1: 195-210.

[248] MINER A S. The Social Ecology of Jobs [J]. American Sociological Review, 1991, 56: 772-785.

[249] MINER A S, MOORMAN C, BASSOFF P. Organizational Improvisation: How Firms Make It Up as They Go Along in New Product Development [C]. Paper Presented at the Annual Meeting of the Academy of Management, Cincinnati, 1996.

[250] MINTZBERG H. The Design School: Reconsidering the Basic Premises of Strategic Management [J]. Strategic Management Journal,

1990, 11 (3): 171-195.

[251] MINTZBERG H, AHLSTRAND B, LAMPEL J. Strategy Safari: A Guided Tour Through the Wilds of Strategic Management [M]. New York: Free Press, 1998.

[252] MINTZBERG H, WESTLEY F. Cycles of Organizational Change [J]. Strategic Management Journal, 1992, 13: 39-59.

[253] MINTZBERG H. Opening Up the Definition of Strategy [M] // QUINN, MINTSBERG, JAMES. The Strategy Process: Concept, Context, and Cases, Eaglewood Cliff, NJ: Prentice-Hall, 1987.

[254] MOORMAN C, MINER A S. The Impact of Organizational Memory on New Product Performance and Creativity [J]. Journal of Marketing Research, 1997, 34 (1): 91-107.

[255] MOORMAN C, MINER A S. Organizational Improvisation and Organizational Memory [J]. Academy of Management Review, 1998, 23 (4): 698-723.

[256] MOORMAN C, MINER A S. The Convergence of Planning and Execution: Improvisation in New Product Development [J]. Journal of Marketing, 1998, 61 (3): 1-20.

[257] MOORMAN C. Organizational Market Information Processes: Cultural Antecedents and New Product Outcomes [J]. Journal of Marketing Research, 1995, 32 (3): 318-335.

[258] MORGAN G, RAMIREZ R. Action Learning: A Holographic Metaphor for Guiding Social Change [J]. Human Relations, 1983, 37: 1-28.

[259] MORGAN H L, ROOT D J. A Concept of Corporate Memory [C] //In Office Automation Conference Proceedings. New York: New York University, 1979.

[260] MORRISON J, WEISER M. A Research Framework for Empirical Studies in Organizational Memory [C] //Proceedings of 29th Annual Hawaii International Conference on System Sciences. Piscataway, NJ:

IEEE Press, 1996: 178-187.

[261] MULHOLL, DOMINGUE, ZDRAHAL et al. Organizational Learning: An Overview of the Enrich Approach [J]. Journal of Information Services and Use, 2000, 20 (1): 9-23.

[262] MULLER D, JUDD C M, YZERBYT V Y. When Moderation Is Mediated and Mediation Is Moderated [J]. Journal of Personality and Social Psychology, 2005, 89: 852-863.

[263] NARVER J C, SLATER S F. Market Orientation and the Learning Organization [J]. Journal of Marketing, 1995, 59: 63-81.

[264] NELSON R R, WINTER S G. An Evolutionary Theory of Economic Change [M]. Cambridge, MA: Harvard University Press, 1982.

[265] NEUSTADT R E, MAY E R. Thinking in Time: The Uses of History for Decision Makers [M]. New York: Macmillan, 1986.

[266] NEVIS E C, DIBELLA A J, GOULD J M. Understanding Organizations as Learning Systems [J]. Sloan Management Review, 1995, 36 (2): 73-86.

[267] NONAKA I, TAKEUCHI H. The Knowledge-Creating Company [M]. New York: Oxford University Press, 1995.

[268] NONAKA I, TAKEUCHI H, UMEMOTO. A Theory of Organization Knowledge Creation [J]. International Journal of Technology Management, 1996, 11 (7/8): 833-845.

[269] NONAKA I. A Dynamic Theory of Organizational Knowledge Creation [J]. Organization Science, 1994, 5 (1): 14-37.

[270] NONAKA I. Redundant, Overlapping Organization: A Japanese Approach to Managing the Innovation Process [J]. California Management Review, 1990, 32: 27-38.

[271] Nystrom P C, Starbuck W H. To Avoid Organizational Crises, Unlearn [J]. Organizational Dynamics, 1984, 12: 53-65.

[272] Olivera F. Memory Systems in Organizations: An Empirical

Investigation of Mechanisms for Knowledge Collection, Storage and Access [J] . Journal of Management Studies, 2000, 37 (6): 810-832.

[273] O'REILLY C A. The Use of Information in Organizational Decision Making: A Model and Some Propositions [M] //CUMMINGS, STAW. Research in Organizational Behavior. Greenwich, CT: JAI Press, 1983, 5: 103-140.

[274] ORLIKOWSKI W J. The Duality of Technology: Rethinking the Concept of Technology in Organizations [J] . Organization Science, 1992, 3 (3): 398-427.

[275] ORLIKOWSKI W J. Improvising Organizational Transformation Over Time: A Situated Change Perspective [J] . Information Systems Research, 1996, 7 (1): 63-92.

[276] ORLIKOWSKI W J. Using Technology and Constituting Structures: A Practice Lens for Studying Technology in Organizations [J] . Organization Science, 2000, 11 (4): 404-428.

[277] ORLIKOWSKI W J. Knowing in Practice: Enacting A Collective Capability in Distributed Organizing [J] . Organization Science, 2002, 13 (3): 249-273.

[278] OSTER S. Intraindustry Structure and the Ease of Strategic Change [J] . Review of Economics and Statistics, 1982, 3: 376-383.

[279] OZORHON B, DIKMEN I, BIRGONUL M T. Organizational Memory Formation and Its Use in Construction [J] . Building Research & Information, 2005, 33 (1): 67-79.

[280] PALEPU K. Diversification Strategy, Profit performance and the Entropy Measure [J] . Strategic Management Journal, 1985, 6: 239-255.

[281] PAWLOWSKY P. The Treatment of Organizational Learning in Management Science [M] . ANTAL, CHILD, NONAKA. Handbook of Organizational Learning & Knowledge. Oxford: Oxford University Press, 2001.

[282] Pawlowsky P. Management Science and Organizational Learning

［EB/OL］．（2003 – 03 – 26）．http：//www. tu – chemnitz. de/wirtschaft/
bwl6/habilitation/orga_ learning.

［283］MASSINGHAM. Measuring the Impact of Knowledge Loss：
More than Ripples on A Pond ［J］. Management Learning，2008，39
（5）：541 –560.

［284］PETERAF M A. The Cornerstones of Competitive Advantage，
A Resource Based View ［J］. Strategic Management Journal，1993，14：
179 –191.

［285］PETTIGREW A. Context and Action in the Transformation of the
Firm ［J］. Journal of Management Studies，1987，24（6）：649 –670.

［286］PFEFFER J. Management as Symbolic Action：The Creation
and Maintenance of Organizational Paradigms ［M］//CUMMINGS，
STAW. Research in Organizational Behavior. Greenwich，T：I Press，
1981，3：1 –52.

［287］PILAR J，JOSE C，RAMON V. Organizational Learning
Capability：A Proposal of Measurement ［J］. Journal of Business Research，
2005，58：715 –725.

［288］PONDY L R，MITROFF I I. Beyond Open Systems Models of
Organizations ［M］//. STAW. Research in Organizational Behavior.
Greenwich，CT：JAI Press. 1979，1：3 –40.

［289］PORTER M E. Competitive Strategy：Techniques for Analyzing
Industries and Competitors ［M］. New York：Free Press，1980.

［290］POSNER M I. Cumulative Development of Attention Theory ［J］.
American Psychologist，1982，37：168 –179.

［291］PRAHALAD C K，HAMEL G. The Core Competence of the
Corporation ［J］. Harvard Business Review，1990，5：79 –91.

［292］PRESSING J. Cognitive Processes in Improvisation ［M］//
CROZIER，CHAPMAN. Cognitive Processes in the Perception of Art.
Amsterdam：North –Holland，1984：345 –363.

［293］PRESSING J. Improvisation：Methods and Models ［M］//

SLOBODA. Generative Processes in Music: The Psychology of Performance, Improvisation, and Composition. England: Oxford University Press, 1988: 129-178.

[294] QUINN J B. Innovation and Corporate Strategy: Managed Chaos [M] //HORWICH . Technology in the Modern Corporation: A Strategic Perspective. New York: Pergamon Press, 1986: 167-183.

[295] RAJAGOPALAN N, SPREITZER G M. Toward A Theory of Strategic Change: A Multi-Lens Perspective and Integrative Framework [J] . Academy of Management Review, 1996, 22 (1): 48-79.

[296] RAMESH B. Toward A Meta – Model for Representing Organizational Memory [C] . In Proceedings of the 30th Annual Hawaii International Conference on System Sciences (HICSS-30). Los Alamitos, CA: IEEE Computer Society Press, 1997.

[297] ROBEY D. Merging the Metaphors for Organizational Improvement Business Process Reengineering as A Component of Organizational Learning [J] . Accounting Management & Information Technologies, 1995, 5 (1): 23-39.

[298] ROBINSON M, KOVALAINEN, AURAMAKI. Diary as Dialogue in Papermill Process Control [J] . Communications of the ACM, 2000, 43 (1): 65.

[299] ROULEAU L. Micro – practices of Strategic Sensemaking and Sensegiving: How Middle Managers Interpret and Sell Change Every Day [J] . Journal of Management Studies, 2005, 42: 1413-1441.

[300] RUMELT R. Strategy, Structure, and Economic Performance [M] . Boston: Graduate School of Business Administration, 1974.

[301] SANDELANDS L E, STABLEIN R E. The Concept of Organization Mind [M] //BACHRACH, DITOMASO. Research in the Sociology of Organizations. Greenwich, CT: JAI Press, 1987, 5: 135-162.

[302] SANDOE K, L OLFMAN. Anticipating the Mnemonic Shift:

Organizational Remembering and Forgetting in 2001 [C] //Proceedings of International Conference on Information Systems (ICIS). Atlanta: Association for Information Systems, 1992: 127-137.

[303] SCHATZ B R. Building an Electronic Community System [J]. Journal of Management Information Systems, 1991, 8 (3): 87-107.

[304] SCHEIN E H. Coming to A New Awareness of Organizational Culture [J]. Sloan Management Review, 1984, 25: 3~16.

[305] SCHILLING M A, ET AL. Learning By Doing Somethingelse: Variation, Relatedness and the Learning Curve [J]. Management Science, 2003, 49 (1): 39-56.

[306] SCHWANDT D, MARUARDT M. Organizational Learning: from World-class Theories to Global Best Practices [M]. Boca Raton: ST Lucie, 2000.

[307] SENGE P M. The Fifth Discipline: The Art and Practice of the Learning Organization [M]. New York: Doubleday Currency, 1990.

[308] SHRIVASTAVA P. A Typology of Organizational Learning Systems [J]. Journal of Management Studies, 1983, 20: 7-28.

[309] SIMON H A. Administrative Behavior [M]. New York: Free Press, 1976.

[310] SIMS H P, GIOIA D A. The Thinking Organization: Dynamics of Organizational Social Cognition [M]. San Francisco: Jossey - Bass, Smircich, 1983.

[311] SINGLEY M K, ANDERSON J R. The Transfer of Cognitive Skill [M]. Cambridge, MA: Harvard University Press, 1989.

[312] SINKULA J, BAKER W, NOORDEWIER T. A Framework for Market-based Organizational Learning: Linking Values, Knowledge, and Behavior [J]. Journal of the Academy of Marketing Science, 1997, 25 (4): 305-318.

[313] SINKULA J. Market Information Processing and Organizational Learning [J]. Journal of Marketing, 1994, 58 (1): 35-45.

［314］SLATER S F, NARVER J C. Market Orientation and the Learning Organization ［J］. Journal of Marketing, 1995, 59: 63-74.

［315］SMART, VERTINSKY. Strategy and the Environment: A Study of Corporate Response to Crises ［J］. Strategic Management Journal, 1984, 5: 199-213.

［316］SMITH G D, STEADMAN L E. Present Value of Corporate History ［J］. Harvard Business Review, 1981, 59: 164-173.

［317］SMITH K. Philosophical Problems in Thinking About Organizational Change ［M］// Goodman. Change in Organizations. San Francisco, CA: Jossey-Bass Inc., 1982.

［318］SNELL S A, YOUNDT M A, WRIGHT P M. Establishing A Framework for Research in SHRM: Merging Resource Theory and Organizational Learning ［J］. Research in Personnel and Human Resource Management, 1996, 14: 61-90.

［319］SNOW, HAMBRICK. Measuring Organizational Strategies: Some Theoretical and Methodological Problems ［J］. Academy of Management Review, 1980, 5 (4): 527-538.

［320］SOMMER R. Personal Space ［M］. Englewood Cliffs, NJ: Prentice-Hall, 1969.

［321］SPARROW P R. Strategy and Cognition: Understanding the Role of Management Knowledge Structures, Organizational Memory and Information Overload ［J］. Creativity and Innovation Management, 1999, 8 (2): 140-148.

［322］SPENDER J C. Organizational Knowledge, Collective Practice and Penrose Rents ［J］. International Business Review, 1995, 3 (4): 353-367.

［323］STARBUCK W H. Learning by Knowledge-Intensive Firms ［J］. Journal of Management Studies, 1992, 29 (7): 713-740.

［324］STARBUCK W H, HEDBERG. Saving an Organization from A Stagnating Environment ［M］//THORELLI. Strategy + Structure = 3D

Performance: The Strategic Planning Imperative; Indiana University Press, 1977.

[325] STATA R. Organizational Learning: The Key to Management Innovation [J]. Sloan Management Review, 1989, 30 (3): 63-74.

[326] STEIGER J H. Structural Model Evaluation and Modification: An Inverted Estimation Approach [J]. Annual Review of Psychology, 2000, 51: 201-226.

[327] STEIN E W. Organizational Memory: Review of Concepts and Recommendations for Management [J]. International Journal of Information Management, 1995, 15 (2): 17-32.

[328] STEIN E W, ZWASS V. Actualizing Organizational Memory with Information System [J]. Information System Research, 1995, 6 (2): 85-117.

[329] STEVVENS E, DIMITRIADIS S. New Service Development Through the Lens of Organizational Learning: Evidence from Longitudinal Cases Studies [J]. Journal of Business Research, 2004, 57 (10): 1074-1084.

[330] CHOI, HEESEOK. The Impact of Information Technology and Transactive Memory System on Knowledge Sharing, Application, and Team Performance: A Field Study [J]. MIS Quarterly, 2010, 34 (4): 855-870.

[331] THOMAS J, SUSSMAN S, HENDERSON J. Understanding "Strategic Learning": Linking Organizational Learning, Knowledge Management, and Sensemaking [J]. Organization Science, 2001, 12 (3): 331-345.

[332] TICHY N M. Revolutionize Your Company [M]. 1993.

[333] TSOUKAS H, VLADIMIROU E. What is Organizational Knowledge? [J]. Journal of Management Studies, 2001, 38 (7): 973-993.

[334] TUSHMAN M L, VIARNY B, ROMANELLI E. Executive

Succession, Strategic Orientation and Organizational Evolution: the Minicomputer Industry as Case in Point [J]. Technology in Society, 1985, 7: 297-313.

[335] TUSHMAN, ANDERSON. Technological Discontinuities and Organization Environments [J]. Administrative Science Quarterly, 1986, 31 (9): 439-465.

[336] UNGSON G R, BRAUNSTEIN D N, HALL P D. Managerial Information Processing: A Research Review [J]. Administrative Science Quarterly, 1981, 26: 116-134.

[337] VEN, POOL. Explaining Development and Change in Organizations [J]. Organization Studies, 1995, 20: 510-540.

[338] BENT, PAAUWE, WILLIAMS. Organizational Learning: An Exploration of Organizational Memory and Its Role in Organizational Change Processes [J]. Journal of Organizational Change Management, 1999, 12 (5): 377-404.

[339] VANHAVERBEKE W, BEERKENS B, DUYSTERS G. Explorative and Exploitative Learning Strategies in Technology – based Alliance Networks [J]. Working Paper, 2003.

[340] VERA, CROSSAN. Strategic Leadership and Organizational Learning [J]. Academy of Management Review, 2004, 29 (2): 222-240.

[341] VERA, CROSSAN. Theatrical Improvisation: Lessons for Organizations [J]. Organization Studies, 2004, 25 (5): 727-749.

[342] VERA, CROSSAN. Improvisation and Innovative Performance in Teams [J]. Organization Science, 2005, 16 (3): 203-224.

[343] VIRANY B, TUSHMAN M L, ROMANELLI E. Executive Succession and Organizational Outcomes in Turbulent Environments: An Organizational Learning Approach [J]. Organization Science, 1992, 3: 72-91.

[344] HIPPEL. The Sources of Innovation [M]. New York: Oxford

University Press，1988.

［345］WALSH J，HUFF A. Organizational Learning and Strategic Management ［M］. JAI Press Inc.，1997.

［346］WALSH J P，DEWAR R D. Formalization and the Organizational Life Cycle ［J］. Journal of Management Studies，1987，24：216-231.

［347］Walsh J P. Managerial and Organizational Cognition：Notes from A Trip Down Memory Lane ［J］. Organization Science，1995，6（3）：280-321.

［348］WALSH J P，UNGSON G R. Organizational Memory ［J］. Academy of Management Review，1991，16（1）：57-91.

［349］WEICK K E. The Social Psychology of Organizing，Reading ［M］. MA：Addison-Wesley，1979.

［350］WEICK K E. Cognitive Processes in Organizations ［M］// STAW. Research in Organizational Behavior. Greenwich，CT：JAI Press，1979，1：41-74.

［351］WEICK K E. Substitutes for Strategy ［M］//TEECE. The Competitive Challenge：Strategies for Industrial Innovation and Renewal. New York：Harper & Row，1987.

［352］WEICK K E. The Collapse of Sensemaking in Organizations：The Mann Gulch disaster ［J］. Administrative Science Quarterly，1993，38：628-652.

［353］WEICK K E. Organizational Redesign as Improvisation ［M］// HUBER，GLICK. Organizational Change and Redesign. Cary，NC：Oxford University Press，1993.

［354］WEICK K E. Drop Your Tools：An Allegory for Organizational Studies ［J］. Administrative Science Quarterly，1996，41：301-313.

［355］WEICK K E，GILFILLAN D P. Fate of Arbitrary Traditions in A Laboratory Microculture ［J］. Journal of Personality and Social Psychology，1971，17：179-191.

主要参考文献

［356］WEICK K E，ROBERTS K H. Collective Mind in Organizations - heedful Interrelating on Flight Decks ［J］. Administrative Science Quarterly，1993，38（3）：357-381.

［357］WEICK，WESTLEY. Organizational Learning：Affirming an Oxymoron ［M］// CLEGG，HARDY，NORD. Handbook of Organization Studies. London：Sage. 1996.

［358］WILKINS A L，BRISTOW N J. For Successful Organization Culture，Honor Your Past ［J］. Academy of Management Executive，1987，1：221-229.

［359］WINTER S G. Knowledge and Competence as Strategic Assets ［M］//TEECE. The Competitive Challenge：Strategies for Industrial Innovation and Renewal. New York：Harper & Row，1987.

［360］YATES. For the Record：The Embodiment of Organizational Memory ［C］. Business and Economic History（2nd Series），1990，19：1-11.

［361］YIN R. Case Study Research：Design and Methods ［J］. Sage Pubns，1994.

［362］ZAJAC E J，SHORTELL S M. Changing Generic Strategies：Likelihood，Direction，and Performance Imp lications ［J］. Strategic Management Journal，1989，10：413-430.

［363］ZHU DAN，PRIETULA，HSU. When Processes Learn：Steps Toward Crafting An Intelligent Organization ［J］. Information Systems Research，1997，8，（3）：302-317.

［364］ZOLLO M，WINTER. Deliberate Learning and the Evolution of Dynamic Capabilities ［J］. Organization Science，2002，13（3）：339-351.

［365］ZUBOFF S. In the Age of the Smart Machine：The Future of Work and Power ［M］. New York：Basic Books，1988.

索引